esotera

Taschenbuch
im Verlag Hermann Bauer

W0057377

Migene González-Wippler, geboren in Puerto Rico, studierte an der Universität von Puerto Rico und der Columbia University Psychologie und Anthropologie. Danach arbeitete sie als Wissenschaftsjournalistin am *American Institute of Physics* und am amerikanischen Naturkundemuseum in New York. Sie lebte mehrere Jahre in Wien. In Amerika ist sie bekannt als Autorin esoterischer Fachbücher.

Migene González-Wippler

Die moderne Kabbala

Über die Beziehung
zwischen Mensch und Kosmos

Verlag Hermann Bauer
Freiburg im Breisgau

Die Deutsche Bibliothek – CIP-Einheitsaufnahme

González-Wippler, Migene:
Die moderne Kabbala : über die Beziehung zwischen
Mensch und Kosmos / Migene González-Wippler.
[Übers. ins Dt. durch Helga Schenk]. –
1. Aufl. – Freiburg im Breisgau : Bauer, 1995
   (esotera-Taschenbuch)
   Einheitssacht.: A kabbalah for the modern world ⟨dt.⟩
   ISBN 3-7626-0675-7

Die amerikanische Originalausgabe erschien 1993 bei
Llewellyn Publications Worldwide, Ltd., St. Paul, Minnesota, USA,
unter dem Titel *A Kabbalah for the modern World*
© 1974, 1987 und 1993 by Migene González-Wippler

Der Übersetzung ins Deutsche durch Helga Schenk
lag die 3. Auflage 1993 zugrunde

Die Reihe *esotera Taschenbuch* erscheint
im Verlag Hermann Bauer KG, Freiburg im Breisgau

1. Auflage 1995
© für die deutsche Ausgabe 1995 by
Verlag Hermann Bauer KG, Freiburg im Breisgau
Alle Rechte der deutschen Ausgabe vorbehalten
Umschlagfoto: Randy Asplund Faith
Umschlaggestaltung: Persona chroma, Seliger & Krafft,
Freiburg im Breisgau
Satz: Fotosetzerei G. Scheydecker, Freiburg im Breisgau
Druck und Bindung: Clausen & Bosse, Leck
Printed in Germany
ISBN 3-7626-0675-7

Gedruckt auf chlorfrei gebleichtem Papier

Für Alpha und Omega

in Liebe

Inhalt

Teil I
DIE MODERNE KABBALA
Wie Gott das Universum schuf

Teil II
DIE PRAKTISCHE KABBALA
Wege zu materiellem Reichtum
und spiritueller Evolution

Teil III
DIE KABBALA DER ERKENNTNIS
Gott und Sex, die Struktur der Psyche,
Entsprechungen und die Einheit aller Dinge

Teil IV
DIE KABBALA DER WEISHEIT
Über Chaos, dunkle Materie, schwarze Löcher
und das Antlitz Gottes

Tafeln

Abbildungen

Vorwort

Immer wieder wird mit die Frage gestellt, weshalb ich so stark
an der Kabbala interessiert bin. Weshalb um alles in der Welt
sollte eine katholisch getaufte und erzogene Puerto-Ricanerin
so von jüdischer Mystik fasziniert sein? Es gibt zwei Antworten auf diese Frage. Zum einen stammt der Großteil meiner
Vorfahren aus Spanien, dem Geburtsort der ersten Kabbalisten, wie etwa Moses de Leon, der berühmte Verfasser des *Sohar*. Jahrhundertelang haben Juden in Spanien gelebt, bis die
infame Maschinerie der Inquisition sie schließlich zum Ab-
wandern in andere Länder und letztendlich in die Neue Welt
zwang. Es ist durchaus möglich, daß sich unter meinen Ahnen
einer dieser alten Juden befand. Zum anderen war ich schon
immer von den Ursprüngen und Wurzeln der Dinge fasziniert.
Eine der vielen Äußerungen, die Jesus in den Schriftensammlungen zugeschrieben wird, lautet folgendermaßen: »Ich bin
der Weg. Niemand kann zu meinem Vater gelangen außer
über mich.« Und in Wahrheit basiert die ganze Welt des Christentums auf den Schriften und der Thora – dem Gesetz – wie
es in den Lehren Jesu überliefert ist. Diese Lehren haben ihren
Ursprung im Alten Testament und damit in der jüdischen Tradition. Jesus war der »Weg« zur Thora für alle Christen. Für
den Kabbalisten ist die Thora der »Weg« zu Gott.

Als ich mir über die Bedeutung des jüdisch-christlichen Hin-
tergrunds bewußt wurde, reifte in mir der Entschluß heran,
mehr über die religiösen und mystischen Traditionen der Juden herauszufinden.

Am Anfang interessierte ich mich vor allem für die »magischen« Aspekte der kabbalistischen Lehre. Ich wollte mehr
über die Transformation kosmischer Energien für »praktische« Zwecke erfahren. Ich wollte »Macht«. Viele Jahre wid-

mete ich mich diesen Studien. Auf meiner Suche gab es nur
wenig Hilfsmittel und kaum Unterstützung. Zu jener Zeit
waren nur sehr wenig Bücher über diese Thema auf dem
Markt erhältlich; außerdem gab es nicht viele Menschen, die
ein höheres Wissen über mystische Traditionen besaßen, und
diejenigen, die etwas wußten, redeten nicht darüber. Ich war
also bei meiner Suche ziemlich auf mich allein gestellt. Eines
Tages fiel mir ein altes Buch über die Lehren des Rabbi Isaak
Luria in die Finger. Auf dem inneren Umschlagdeckel war
die Telefonnummer einer obskuren kabbalistischen Sekte im
chassidischen Viertel von Brooklyn notiert. Ich rief dort an
und wurde zu einem Treffen mit mehreren Mitgliedern der
Gruppe eingeladen. Ich war über die Einladung überrascht, da
ich wußte, daß die Chassidim normalerweise nicht an Außen-
stehenden interessiert sind, war jedoch glücklich über die
Gelegenheit eines Zusammentreffens. Der Treffpunkt stellte
sich als das Hinterzimmer einer Schuhmacherwerkstatt heraus. Vier bärtige Chassidim warteten dort auf mich. Wir redeten eine Weile über mein Interesse an der Kabbala, und dann
zog einer von ihnen ein dickes, getipptes Manuskript hervor.
Es war ein unveröffentlichtes Originalwerk eines anonymen
Autors über die Entstehung des Universums aus der Sicht der
kabbalistischen Tradition. Der Verfasser beschrieb, wie die
22 Buchstaben des hebräischen Alphabets zu Gott kamen, als
er bereit war, mit der Schöpfung zu beginnen, um ihn zu bitten, er möge einen von ihnen auswählen, um mit seinem Werk
anzufangen. Jeder Buchstabe versuchte ihn mit allen erdenk-
lichen Argumenten und unter Beschreibung seiner speziellen
Eigenschaften und Fähigkeiten davon zu überzeugen, doch ihn
zu wählen. Nach sorgfältiger Überlegung entschloß sich Gott,
aufgrund seiner Eigenschaft das »Alles-in-sich-Einschließen-
den« den Buchstaben *Beth* zu benutzen. Das ist der Grund,
weshalb das erste Wort in der hebräischen Version der Genesis
mit Beth oder Bereschit beginnt, was soviel heißt wie »Am
Anfang«.

Ich fragte die Chassidim, weshalb sie mir, einer Nicht-Jüdin,
einer Frau und einer Christin diese Dinge überhaupt anver-

trauten. Sie erklärten mir, daß es wichtig sei, daß diese Dinge jetzt an die Welt weitergegeben würden und daß sie allen Grund zur Annahme hätten, daß ich die richtige Person für diesen Auftrag sei. Sie gaben mir das Manuskript, und danach sah ich sie nie wieder.

Nachdem ich das Manuskript erhalten hatte, schien sich mir der Weg der Kabbala zu öffnen. Vieles von dem, was ich lernte, erfuhr ich über »innere Ebenen«, doch was vorher im Dunkeln gelegen hatte, wurde jetzt plötzlich klar. Eines der Dinge, die ich lernte, war, daß »Macht« eine äußerst gefährliche Angelegenheit sein kann, wenn sie nicht ausreichend im Wissen und Verständnis verankert ist – zwei der wichtigsten Eigenschaften, die ein wahrer Kabbalist stets anstrebt. An diesem Punkt machte ich dann eine noch viel wichtigere Entdeckung: Ich wollte keine Macht mehr. Ich wußte jetzt, wie man sie bündelt; ich wußte, wie man damit umgeht, aber nun wollte ich sie nicht mehr.

Ein Jahr nach dem erstmaligen Erscheinen von »Eine Kabbala für die moderne Welt« verfaßte ich ein Buch mit dem Titel *God and the Body Electric*. Es handelte sich dabei nicht um ein Abhandlung über Magie, sondern vielmehr um eine Zusammenstellung wissenschaftlicher Daten, die alle klar belegten, daß die Wissenschaft die Existenz Gottes längst nachgewiesen hatte. Wir schrieben das Jahr 1975, und mein amerikanischer Herausgeber sah mich an und erklärte mir, daß kein Mensch so ein Buch lesen würde, obwohl die Prämisse interessant und die wissenschaftlichen Ergebnisse fundiert seien. Er sagte, das Thema sei viel zu weit hergeholt und ziemlich phantastisch. Er sagte, niemand wolle sich über die Existenz Gottes Gedanken machen. Das sei ein Thema, das man besser der Religion überlasse. Es sei kein Thema, mit dem sich Wissenschaftler ernsthaft auseinandersetzen wollten.

Nachdem ich mir seine Kommentare angehört hatte, las ich das Buch noch einmal von vorne bis hinten durch und versuchte so aufrichtig und ehrlich, wie es einem Schriftsteller beim Durchlesen seines eigenen Werkes nun einmal möglich ist, herauszufinden, wie weit hergeholt und phantastisch

meine Behauptungen denn nun wirklich waren. Doch nach
sorgfältiger Durchsicht meines Manuskripts war ich überzeugter denn je, daß ich mit meiner Anschauung recht hatte, daß
die reale Existenz Gottes als fühlende und allwissende Kraft
durch wissenschaftliche Methoden bereits nachgewiesen worden war. Nicht, daß es die Absicht der Wissenschaft gewesen
wäre, die Existenz Gottes zu beweisen. Der Beweis hatte sich
sozusagen als Nebeneffekt, als eine Art logische Folge von
anderen konkreteren wissenschaftlichen Unternehmungen
ergeben.

Nach fast einjähriger, erfolgloser Suche nach einem Herausgeber verstaute ich das Manuskript traurig in meinem Aktenschrank und versuchte das Ganze zu vergessen.

Viele Jahre sind seitdem vergangen, und plötzlich ist der
Glaube an die Existenz Gottes nicht länger unpopulär. Hoch-
geachtete Wissenschaftler aus aller Welt scheuen sich nicht vor
der Behauptung, das Universum könnte möglicherweise doch
nicht durch einen evolutionären Zufall entstanden sein. Sie sagen, es müsse eine letzte Ursache, es müsse einen Schöpfer geben. Gott ist zu einer populären Wirklichkeit geworden, die
die Wissenschaft jetzt bereitwillig zu untermauern sucht.

Alles, was ich in jenem Buch geschrieben hatte, scheint
heute plausibel. Ein Teil davon, nicht alles und sicherlich nicht
der Kern jenes Buches, hat in Teil IV des vorliegenden Buches
Eingang gefunden, und zwar ausgehend von neuesten wissenschaftlichen Erkenntnissen über die Entstehung des Universums und des menschlichen Bewußtseins. Dieses neue Material wurde hinzugefügt, da ich besonders auf den Punkt ab-
heben möchte, daß die Wissenschaft dem Antlitz Gottes um so
näherkommt, je weiter sie zu den Ursprüngen der Menschheit
vordringt.

In Teil I des vorliegenden Buches stelle ich verschiedene wissenschaftliche Prämissen vor, die sich mit den kabbalistischen
Grundprinzipien decken. Bei der Erstausgabe dieses Buches
gab es nur sehr wenige Wissenschaftler, die meinen Ansichten
zustimmten. In Teil IV bringe ich meine ursprünglichen Behauptungen zu einem Abschluß und erhärte sie anhand der Er-

kenntnisse einiger der brilliantesten wissenschaftlichen Köpfe unserer Zeit.

Dieses Buch ist nun vollständig. Und ich werde mir jetzt bewußt, daß jeder seiner vier Teile einer der vier kabbalistischen Welten entspricht. Teil I entspricht Aziluth, der Welt der Emanation, Teil II Beriah, der Welt der Schöpfung, Teil III Jezirah, der Welt der Formung und Teil IV Assiah, der Welt der Handlung. Ich hatte das ursprünglich nicht so geplant, wenigstens nicht bewußt, aber jetzt stellt sich heraus, daß das Buch in seiner Erstausgabe unvollständig war. Es stellte nur Aziluth, die Welt der Emanation dar. Bei der zweiten Auflage wurde dann von Aziluth die zweite und die dritte Welt der Schöpfung und der Formung, Beriah und Jezirah, »emittiert«. Und bei der dritten und letzten Auflage wird nun auch noch die letzte Welt, Assiah, die Welt der Handlung, »emittiert«. Der vierte Teil bildet den Abschluß des Buches und gleichzeitig wird darin der Samen, der in Teil I gesät wurde, endlich geerntet.

Viele Menschen fragen mich in ihren Briefen, wie sie mit Hilfe der Kabbala materielle Dinge erreichen können. Meine Antwort ist immer dieselbe: Der Umgang mit »Magie« kann aufregend sein und manchmal auch lohnend, doch er stellt immer nur eine Übergangsphase auf dem Weg zu etwas Höherem und Besserem dar. Das ist wie mit den ersten wackligen Schritten, die ein Kind alleine geht. Es ist entzückt über seine neue Glanzleistung und sich nicht bewußt, daß es eines Tages sogar rennen, hüpfen, schwimmen und Saltos in der Luft schlagen können wird. Genauso ergeht es dem Menschen, der sich mit »Magie« beschäftigt. Je tiefer er in die Mysterien eintaucht, desto mehr wird er zu der Überzeugung gelangen, daß es wichtigere Dinge zu vollbringen gilt. Diese Dinge sind jedoch nur durch eine vollkommene Identifikation mit dem alles Seienden und einer vollständigen Unterwerfung unter dessen Willen möglich; deshalb handelt es sich bei diesem Buch nicht um ein Handbuch der Magie. In diesem Buch geht es um Selbsterkenntnis, spirituelle Entwicklung, Bewußtsein und Liebe. Der wahre Kabbalist strebt nie nach Macht. Er strebt nicht einmal nach der Wahrheit, denn die letzte Wahrheit ist immer jenseits menschlicher Erkenntnis. Alles, wonach er strebt, ist Liebe. Wenn dieses Buch Ihnen bei der Suche nach der Liebe helfen kann, dann war auch meine Suche nicht umsonst.

New York City, Oktober 1992   *Migene González-Wippler*

Teil I

DIE MODERNE KABBALA

Wie Gott das Universum erschuf

Was ist Kabbala?

Das Wort Kabbala leitet sich aus der hebräischen Wurzel KBL (Kibel) ab, was soviel heißt wie »empfangen«. Es beschreibt treffend die uralte Tradition der mündlichen Überlieferung der Geheimlehre und bedeutet damit sowohl *das Empfangene* als auch *die Überlieferung*.

Die Kabbala ist ein philosophisches und theosophisches System, das ursprünglich darauf abzielte, die immerwährenden Fragen des Menschen nach dem Wesen Gottes und des Universums und dem letztendlichen Schicksal der Menschheit zu beantworten. Als praktisches System beruht es auf den zahlenmäßigen Entsprechungen zwischen den verschiedenen Aspekten des menschlichen Lebens und der universellen Gesetze.

Kapitel 1

Die Schöpfung

»Am Anfang schuf Gott Himmel und Erde ...«

So lautet der erste Satz der Genesis in der Bibelübersetzung nach Martin Luther. Diese vertrauten Worte sind seit vielen Jahrhunderten Teil des menschlichen Erbes. Auf ihr widerhallendes Echo gründeten sich Religionen und Weltreiche. Sogar über das Vakuum des interstellaren Raumes hinweg waren diese uralten Worte erklungen, als der Mensch zum ersten Mal seinen Fuß auf den Mond setzte. Doch hebräische Gelehrte und Kabbalisten behaupten, daß diese Worte, die von so vielen über so lange Zeit hochgeschätzt und in Ehren gehalten wurden, eigentlich falsch sind. Ihrer Ansicht nach wurde das alte Hebräisch, in dem die Heilige Schrift in ihrer Urfassung geschrieben wurde, von den Bibelübersetzern hoffnungslos mißgedeutet und besitzt die wahre Botschaft eine weit höhere, spirituelle Bedeutung und psychologische Tiefenwirkung.

Genesis bedeutet »Am Anfang« und ist die direkte Übersetzung des hebräischen Wortes *Bereschit* (das auch in den Formen Beraschith, Berascheth oder Beresit zu finden ist), auf das wir später noch näher eingehen wollen. Unglücklicherweise begann das Hebräische etwa um 500 v. Chr. als gesprochene Sprache auszusterben und wurde durch das Aramäische ersetzt, der alten Sprache der Juden während ihrer Gefangenschaft in Babylon und zur Zeit Jesu.

Während ihrer siebzigjährigen Gefangenschaft in Babylon verlernten die Juden ihre hebräische Muttersprache. Nachdem König Kyros II von Persien ihnen dann schließlich erlaubte, nach Palästina zurückzukehren, waren die einzigen Männer, die noch Hebräisch verstanden, Esra und Daniel. Esra überarbeitete die ersten fünf Bücher des Alten Testaments, die auch Pentateuch oder die Fünf Bücher Moses genannt werden, da angenommen wird, daß sie von Moses verfaßt wurden. Als diese Lehren wieder in die Synagogen Eingang fanden, mußten sie mit Hilfe einer Reihe von Büchern, den sogenannten Targumim (»Übersetzungen«), ausgelegt werden, die Übersetzungen verschiedener Teile des hebräischen Textes für das einfache Volk ins Aramäische darstellen. Seit 70 n. Chr., als die Vertreibung der Juden aus Palästina begann, hat sich das Hebräische wieder zur Sprache der Religion und Kultur entwickelt. Ende des 19. Jahrhundertes ließ die Zionistische Bewegung das Hebräische als gesprochene Sprache erneut aufleben. Heute ist es die offizielle Landessprache des Staates Israel.

Etwa 300 v. Chr. ordnete Ptolemäus II, der Palästina nach dem Tod Alexanders des Großen weiterregierte, an, die hebräischen Schriftensammlungen ins Griechische zu übersetzen. Die Arbeit wurde von einer Gelehrtengruppe der Essener[1] in Angriff genommen, die außerhalb von Alexandria in Abgeschiedenheit lebten und zu jener Zeit die Einzigen waren, die sowohl das Althebräische, in dem das Alte Testament verfaßt war, als auch Griechisch einwandfrei beherrschten. Die Eingeweihten der Essener sträubten sich jedoch dagegen, die Geheimlehre des jüdischen Glaubens Nicht-Eingeweihten zugänglich zu machen, und verschleierten deshalb die von Moses eröffneten Mysterien mit Hilfe von Gleichnissen und symbolhafter Bildersprache. Für die Geschichten von Adam und Eva, der Schlange und Adams Rippe, die in der griechischen Version der Genesis eingeführt wurden, gibt es im hebräischen Urtext keine entsprechenden Passagen. Die siebzig Rabbis, aus denen sich der höchste Rat der Priesterschaft in Jerusalem, auch bekannt unter dem Namen Sanhedrin, zusammensetzte, waren sich über die abstruse Qualität des griechischen Textes nicht bewußt. Sie nahmen diese irreführende Übersetzung als korrekt an und setzten alle ihre Unterschrift darunter. Damit war die Septuaginta geboren. Die Übersetzer der Essener blieben anonym. So-

---

[1] Die Essener waren eine jüdische Sekte von Asketen und Mystikern, die ungefähr zwischen 200 v. Chr. und 200 n. Chr. gewirkt haben sollen.

mit galt also seit etwa 200 v. Chr. die Septuaginta als korrekte
griechische Übersetzung des Alten Testaments.

Trotz der allgemeinen Anerkennung der Septuaginta begegneten viele Bibelgelehrte und Theologen ihrem Wahrheits-
gehalt mit wachsender Skepsis. Zu erwähnen wäre hier vor
allem Hieronymus, der sogar einen jüdischen Rabbi einstellte,
der ihm die alte Sprache beibringen sollte, doch vergebens.
Hieronymus verbrachte zwanzig Jahre seines Lebens damit,
die Septuaginta ins Lateinische zu übersetzen. Seine lateinische
Übersetzung wurde unter dem Namen Vulgata bekannt und
wird als eine der Grundlagen der römisch-katholischen Kirche
seit 400 n. Chr. betrachtet. Etwa 500 n. Chr. wurde das Alte
und das Neue Testament zum ersten Mal gemeinsam in Form
der Bibel veröffentlicht, wie wir sie kennen. Fortan sprach
man auch von der Heiligen Schrift, die seither von der Mehrzahl der Christen ohne Zweifel daran zu äußern, anerkannt
wurde.

Im Laufe der Jahrhunderte sind zahllose Bibelübersetzungen
in allen möglichen Sprachen erschienen. Eine der ersten Übersetzungen der Bibel ins Englische wird dem englischen Philosoph, Theologe und Reformer John Wycliff (gestorben 1384)
zugeschrieben, aber die beste Übersetzung, der die bekannte
»Authorized Version of King James« weite Teile ihres Wort-
lauts verdankt, stammt sicher von William Tynsdale (gestorben 1536). Was die poetische Schönheit und Klarheit der Sprache betrifft, wird die King James-Übersetzung in der Englischen Literatur häufig mit den Werken von Shakespeare verglichen. Die deutsche Übersetzung von Martin Luther war von
entscheidender Bedeutung für die Reformation und zugleich
von fortwirkendem sprachlichen Einfluß. Die erste Gesamtausgabe erschien 1534, die letzte von Luther selbst betreute
Ausgabe ist diejenige von 1545. Danach erschienen verschiedene neuere Übersetzungen. Am weitesten in der Anpassung
an die moderne deutsche Sprache geht die »Bibel im heutigen
Deutsch« (Die gute Nachricht). Die katholische Kirche ließ ab
1962 eine neue Übersetzung der Bibel aus den Urtexten anfertigen, bei der auch die evangelische Kirche im Bereich des

Neuen Testaments mitwirkte und die 1979 unter dem Namen
»Einheitsübersetzung« erschien. Darüber hinaus wäre noch
die berühmte Übersetzung der alttestamentarischen Bücher
der beiden jüdischen Religionsphilosophen Martin Buber und
Franz Rosenzweig (1920–1930) zu erwähnen.[2]

Im Jahre 1515 wurde mit der Erlaubnis des Vatikans ein
Buch mit dem Titel »The Polyglot of Paris« von Kardinal
Ximenes veröffentlicht. Dieses Buch war deshalb so außerge-
wöhnlich, weil es das Buch Genesis in drei verschiedenen
Sprachen abdruckte. Jede Seite war dreispaltig gesetzt. In der
ersten Spalte stand der hebräische Urtext, in der zweiten die
Entsprechung in der Übersetzung der lateinischen Vulgata und
in der dritten die Version der griechischen Septuaginta. Der
Kardinal wollte damit zeigen, daß die Vulgata zwischen den
anderen beiden Versionen »gekreuzigt« worden war, aber
nichtsdestotrotz das wahre Wort Gottes darstellte. Daß es sich
bei der Vulgata um das verfälschte Produkt aus der griechischen und hebräischen Version handeln könnte, darauf kam
der gute Kardinal nicht. Dennoch erwies er der Welt einen
großen Dienst, indem er ihr eine seltene Ausführung des
mosaischen hebräischen Textes vorlegte, der seit mehr als
dreitausend Jahren wie ein Schatz gehütet worden war.

Erst 1810 entdeckte der französische Gelehrte Fabre d'Olivet eine alte Ausgabe des Buchs des Kardinals. D'Olivet war
selbst ebenfalls ein polyglotter Mensch und besaß erstaunliche
Kenntnisse in einer Unmenge von östlichen Sprachen, einschließlich dem Althebräischen. Unter großer Aufregung
machte er sich an das Studium des hebräischen Textes, der in
»The Polyglot of Paris« abgedruckt war. Nach mehreren Jahren eingehenden Studiums, in denen er den hebräischen Urtext
mit der samaritanischen, arabischen und anderen Übersetzungen verglich, schrieb er sein gelehrtes Meisterwerk *La langue
hébraïque réstituée.* Dieses Buch stellt zum einen eine ein-
gehende Studie der hebräischen Sprache dar und enthält zum

---

[2] Alle in diesem Buch angeführten Bibelstellen wurden der Luther-
bibel entnommen.

anderen eine vollständige Fassung der ersten zehn Kapitel der Genesis im hebräischen Urtext, sowie wörtliche Übersetzungen ins Französische und Englische. Damit wurde den europäischen Gelehrten zum ersten Mal ermöglicht, die Mysterien der Geheimlehre der Juden, der wahren Thora, wie die fünf Bücher Moses bei den Juden genannt werden, zu ergründen.

Obwohl die Drucklegung des Buches sehr kostspielig war, gelang es d'Olivet, es mit Unterstützung von seiten der französischen Regierung zu veröffentlichen, die das Werk als so bedeutend ansah, daß sie sich bereit erklärte, alle Druckkosten zu tragen, wenn d'Olivet seinerseits dazu bereit wäre, je ein Exemplar an alle Universitäten und Akademien in Frankreich zu schicken. D'Olivet sandte daraufhin Exemplare an die Rektoren aller Universitäten in Frankreich, mit der Bitte um Kritik am Werk oder um Korrekturvorschläge, sollten sie es für nötig erachten. Nachdem sich nach Ablauf von sechs Jahren niemand gemeldet hatte, der die Gelehrsamkeit seines Werkes angezweifelt hätte, ließ er bekannt geben, daß in seinem Buch keine Fehler gefunden worden seien und es deshalb als vollständig korrekt anzuerkennen sei. In d'Olivets Werk wird ganz deutlich, daß es sich sowohl bei der Vulgata als auch der Septuaginta, auf denen die englische King-James Version beruht, um völlig verzerrte Darstellungen des hebräischen Urtexts handelt.[3]

Das Werk Fabre d'Olivets hat es modernen Kabbalisten ermöglicht, das Buch Genesis in seinem wahren kabbalistischen und mystischen Sinne neu zu interpretieren.

Auf dem Hintergrund des hebräischen Urtextes ist es möglich, die signifikante Übereinstimmung der kosmologischen Begriffe, die in der Genesis eine so wesentliche Rolle spielen, mit den modernen Theorien über die Entstehung des Universums und die Evolution des Menschens zu erkennen.

Vielleicht eines der größten Dilemmas für Logiker und Wissenschaftler im Hinblick auf die Anerkennung der Schöpfungsgeschichte (laut Genesis) ist die Tatsache, daß der ganze

---

[3] Siehe auch Best, Shabaz Britten: Genesis revisited. London: 1970.

Vorgang innerhalb von sechs Tagen abgeschlossen war. Daß
für Gott ein Tag Tausende oder gar Millionen von Jahren dau-
ern könnte, darauf sind die Philosophen und Theologen gekommen, aber die Antwort auf das Rätsel findet sich in der
Genesis selbst. Und die Geheimlehre der Juden, die unter dem
Namen Kabbala bekannt ist, ist der Schlüssel zu den Mysterien der Schöpfung, wie sie in der Genesis dargestellt wird.

Die Kabbala lehrt, daß Gott reine Immanenz ist. Er ist die
alles durchdringende Energie, die das Universum erfüllt. Er ist
das alles Seiende und größer als das alles Seiende. Seine Essenz
ist unfaßbar und unerkennbar, und doch ist er die Quelle, aus
der alle Erkenntnis kommt. In seiner höchsten Manifestation
ist Gott Licht. Wenn Gott in der Genesis 1,3 sagt: »Es werde
Licht«, meint er damit diese Manifestation. Denn vor der Erschaffung des Universums existiert Gott als das *unmanifestierte Prinzip.* Der Sinn des Schöpfungsakts Gottes war es,
seine Essenz willentlich in der materiellen Welt zu manifestieren.

Licht ist eine Form von Strahlungsenergie, die zwar keine
Masse und keine elektrische Ladung besitzt, aber Photonen
und Elektronen erzeugen kann, die Bausteine der Atome und
damit auch des Universums. Der Planckschen Quantentheorie
zufolge wird Licht in »ganzen Stücken« oder Wirkungsquan-
ten, auch Photonen genannt, übermittelt. Diese »ganzen
Stücke« einer physikalischen Wirkung sind nichtmateriell, und
doch bilden sie die Grundlage der ganzen materiellen Welt.
Und trotz der tiefen Abscheu, die die Teleologie – oder Lehre
von der Zielgerichtetheit jeder Entwicklung im Universum –
bei den Wissenschaftlern hervorruft, scheint das Photon oder
Lichtquant von einer unübersehbaren Absicht geleitet zu sein.
Dieser verblüffende Effekt wurde zuerst von Leibniz entdeckt,
der bemerkte, daß die Photonen, aus denen sich ein Lichtstrahl zusammensetzt, sich immer den Weg durch die Atmosphäre suchen, auf dem sie am schnellsten zu ihrem Ziel gelangen. Oder in Plancks Worten: »Photonen ... verhalten sich wie
intelligente Menschen.« Das beobachtete Phänomen ist bekannt unter dem Namen *Wirkungsprinzip oder Prinzip der*

geringsten Wirkung. Ebenfalls Planck haben wir die Aussage zu verdanken, daß die Entwicklung der theoretischen Physik zu der Formulierung des physikalischen Kausalitätsprinzips geführt hat, das seinem Wesen nach ausgesprochen teleologisch ist. Anders ausgedrückt heißt das, daß die Physik bewiesen hat, daß eine eindeutige Absicht hinter den Ursachen der materiellen Welt steckt – eine Tatsache, die die alten Kabbalisten schon lange vor der Entstehung der Physik gewußt haben.

Die Relativitätstheorie konfrontierte die Welt mit einer neuen, interessanten Tatsache der Eigenschaften des Lichts, nämlich daß es in der Welt der Photonen keine Zeit gibt. Die Uhren bleiben bei Lichtgeschwindigkeit stehen. Sogar der Raum ist für das Licht ein unwesentlicher Begriff, denn Photonen können sich ohne Energieverlust durch den Raum bewegen. Darüber hinaus kann Licht nicht wirklich »gesehen« werden. Es macht das Sehen erst möglich. Es ist eine unverständliche Kraft, deren Existenz hauptsächlich anhand der von ihr erzeugten Phänomene nachgewiesen wurde.

Der Logik wissenschaftlicher Beweisführung zufolge haben wir es demnach mit einem Lichtbegriff zu tun, der Licht als eine Kraft kategorisiert, die reine Energie, zeit- und raumlos ist und das ganze Universum in einer unendlichen Vielfalt von zielgerichteten Wirkungen durchdringt.

All diese Eigenschaften, die die Wissenschaft dem Licht zuschreibt, weisen eine auffallende Ähnlichkeit mit den Eigenschaften auf, die die Kabbalisten, die Gott als Licht ansehen, mit Gott verbinden.

Und wenn wir außerdem in Betracht ziehen, daß nach Planck hinter der physikalischen Kausalität ein eindeutiger Zweck steht, können wir, ohne die Wahrheit oder die Phantasie allzusehr zu überfordern, behaupten, daß die Wissenschaft die Existenz Gottes bewiesen hat.

Die beiden fundamentalsten Eigenschaften des menschlichen Verstandes sind Intuition und Logik. Intuition ist die mystische Einsicht, die uns zum Erkennen einer Tatsache führt, bevor sie erwiesen ist. Logik ist der Prozeß analytischer

Beweisführung, der die Intuition bestätigt. Wenn wir statt mit unserer Logik gegen unser inituitives oder mystisches Wissen anzukämpfen, diese beiden Verstandeskräfte miteinander verbinden, können wir ein System erschaffen, das sowohl die dreidimensionale Welt der reinen Vernunft als auch die multidimensionale Welt der mystischen Erfahrung umfaßt. Eine solche Vorstellung ist keineswegs eine Innovation dieser Autorin. Lange vor Bacon und früher als Aristoteles wurden die Grundprinzipien einer solchen »höheren« transzendentalen Logik in den alten Hindu-Schriften beschrieben. Unglücklicherweise gingen die Formeln, die die Anwendung dieses Systems ermöglichten, im Laufe der Jahrhunderte verloren. Nichtsdestotrotz blieb die »Idee« dieses Prinzips bestehen. In seinem Monumentalwerk *Tertium Organum* beschreibt Ouspensky diesen Effekt folgendermaßen:

> Neue Denker entdeckten diese Prinzipien wieder und drückten sie in neuen Worten aus, aber wieder blieben sie unverständlich, wieder erlitten sie eine Umformung in eine unnötige Schmuckform aus Wörtern. ... Die höhere Logik existierte, bevor die *deduktive* und *induktive* Logik formuliert war. Diese höhere Logik kann *intuitive* Logik genannt werden – die Logik der Unendlichkeit, die Logik der Ekstase.[4]

Die Tatsache, daß sich die Vorstellung von einer intuitiven Logik schon lange bevor ich Ouspensky las in meinem Kopf zu einem klaren Gedanken herausgebildet hatte, unterstreicht noch den noumenalen Charakter dieser höheren Logik.

Die Wissenschaft wird nicht umhin können, eine neue Wissenstheorie in der Mystik und insbesondere in den Methoden der Kabbala zu suchen, denn nur die Kabbala besitzt ein Klassifikationssystem, das die phänomenale und die noumenale

---

[4] Ouspensky, P.D.: Tertium Organum. Der Dritte Kanon des Denkens. Ein Schlüssel zu den Rätseln der Welt. Bern und München: O.W. Barth 1988, S. 231.

Welt gleichermaßen erhellt. Dieses System, das bei den Kabbalisten Baum des Lebens genannt wird, beruht auf der harmonischen Vereinigung von Gegensätzen zum Zwecke der Manifestation. Diese Vorstellung unterscheidet sich eindeutig von dem Dualismus, wie er von Aristoteles oder Bacon vertreten wurde. Nach dem allgemeinen Axiom der Aristotelischen Logik gibt es zu jedem Ding etwas, das im Gegensatz zu ihm steht, wie etwa These und Antithese, Objekt und Subjekt, Wahrheit und Falschheit, Gut und Böse etc. Auf diesem Dualismusbegriff baut unsere Logik auf. Der entscheidende Unterschied zwischen den Gegensatzpaaren des Dualismus und denen der Kabbala besteht darin, daß die kabbalistischen Gegensatzpaare sich in einem harmonischen Gleichgewicht miteinander befinden. Sie sind ihrem Wesen nach entweder positiv oder negativ, männlich oder weiblich. Das Ergebnis ihrer Vereinigung ist selbst ein Schöpfungakt.

Die Aristotelische Logik steht in scharfem Gegensatz zu der intuitiven Einsicht Platons, dessen Vorstellung von der Schöpfung eher kabbalistischen Grundsätzen folgt. In *Timaios* beschreibt er die Schöpfung des Universums folgendermaßen:

Sagen wir also, aus welcher Ursache der Schöpfer das Werden und dieses All geschaffen hat. Gut war er, und in einem Guten entsteht nie Neid, um keiner Sache willen. Und weil er von diesem frei war, wollte er, daß alles ihm möglichst ähnlich werden sollte. ... Der Gott wollte nämlich, daß wenn möglich, alles gut, aber nicht minderwertig sei; er nahm deshalb alles, was sichtbar war und nicht in Ruhe verharrte, sondern sich regellos und ungeordnet bewegte, und brachte es aus der Unordnung zur Ordnung, weil er meinte, daß die Ordnung auf jeden Fall besser sei als die Unordnung. Es war aber und ist jetzt noch dem Besten nicht erlaubt, etwas anderes zu schaffen als nur das Schönste; als er nun darüber nachsann, fand er heraus, daß den von Natur sichtbaren Dingen kein vernunftloses Werk je schöner sein werde als eines, das Vernunft besitzt, wenn man die beiden als Ganzes miteinander vergleicht, und daß anderer-

seits in keinem je Vernunft vorhanden sein könne, wenn es
nicht eine Seele hat. Aus dieser Überlegung setzte er die Vernunft in die Seele ein, und die Seele setzte er dem Leibe ein
und baute so das Ganze auf, um damit ein Werk geschaffen
zu haben, das seiner Natur nach möglichst schön und gut
sein sollte. So darf man also nach Maßgabe der Wahrscheinlichkeit die Behauptung aufstellen, daß diese Welt
durch die Vorsehung Gottes als ein wahrhaft beseeltes und
vernünftiges Wesen entstanden ist. ... In allem übrigen, bis
hin zur Entstehung der Zeit, war sie [die Welt] nun dem
Vorbild gleich, dem sie nachgebildet wurde, vollendet worden; nur darin, daß sie noch nicht alle Lebewesen in sich
enthielt, war sie noch ungleich. So führte denn der Schöpfer
das aus, was ihr noch fehlte, und gab diesem das Gepräge
nach der Natur des Vorbilds. In welcher Beschaffenheit und
in welcher Anzahl nun die Vernunft die Formen wahr-
nimmt, die dem innewohnen, was ein wirkliches Lebewesen
ist, so beschaffen und so zahlreich, dachte er, müßten auch
die Formen sein, die diese Welt enthält. Es gibt ja nun ihrer
vier: eine erste ist das himmlische Geschlecht der Götter,
eine zweite ist geflügelt und durchfliegt die Luft, eine dritte
ist die Art, die im Wasser haust, und was zu Fuß geht und
auf dem Festland lebt ist die vierte. ... In das Mischgefäß,
in dem er vorher die Seele des Alls gemischt und zusammen-
gemengt hatte, goß er den Rest der ersten Bestandteile hinein und vermischte sie ungefähr in der gleichen Weise; doch
waren diese nicht mehr so gleichmäßig rein, sondern nur
von einer zweiten und dritten Güte. Und nachdem er das
Ganze zusammengebracht hatte, nahm er so viele [mensch-
liche] Seelen, wie Gestirne waren, und teilte jedem von
diesen eine zu.[5]

Die Platonische Vorstellung von der Erschaffung des Universums beruht auf der Idee des Monismus, das heißt auf der

---

[5] Platon: Sämtliche Werke, Spätdialoge II. Zürich: Artemis 1974,
    Timaios 29–41, S. 209 ff.

grundsätzlichen Einheit alles Seienden, und steht damit in
einem diametralen »Gegensatz« zum Dualismus der Aristotelischen Logik. Nur die Kabbala mit ihrem grundlegenden Prinzip von der Vereinigung der Gegensätze zum Zwecke der
Manifestation kann diesen Widerspruch überbrücken. Damit
rückt die Kabbala in den Bereich der intuitiven Logik, der harmonischen Verschmelzung von Logik und Intuition. Nachdem
nun also gezeigt worden ist, daß die Kabbala in der Welt der
»höheren Logik« eine wirksame Funktion erfüllt, wollen wir
noch einmal auf Ouspensky zurückkommen:

> Und dann, wenn wir all dies zu verstehen beginnen, werden
> wir die einzelnen Ideen erfassen, die die Grundzüge der
> »noumenalen Welt« betreffen oder *der Welt von vielen
> Dimensionen*, in der wir wirklich leben.
> In diesem Falle stellt die *höhere Logik*, selbst mit ihren
> unvollkommenen Formen wie sie in unserer groben Sprache
> der Begriffe erscheinen, trotzdem ein machtvolles Instru-
> ment zur Erkenntnis der Welt dar, unser einziges Mittel, uns
> vor Irreführungen zu bewahren.
> Die Anwendung dieses Denkinstruments liefert den Schlüs-
> sel zu den Geheimnissen der Natur, zu *der Welt, wie sie ist*.[6]

Wir haben weiter vorne bereits gezeigt, daß die kabbalistische
Vorstellung von Gott als Licht im Prinzip mit dem von der
Wissenschaft nachgewiesenen Lichtbegriff übereinstimmt. Wir
haben außerdem gesehen, daß für Licht die Zeit nicht »existiert«. Dies bedeutet aber wiederum, daß alle Ereignisse in
der Welt des Lichts nebeneinander existieren müssen, vor und
nach ihrer Manifestation. Alle *Momente* müssen also gleichzeitig existieren und untereinander zusammenhängen, auch
wenn sie durch große »Zeit«-Intervalle voneinander getrennt
sind. Damit gehen für Gott, der das Licht *ist*, alle Zeitprozesse

---

6 Ouspensky, P.D.: Tertium Organum. Der Dritte Kanon des
   Denkens. Ein Schlüssel zu den Rätseln der Welt. Bern und München: O.W. Barth 1988, S. 236.

in eine unendliche Folge von Ereignissen über. Und somit hätten wir eine gültige Ausgangsbasis gefunden, um die beiden »gegensätzlichen« Theorien von der Erschaffung der Welt in sechs »Tagen« oder Phasen und Darwins Theorie über den Ursprung der Arten miteinander in Einklang zu bringen. Der lange Evolutionsprozeß, der für den Menschen in Millionen Jahren gemessen wird, war für Gott ein gleichzeitig stattfindendes Ereignis. Darüber hinaus sind sich die Wissenschaftler einig, daß die Schöpfung in sechs Phasen stattgefunden hat. In der Genesis heißt es: »Und die Erde war wüst und leer.« In der Wissenschaft wird davon ausgegangen, daß am Anfang der Stoff, aus dem die Erde geformt wurde, in völligem Chaos in den Urnebeln verteilt war. Laut Genesis sprach Gott dann: »Es werde Licht! Und es ward Licht.« Die Wissenschaft erklärt, daß die Moleküle überall in den Urnebeln in Bewegung gerieten und dadurch Licht erzeugt wurde. Das war die *erste Phase*. In der Genesis heißt es, das Firmament sei am zweiten »Tag« erschaffen worden. Aus wissenschaftlicher Sicht hat sich die Erde während der zweiten Phase zu einer Kugel verdichtet, und gleichzeitig wurde damit die Atmosphäre (das Firmament) geschaffen. Die Genesis spricht weiter von der Erschaffung der Erde, des Wassers und des Pflanzenreichs am dritten Tag. Die Wissenschaft bemerkt ihrerseits, daß in der dritten Phase, in der die Atmosphäre immer noch dicht war, sich die Wasser zu beruhigen und in den Niederungen zu sammeln begannen. Während die Genesis am vierten Tag von der Erschaffung von Sonne, Mond und Sternen spricht, geht die Wissenschaft davon aus, daß sich in der vierten Phase die Atmosphäre zu verdünnen begann, und es somit möglich wurde, Sonne, Mond und Sterne zu sehen. In der Genesis wird am fünften Tag von der Erschaffung der großen Wale und der Vögel gesprochen. Die Wissenschaft hingegen führt dazu an, daß die Säugetiere (Wale sind Säugetiere) zu den letzten Arten zählten, die auf der Erde entstanden sind. Die Genesis berichtet, daß am sechsten Tag der Mensch erschaffen wurde, und die Wissenschaft bestätigt dies durch ihre Behauptung, daß der Mensch die höchste Entwicklungsform des tierischen Lebens sei.

Mit dieser Gegenüberstellung konnten wir also zeigen, daß die Entstehung des Universums, wie sie in der Genesis beschrieben ist, durch wissenschaftliche Daten belegt werden kann. Doch bei näherer Betrachtung der ersten beiden Kapitel der Genesis enthüllt sich uns auf dem Hintergrund des hebräischen Urtextes ein evolutionäres Prinzip von weit umfassenderer Bedeutung als der reinen Lichtnatur Gottes. In der Tat haben wir es mit *zwei* Schöpfungen zu tun. Im ersten Kapitel der Genesis ist die Rede von dem allumfassenden Plan, *wie er in Gottes Geist entstand.* Demnach handelt es sich bei der ersten Schöpfung also nur um einen rein theoretischen Plan des Kosmos. Er existierte zuerst nur potentiell, und die tatsächliche evolutionäre Entwicklung fand erst danach statt. Was Gott im ersten Kapitel der Genesis also wirklich tat, war, seine Essenz als Lichtfunken zu manifestieren, aus dem sich dann das Universum entwickelte. Danach dachte er sich den kosmischen Plan zur Erschaffung des Universums aus, auf den ein umfassender Prozeß materieller Evolution folgen mußte. Die materielle Quelle, aus der sich der Kosmos allmählich entwickelte, war die strahlende Energie des Funkens, der Gottes allererste *willentliche* Manifestation darstellte. Augustinus, der mit dem Althebräischen vertraut war, deutete die »erste« Schöpfung in dieselbe Richtung. Er sagte: »Wahr ist nämlich, Herr, daß du Himmel und Erde gemacht hast. Und wahr ist, daß der Urbeginn deine Weisheit ist, in der du alles geschaffen hast. ... Wahr ist, daß du nicht nur das Geschaffene und Gestaltete gemacht hast, sondern auch alles, was die Möglichkeit in sich hat, geschaffen und gestaltet zu werden, aus dem alles besteht. Wahr ist, daß alles, was aus Gestaltlosem Gestalt wird, zuerst gestaltlos war, dann Gestalt.«[7] Darin liegen die tieferen Beweggründe für Augustinus' Vorstellungen von der Prädestination begründet.

Zuerst existierte unser Universum also in der Vorstellung Gottes, und damit war es auch vorbestimmt. Dies beweist wiederum, daß die evolutionäre Entwicklung im ursprünglichen

---

[7] Augustinus, Confessiones XIX 28, Corp. Christ. 27, 1981.

kosmischen Plan vorgesehen war. Im Lichte des hebräischen Urtextes der Genesis stellt die Darwinsche Evolutionstheorie demnach einen wesentlichen Bestandteil der göttlichen Ordnung der Dinge dar.

Im zweiten Kapitel der Genesis wird dann die Erschaffung der tatsächlichen materiellen Welt auf der materiellen Ebene nach dem göttlichen Plan vollzogen. Das ist die »zweite« Schöpfung. In Kapitel 1 der Genesis wird von Gott, dem Schöpfer, auf einer geistigen Ebene gesprochen. In Kapitel 2 ist vom Schöpfer nicht mehr als GOTT die Rede, sondern von GOTT, DER HERR. Sehr häufig wird in den Schriftensammlungen das höchste Wesen mit verschiedenen Namen, wie Gott, Gott der Herr, der Herr etc., bezeichnet. Jeder Name, der der Gottheit im Hebräischen gegeben wird, hat eine ganz besondere Bedeutung und bezieht sich auf einen ganz speziellen Aspekt des Gottes. Das hebräische Wort für GOTT ist ELOHIM, das höchste Wesen, der Schöpfer auf einer spirituellen Ebene. Gott, der Herr, hingegen ist Jehovah (JHWH), die tatsächliche Manifestation des Elohim in der phänomenalen Welt als erstem Funken, aus dem sich das Universum entwickelte. Auf die Bedeutung dieser beiden Namen oder Aspekte des höchsten Wesens werden wir zu einem späteren Zeitpunkt noch näher eingehen.

Um eine Vorstellung von den in der Genesis verborgenen kabbalistischen Lehren zu bekommen, ist es nötig, daß der Leser mit dem hebräischen Alphabet und einigen Besonderheiten der hebräischen Buchstaben vertraut wird. Auf den folgenden Seiten werden wir zum einen näher auf diese Besonderheiten eingehen und zum anderen die wichtigsten Passagen der Genesis unter kabbalistischen Gesichtspunkten analysieren. Es ist wichtig, daß der Leser eine Vorstellung von den Feinheiten des hebräischen Alphabets bekommt, da nach Ansicht der Kabbalisten die ersten fünf Kapitel der Genesis in einer Art Geheimcode geschrieben wurden, der ohne die richtigen Schlüssel, nämlich die hebräischen Buchstaben, nicht richtig verstanden werden kann. Jeder hebräische Buchstabe hat eine ganz spezifische Bedeutung und entspricht gleichzeitig einer bestimmten Zahl. Die den Buchstaben zugeordneten Zahlen haben keine mathematische Bedeutung. Jeder Buchstabe und damit auch jede Zahl ist einfach ein »Ideogramm«, ein Symbol einer kosmischen Kraft. Die Interaktion zwischen diesen kosmischen Energien findet gleichzeitig im Kosmos und im Menschen statt. Die Botschaft der Bibel ist damit darauf ausgerichtet, all unsere Bewußtseinszentren zu öffnen und wirkt in diesem Sinne wie eine spirituelle Offenbarung.

Es gilt als anerkannte Tatsache, daß sich das gesamte Universum auf Zahlen aufbaut. So sagte Pythagoras: »Die Natur arbeitet nach geometrischen Methoden.« Und C. G. Jung ging sogar noch einen Schritt weiter und behauptete, Zahlen hätten bereits vor dem Bewußtsein bestanden. Er war der Meinung, Zahlen seien keine Erfindung des Menschen, sondern nur von ihm entdeckt worden, da sie schon immer existiert hätten. Nach Jungs Ansicht sind Zahlen wahrscheinlich das primitivste Ordnungselement des menschlichen Verstands und werden vom Unbewußten als Ordnungsfaktoren benutzt. Darüber hinaus erklärte er, daß es deshalb kein verwegener Schluß sei, Zahlen psychologisch gesehen als »Archetypen der Ordnung« zu definieren, die ins Bewußtsein vorgedrungen sind. Jungs Theorie von der Synchronizität, die man als das gleichzeitige Auftreten von zwei oder mehreren »bedeutungsvollen« zusammenhängenden Ereignissen definieren könnte, weist deutliche Parallelen zu den Zahlen auf. Und Jung selbst erklärte, daß zwischen Zahlen und Synchronizität stets eine enge Verbindung gesehen wurde. Denselben Gedanken drückte Bertrand Russell aus, als er sagte: »Es muß viele Jahrhunderte gedauert haben, bis entdeckt wurde, daß ein Joch Ochsen und ein paar Tage beides Beispiele für die Zahl Zwei sind.«

Eine Zahl ist ein Symbol zur Vermittlung einer Idee, eine Abstraktion. Viele Wissenschaftler stimmen darin überein, daß alles mögliche Wissen im Verstand in abstrakter Form vorhanden ist. In der abstrakten Welt des Verstandes gibt es weder Zeit noch Raum, denn es ändert sich darin nie etwas. In dieser rein abstrakten Welt ist Wissen etwas Absolutes, und

Vergangenheit, Gegenwart und Zukunft verschmelzen zur
Ewigkeit.

Das Studium des Abstrakten gehört traditionell in den
Zuständigkeitsbereich der Mathematik, insbesondere der
Zahlentheorie, die unter anderem lehrt, daß Zahlen Eigenschaften besitzen und daß keine Zahl jemals ganz genau
dieselben Eigenschaften wie eine andere hat. Andererseits
dienen Zahlen auch als Sprache, als Kommunikationsmittel.
Der Mensch teilt seine Gedanken und Ideen anhand von
sprachlichen Ausdrücken mit, die auf der Zahlensymbolik be-
ruhen. Leo Stalnaker schreibt in seinem Werk *Mystic Symbolism in Bible Numerals*:

> Die große Bedeutung der Zahlensymbolik bei den Klassi-
> kern ist möglicherweise darauf zurückzuführen, daß die
> Buchstaben im Hebräischen ursprünglich Zahlen waren,
> und da die gesamte Bibel aus verschiedenen Gruppen oder
> Kombinationen von hebräischen Buchstaben zusammenge-
> setzt ist, ist man allgemein davon ausgegangen, daß die
> wahre Bedeutung oder richtige Auslegung von schwierigen
> Bibelpassagen am besten durch Zuhilfenahme der Zahlen-
> werte dieser Buchstaben sichergestellt oder ermittelt werden
> kann.

Die Kabbala lehrt, daß Gott das Universum mit Hilfe des
hebräischen Alphabets erschaffen hat. Die 22 Buchstaben des
Alphabets sind in Wirklichkeit 22 verschiedene Zustände des
Bewußtseins der kosmischen Energie und stellen die Essenz
alles Existierenden dar. Obwohl sie Zahlen, Symbole und
Ideen verkörpern, ist es nicht einfach, sie zu klassifizieren,
denn sie sind praktisch alles, was sie bezeichnen. Zur besseren
Erläuterung dieser Behauptung wollen wir uns folgendes Beispiel ansehen: Unsere Alltagssprache ist von sinnlichen Erfahrungen hergeleitet, das heißt, sie dient dazu, unsere Sinnes-
wahrnehmungen, also alles was wir sehen, spüren, hören etc.,
auszudrücken. Das deutsche Wort »Haus« bezeichnet die
Stätte, an der man wohnt, genauso wie im Englischen »house«

Tafel 1: Das hebräische Alphabet

Aleph (A) Ochse 1	Beth (B) Haus 2	Gimel (G) Kamel 3	Daleth (D) Tor 4	He (H) Fenster 5	Vau (W/V) Nagel 6	Sajin (S/Ds) Schwert 7	Cheth (Ch) Zaun 8	Teth (T) Schlange 9
Jod (J) Hand 10	Kaf (K) Handfläche 20	Lamed (L) Ochsen-treibstock 30	Mem (M) Wasser 40	Nun (N) Fisch 50	Samech (S) Stützpfahl 60	Ajin (O) Auge 70	Pe (P) Mund 80	Zade (Z/Tz) Fischhaken 90
Kof (K) Hinterkopf 100	Resch (R) Kopf 200	Schin (Sch/S) Zahn 300	Tau (T) Kreuz 400	Kaf am Ende 500	Mem am Ende 600	Nun am Ende 700	Pe am Ende 800	Zade am Ende 900

* Im Prinzip gibt es zwar nur 22 Buchstaben im hebräischen Alphabet, doch fünf haben eine andere Form und einen anderen Zahlenwert, wenn sie am Ende eines Wortes stehen und sind deshalb ebenfalls von Bedeutung.

und im Spanischen »casa«. Im Hebräischen *bedeutet* der
Buchstabe Beth mehr als nur Haus, nämlich die *Essenz* von
Haus. Er ist das Urbild oder der Archetyp aller Wohnstätten
und Gefäße.

Die Tradition lehrt uns, daß der Wesenskern der Kabbala
ohne ein umfassendes Verständnis des hebräischen Alphabets
nicht erfaßbar ist. Deshalb sind die hebräischen Buchstaben
ein unerläßliches Instrumentarium für das wahre Verständnis
des Schöpfungsakts. In Tafel 1 sind die 22 hebräischen Buchstaben mit ihrem Namen, ihrem Zahlenwert, ihrer allgemein
üblichen lateinischen Entsprechung und ihrer esoterischen
Bedeutung aufgeführt. Das hebräische Alphabet besteht fast
ausschließlich aus Konsonanten, während die Vokallaute
häufig durch eine Reihe kleiner Punkte unter den Buchstaben
angedeutet sind.

In der *Sepher Jezirah* oder dem *Buch der Formung*, der ältesten und einer der wichtigsten kabbalistischen Schriften, heißt
es, die 22 Laute und Buchstaben des hebräischen Alphabets
bildeten die Grundlage aller Dinge. Die Buchstaben werden in
drei Mütter, sieben Doppelte und zwölf Einfache unterschieden. Die drei Mütter sind Aleph, Mem und Schin. Die sieben
Doppelten sind Beth, Gimel, Daleth, Kaf, Pe, Resch und Tau.
Die zwölf einfachen Buchstaben sind He, Vau, Sajin, Cheth,
Teth, Jod, Lamed, Nun, Samech, Ajin, Zade und Kof.

Bei den drei Müttern handelt es sich um eine Dreieinigkeit,
aus der alles andere in der Welt Existierende hervorgegangen
ist. Mem und Schin sind entgegengesetzte Kräfte, und Aleph
ist die ausgleichende Kraft zwischen ihnen. Sie stehen für Luft,
Feuer und Wasser; sie sind in den Jahreszeiten zu finden. Die
heiße Jahreszeit kommt durch Feuer zustande, die kalte durch
Wasser und die gemäßigten Jahreszeiten durch Luft, die wiederum einen ausgleichenden Faktor zwischen Feuer und Wasser darstellt. Und auch im Menschen sind die drei Mütter
Feuer, Wasser und Luft zu finden. Das Feuer wurde zur Formung des Kopfes benutzt, das Wasser zur Formung des Bau-
ches und die Luft zur Formung der Brust, die sich wiederum
zwischen den beiden anderen Körperteilen befindet.

Die sieben doppelten Buchstaben werden Doppelte genannt, weil sie sowohl einen harten als auch einen weichen Laut, sowie ein Paar entgegengesetzter Eigenschaften besitzen. Dies sind:

Beth – Weisheit und Verrücktheit
Gimel – Takt und Ungehaltenheit
Daleth – Fruchtbarkeit und Einsamkeit
Kaf – Leben und Tod
Pe – Macht und Unterwerfung
Resch – Friede und Krieg
Tau – Reichtum und Armut

Die sieben Doppelten symbolisieren die sieben Richtungen: unten, oben, Ost, West, Nord, Süd und Mitte. Sie stehen auch für die sieben Planeten, die sieben Tage des Schöpfungswerks und die sieben Körperöffnungen des Menschen für die sinnliche Wahrnehmung: zwei Augen, zwei Ohren, zwei Nasenlöcher und der Mund.

Die zwölf einfachen Buchstaben bilden die Grundlage für zwölf Eigenschaften des Menschen:

He – Sehen   Lamed – Arbeiten
Vau – Hören   Nun – Bewegung
Sajin – Riechen   Samech – Wut
Cheth – Sprechen   Ajin – Heiterkeit
Teth – Schmecken   Zade – Phantasie
Jod – Sexuelle Liebe   Kof – Schlaf

Die zwölf einfachen Buchstaben versinnbildlichen die zwölf Monate des Jahres, die zwölf Tierkreiszeichen sowie die zwölf wichtigsten Körperteile des Menschen: zwei Hände, zwei Füße, zwei Nieren, Milz, Leber, Galle, die Sexualorgane, Magen und Darm.

Nach Ansicht der Kabbalisten sind die 22 Buchstaben auch Archetypen verschiedener Bewußtseinszustände, die wir im folgenden näher erläutern wollen:

1 ALEPH

ist das duale Prinzip, das alles Seiende und alles Nicht-
seiende verkörpert, das Positive und das Negative,
Leben und Tod.

2 BETH

ist das Symbol für alle Behausungen und Gefäße, für
alles, das etwas »aufnimmt« oder »enthält«.

3 GIMEL

ist die Aktivität, die Bewegung des Enthaltenen, die begrenzte Existenz oder Nichtexistenz; es ist Aleph in Beth.

4 DALETH

ist der Archetypus der körperlichen Existenz.

5 HE

ist das Prinzip des universalen Lebens.

6 VAU

ist der Archetyp aller befruchtenden Substanzen.

7 SAJIN

ist der vollendete Befruchtungsakt.

8 CHETH

ist die »Einfriedung« der gesamten unentwickelten
kosmischen Energie.

9 TETH

ist das Symbol für die weibliche Urenergie.

10 JOD

ist das Gegenteil von Aleph, ein Gleichgewichtszustand, Kontinuität.

20 KAF

ist der Archetypus der Empfangenden.

30 LAMED

ist das Prinzip des Bewußten, des Verbindungsglieds.

40 MEM

ist der Archetyp des mütterlich kreativen Prinzips.

50 NUN

ist der Archetyp aller Einzelexistenzen.

60 SAMECH

ist der Archetyp der weiblichen Fruchtbarkeit, der Eizelle.

70 AJIN
ist das erleuchtende Prinzip hinter dem Akt der Befruchtung (Sajin).

80 PE
ist dasselbe wie Cheth.

90 ZADE
ist das Symbol der Weiblichkeit in sozialer Hinsicht.

100 KOF
ist ein höhere Zustand von Aleph, der den negativen oder Todesaspekt transzendiert.

200 RESCH
ist der Archetypus der allumfassenden oder kosmischen »Gefäße«.

300 SCHIN
ist der »Geist« Gottes.

400 TAU
ist der Archetypus der gesamten kosmischen Existenz.

500 KAF AM ENDE
ist das letztendlich kosmisch Erreichbare der Einzelexistenzen.

600 MEM AM ENDE
ist die kosmische Fruchtbarkeit des Menschen, sowohl des Verstandes als auch des Körpers.

700 NUN AM ENDE
ist das Symbol für das Wechselspiel der kosmischen Energien.

800 PE AM ENDE
dasselbe wie Pe und Cheth.

900 ZADE AM ENDE
ist der Archetyp der Weiblichkeit im mythischen Sinne.

ALEPH (1), BETH (2), GIMEL (3), DALETH (4), HE (5), VAU (6), SAJIN (7), CHETH (8) und TETH (9) sind die Archetypen der Zahlen Eins bis Neun. Diese ersten neun Buchstaben projizieren sich selbst in verschiedene Manifestationszustände hinein, die immer ein Vielfaches von Zehn darstellen. Die nächste Gruppe von Buchstaben von JOD (10) bis ZADE (90) verkörpern damit erhabenere Zustände der ersten neun Buchstaben, das heißt, sie haben dieselbe Bedeutung nur auf einem höheren Niveau. Die nächste Gruppe von KOF (100) bis ZADE AM ENDE (900) stellen den höchsten kosmischen Zustand dar, der von den ersten neun Buchstaben erreicht werden kann.

Der kabbalistischen Tradition zufolge benutzte Gott bei der Erschaffung des Universums den Buchstaben Beth, um mit seinem Schöpfungswerk zu beginnen. Da die kabbalistischen Lehren meist mit Allegorien und Metaphern arbeiten, darf man sie nicht wörtlich nehmen, sondern muß nach der verborgenen Bedeutung in den Symbolen der hebräischen Buchstaben suchen. Wie wir bereits erwähnt haben, versinnbildlicht der Buchstabe Beth alle Wohnstätten und »Gefäße«. In diesem umfassenden Sinne symbolisiert er die kosmische Energie, die im begrenzten Raum eines Gefäßes aufgenommen und in die tatsächliche Manifestation hineinprojiziert wird. Die Hülle, das »Gefäß« dieser strahlenden Energie, ist das erschaffene Universum. Das ist die tiefere Bedeutung von Beth. Schauen wir uns jetzt noch einmal den ersten Satz der Genesis[8] im Althebräischen des Urtextes an, in dem sie ursprünglich geschrieben wurde, und suchen wir mit Hilfe des Buchstabenschlüssels nach seiner tieferen Bedeutung.

»Am Anfang schuf Gott Himmel und Erde...« Nach Transkription der hebräischen Buchstaben ins Lateinische würde diese Passage folgendermaßen lauten: *Bereschit Bara Elohim Eth Ha Schamaim Ve Eth Ha Aretz.*

Bereschit

»Am Anfang«: Dieses Wort setzt sich aus den Buchstaben Beth, Resch, Aleph, Schin, Jod und Teth zusammen. Dem eben beschriebenen Buchstabenschlüssel zufolge müßte dieses erste Wort der Bibel folgendermaßen interpretiert werden: Der »Geist« Gottes verlieh dem zweifachen Prinzip

---

[8] Siehe auch das interessante Werk von Carlo Suares mit dem Titel *The Cipher of Genesis*, New York 1971, in dem das Buch Genesis in allen Einzelheiten ausgelegt wird.

von Leben und Tod, dem Puls des Lebens, dauerhaften Ausdruck, indem er es in einer unendlichen Menge von kosmischen Manifestationen einschloß und verwirklichte.

Bara

»schuf«: Dieses Wort besteht aus den drei Buchstaben Beth, Resch und Aleph. Seine Grundbedeutung ist Schöpfung, aber in einem ewigen, unendlichen Sinne.

Elohim

»Gott«: Dieses Wort setzt sich aus den Buchstaben Aleph, Lamed, He, Jod und Mem zusammen und symbolisiert den Prozeß, durch den die kosmische Energie in die Wirklichkeit umgesetzt werden kann.

Eth Ha Schamaim Ve Eth Ha Aretz

»Himmel und Erde«: *Eth* besteht im Hebräischen aus Aleph und Teth. Das Wesentliche des Schöpfungsaktes wurde nun bereits vollzogen. Aleph (1) und Teth (9) sind der erste und der letzte der ersten neun Buchstaben des hebräischen Alphabets (siehe Tafel 1).
Damit ist die Bedeutung dieses Wortes klar. Durch die erste Manifestation der kosmischen Energie entstanden die ersten neun Archetypen allen Lebens. Die kosmische Energie ist kurz davor in die Welt hineingeboren zu werden, und die Schöpfung ist in vollem Gange. Wir haben es mit einem zweifachen Manifestationsprozeß zu tun. Denn in dem Prozeß der Erschaffung des äußeren phänomenalen Universums manifestiert sich das kosmische Prinzip selbst. Dieses kosmische Prinzip ist der »Himmel«, und das phänomenale Universum ist die »Erde«.

Wir sehen also, daß der erste Satz der Genesis »Am Anfang schuf Gott Himmel und Erde« auf dem Hintergrund des hebräischen Urtextes in Wirklichkeit folgende Bedeutung hat:

Der Geist Gottes verlieh dem zweifachen Prinzip von Leben
und Tod, dem Puls des Lebens, dauerhaften Ausdruck, indem er es in einer unendlichen Menge von kosmischen Manifestationen »einschloß« und verwirklichte. Dieses Schöpfungswerk ist ein immerwährender Prozeß, durch den das
kosmische Prinzip bis in alle Ewigkeit in die Wirklichkeit
umgesetzt wird. Durch diese erste Manifestation der kosmischen Energie entstanden die ersten neun Archetypen allen
Lebens. Die Schöpfung fand auf zweifache Weise statt, denn
bei dem Prozeß der Erschaffung des äußeren Universums
manifestierte sich gleichzeitig auch das kosmische Prinzip.

Diese Analyse hat uns zu einem tieferen Verständnis des ersten
Satzes der Genesis verholfen. Wir sind uns damit einer weitaus
dringenderen Botschaft bewußt geworden. Denn wir können
uns jetzt eine Vorstellung von dem Schöpfungsprinzip und von
dem Wesen des Schöpfers machen.

Bisher haben wir uns mit der numerologischen Kabbala beschäftigt, das heißt, mit der Seite, die sich mit den Buchstaben
und ihren Zahlenwerten befaßt. Dieser Aspekt der Kabbala
wird im allgemeinen in drei Teile untergliedert, bei denen es
stets um die verborgene Bedeutung der hebräischen Buchstaben geht:

1 Gematria

Diesem Prinzip zufolge ergibt sich eine geheimnisvolle Beziehung zwischen Worten, deren Buchstaben den gleichen
Zahlenwert aufweisen, das heißt, hebräische Worte mit dem
gleichen Zahlenwert werden als identisch betrachtet. So ist
zum Beispiel bei den hebräischen Wörtern *Achad* (Einheit)
und *Ahebah* (Liebe) der jeweilige Zahlwert Dreizehn. Sie
werden deshalb als Symbole voneinander angesehen.

2 Notarikon

Es gibt zwei Formen des Notarikon. Bei der ersten wird
jeder Buchstabe eines Wortes zum Anfangsbuchstaben eines
anderen Wortes genommen. So wird aus den Buchstaben

eines Wortes ein ganzer Satz abgeleitet. Ein beliebtes Beispiel dafür ist *Bereschit*, über das wir bereits gesprochen haben. Aus jedem Buchstaben dieses Wortes kann ein neues Wort gebildet werden. Das ergibt: *Beraschit Ra Elohim Schejekabelu Israel Thora*, was soviel heißt wie: »Am Anfang sah Gott, daß Israel das Gesetz annehmen würde.« Bei der zweiten Form des Notarikon wird genau umgekehrt verfahren. Und zwar wird aus den Anfangs- oder Endbuchstaben eines Satzes ein Wort gebildet.

3 Temura
Nach bestimmten Regeln erfolgende Vertauschung der Buchstaben durch andere, etwa dem Buchstaben, der im Alphabet vorausgeht oder nachfolgt, und damit die Bildung völlig neuer Wörter.

Aber zur Kabbala gehören auch noch andere Lehren, die über die reine Bedeutung der Wörter hinausgehen und sich mit tieferen Dingen beschäftigen. So lehrt zum Beispiel die alte kabbalistische Tradition, daß Klang gleich Macht ist. *Der Klang des gesprochenen Wortes*. Das Universum wurde durch Klang erzeugt.

In der *Sepher Jezirah* oder dem *Buch der Formung* heißt es: Die 22 »Laute *oder* Buchstaben« wurden von der Stimme geformt, der Luft aufgedrückt und durch die Kehle, den Mund, die Zunge, die Zähne und die Lippen hörbar verändert. So groß ist die Macht des gesprochenen Wortes laut Kabbala, daß der mächtige, aus vier Buchstaben bestehende Name Gottes, das Tetragrammaton – JHWH – von gläubigen Juden nie ausgesprochen wird. Der Name wird gewöhnlich durch einen anderen Namen mit vier Buchstaben ersetzt, nämlich ADNJ, das Adonai ausgesprochen wird und Herr bedeutet. Die richtige Aussprache von JHWH ist nur ganz wenigen bekannt, denn sie wird als großes Geheimnis angesehen und: »Derjenige, der es richtig aussprechen kann, bringt Himmel und Erde zum Erzittern, denn es ist der Name, der durch das Universum schallt.« JHWH wird im allgemeinen Jehovah ausgesprochen, doch nach Ansicht der Kabbalisten ist es äußerst zweifelhaft, daß dies wirklich die richtige Aussprache des Gottesnamens ist.

Die eigentliche Bedeutung des Tetragrammatons – JHWH – ist »sein«, und es ist ein Symbol für das Dasein schlechthin. Außerdem verkörpert es unter anderem die vier Himmelsrichtungen, die vier Elemente (Feuer, Wasser, Luft und Erde) und die vier Welten der Kabbalisten. Der Name kann auf zwölf verschiedene Arten umgestellt werden, die alle "sein" bedeuten. Die zwölf, durch Umstellung entstandenen Wörter werden auch die »zwölf Banner des mächtigen Namens« genannt und sollen anscheinend die zwölf Tierkreiszeichen darstellen. Es handelt sich um JHWH, JHHW, JWHH, HWHJ, HWJH, HHJW, WHHJ, WJHH, WHJH, HJHW, HJWH, HHWJ. Gott werden noch drei andere, vierbuchstabige Namen zugeschrieben, nämlich AHJH (Dasein), ADNJ (Herr) und AGLA. Das letzte Wort ist eine Notarikon-Version des folgenden Satzes: Ata Gibbor Leolam Adonai (Du bist mächtig bis in alle Ewigkeit, o Herr).

Die Ähnlichkeiten zwischen JHWH (Jehovah) und AHJH (Ehjeh) sind sehr ausgeprägt. Zum einen stellen beide Wörter Symbole für die Existenz dar. Bei beiden ist außerdem der Buchstabe He (der Archetyp des universalen Lebens) der zweite und vierte Buchstabe im Namen. Kabbalistisch gesehen bedeutet AHJH (Ehjeh) das unmanifestierte kosmische Prinzip, Gott vor der Schöpfung, während JHWH das manifestierte kosmische Prinzip symbolisiert, also die Schöpfung selbst. Wir werden uns damit zu einem späteren Zeitpunkt, wenn wir uns den kabbalistischen Baum des Lebens näher ansehen, noch näher beschäftigen.

Ein anderer mächtiger Gottesname, mit dem viele große Dinge vollbracht werden können, ist der Schemhamphorasch oder »Geteilte Name«, der auch der klare oder ausgebreitete Name genannt wird. Dieser Name ist in den drei Versen 19, 20 und 21 des 2. Buch Mose, Kapitel 14, verborgen. Jeder dieser drei Verse besteht aus 72 Buchstaben (im hebräischen Urtext). Schreibt man nun diese drei Verse übereinander, den ersten von rechts nach links, den zweiten von links nach rechts und den dritten wieder von rechts nach links, so ergeben sich 72 Spalten zu je drei Buchstaben. Jede Spalte verkörpert einen Gottesnamen, der sich aus den drei Buchstaben zusammensetzt, und insgesamt erhalten wir damit 72 Gottesnamen. Das ist der Schemhamphorasch oder ausgebreitete Name. Diese 72 Namen werden in vier Gruppen aufgeteilt, die jeweils wieder unter dem Einfluß eines der Buchstaben des Tetragrammatons (JHWH) stehen (ausführliche Darstellung des Schemhamphorasch siehe Tafel 2).

Aus den vorangegangenen Beispielen wird erkennbar, welch überragende Rolle Worte und Laute in der Kabbala spielen und auf welche Weise geheime Botschaften, häufig von höchster Bedeutung, in den Schriftensammlungen verborgen wurden. Damit wird auch deutlich, daß die Botschaft der Bibel vorwiegend auf einem kabbalistischen Hintergrund beruht.

Der nächste Satz der Genesis, auf den wir näher eingehen wollen, ist der erste Schöpfungsakt, bei dem der Wille Gottes zum ersten Mal anhand von Lauten geäußert wird. »... Und Gott sprach: Es werde Licht! Und es ward Licht.« Im hebräischen Urtext lautet dieser Satz folgendermaßen: *Wejomer Elohim Jehi Or Wajehi Or.* Die Tatsache, daß dieser Satz aus sechs Worten besteht, ist für die kabbalistische Symbolik entscheidend, denn Sechs ist die Zahl, die im allgemeinen mit dem erschaffenen Universum assoziiert wird. Wollte man diesen Satz analysieren, würde sich folgende biblische Bedeutung ergeben:

Wejomer
(Vau, Jod, Aleph, Mem, Resch) »Und sprach«:
Dieses Wort stellt eine Handlung dar, eine willentliche Projektion der Macht, durch die der Wille manifestiert, also vergegenständlicht wird. Dies geschieht mit Hilfe von Lauten. Die befruchtende Substanz (Vau) projiziert kontinuierlich (Jod) das zweifache Prinzip von Leben und Tod (Aleph) in den Mutterschoß (Mem), der seine kosmische Substanz (Resch) in sich aufnimmt und solange in sich trägt, bis der Reifeprozeß vollendet ist, aus dem das erschaffene Universum geboren wird.

Elohim
(Aleph, Lamed, He Jod, Mem) »Gott«:
Das kreative, immanente Prinzip in der tatsächlichen Manifestation.

Jehi
(Jod, He, Jod) »Es werde«:
Das Prinzip des universalen Lebens (He) ist umgeben von der immerwährenden Existenz (Jod und Jod).

Or
(Aleph, Vau, Resch) »Licht«:
Die Essenz des Geistes, die das duale Prinzip von Leben und Tod ist (Aleph), wird befruchtet (Vau) und in der allumfassenden Manifestation zum Ausdruck gebracht.

Wajehi
(Vau, Jod, He, Jod) »Und es ward«:
Dieses Wort ist eine Wiederholung des dritten Wortes (Jehi), das sich jedoch hier in kosmischer Paarung mit Vau befindet, dem männlichen, befruchtenden Prinzip.

Or
(Aleph, Vau, Resch) »Licht«:
Diese Wiederholung des vierten Worts ist beabsichtigt und hat einen verborgenen Sinn. Das erste *Or* ist das innere Licht, die Seele. Das zweite *Or* ist das äußere Licht, der Körper. Das Ergebnis des Befruchtungsakt des kreativen Prinzips ist die höchste Geschwindigkeit, zu der das Universum nach der überlieferten Tradition in der Lage ist, nämlich die Lichtgeschwindigkeit.

Wir sehen also, daß die richtige Übersetzung des Satzes »Und Gott sprach: Es werde Licht! Und es ward Licht.« in etwa folgendermaßen lauten müßte:

Tafel 2: Der Schemhamphorasch

J																		
	W	J	S	O	M	L	A	K	H	A	L	H	J	M	H	H	L	K
	H	L	J	L	H	L	K	H	S	L	A	H	S	B	R	K	A	L
	W	J	T	M	Sch	H	A	T	J	D	W	O	L	H	J	M	W	J
	1	2	3	4	5	6	7	8	9	10	11	12	13	14	15	16	17	18

H																		
	L	P	N	J	M	Ch	N	H	J	Sch	R	A	L	W	J	L	K	M
	W	H	L	J	L	H	T	A	R	A	J	W	K	Sch	Ch	H	W	N
	W	L	K	J	H	W	H	A	T	H	J	M	B	R	W	Ch	K	D
	19	20	21	22	23	24	25	26	27	28	29	30	31	32	33	34	35	36

W																		
	A	Ch	R	J	H	M	W	J	S	O	O	M	W	D	H	O	N	N
	N	O	H	J	H	J	W	L	A	R	Sch	J	H	N	Ch	M	N	J
	J	M	O	S	H	K	L	H	L	J	L	H	W	J	Sch	M	A	T
	37	38	39	40	41	42	43	44	45	46	47	48	49	50	51	52	53	54

H																		
	M	P	N	J	H	M	W	J	O	M	D	M	A	Ch	R	J	H	M
	B	W	M	J	R	Z	M	H	N	Ch	M	N	J	B	A	B	J	W
	H	J	M	L	Ch	R	B	H	W	J	B	K	O	W	H	M	J	M
	55	56	57	58	59	60	61	62	63	64	65	66	67	68	69	70	71	72

Die Aussprache der 72 Namen lauten folgendermaßen:
1. Wehu; 2. Jeli; 3. Sit; 4. Olem; 5. Mahasch; 6. Lelah; 7. Aka; 8. Kahath; 9. Hesi; 10. Elad; 11. Law; 12. Haho; 13. Jesel; 14. Mebah; 15. Heri; 16. Hakem; 17. Lau; 18. Keli; 19. Lewo; 20. Pahel; 21. Nelak; 22. Jiai; 23. Melah; 24. Chaho; 25. Netah; 26. Haa; 27. Jeret; 28. Schaah; 29. Riji; 30. Aum; 31. Lekab; 32. Wescher; 33. Jecho; 34. Lehach; 35. Kewek; 36. Menad; 37. Ani; 38. Chom; 39. Reho; 40. Jeis; 41. Hahah; 42. Mik; 43. Wewal; 44. Jelah; 45. Sael; 46. Ori; 47. Oschal; 48. Miah; 49. Waho; 50. Doni; 51. Hachasch; 52. Omem; 53. Nena; 54. Nith; 55. Mabeh; 56. Pui; 57. Nemem; 58. Jiel; 59. harach; 60. Mezer; 61. Wamet; 62. Jehah; 63. Onu; 64. Machi; 65. Dameb; 66. Menak; 67. Aijo; 68. Chebo; 69. Rah; 70. Jekem; 71. Haiai; 72. Mum.

Die göttliche befruchtende Substanz projizierte kontinuierlich das duale Prinzip von Leben und Tod in den kosmischen Schoß und leitete so den Reifeprozeß ein, aus dem die
geistige Essenz des erschaffenen Universums geboren wurde.
Das manifestierte kosmische Prinzip wurde alsbald von der
kontinuierlichen Existenz umgeben. Die Essenz des Geistes
wurde befruchtet und in der allumfassenden Manifestation
mit Hilfe der kosmischen Vereinigung der männlichen und
weiblichen kosmischen Prinzipien zum Ausdruck gebracht.
Daraus ging schließlich die Schöpfung des physischen Universums in Form einer gewaltigen Lichtexplosion hervor.

Durch den strahlenden Glanz der Bilder dieses Satzes können
wir uns eine Explosion von Licht und Lauten, und damit von
Leben, durch die willentliche Handlung eines unbekannten
Prinzips vorstellen, das die Ursubstanz entstehen ließ, aus der
sich Welten und Galaxien bildeten.

Interessant wird es nun, wenn wir uns folgende Frage stellen: Gibt es Parallelen zwischen dieser kabbalistischen Darstellung des Schöpfungsakts und den wissenschaftlichen Theorien
über die Entstehung des Universums?

Kapitel 2

Das kosmische Ei

Der erste Wissenschaftler, der eine plausible Theorie über die Entstehung des Universums vorschlug, war der belgische Astronom Georges E. Lemaître. Im Jahre 1927 unterbreitete er die Idee, daß das Universum aus einer ungeheuren Ballung von Materie und Energie entstanden sein könnte, die in einer riesigen Masse, etwa dreißig Mal so groß wie unsere Sonne, kondensierte. Er nannte diese Masse *kosmisches Ei*, da sie aus dem Kosmos (Universum) entstanden war.

Das kosmische Ei war unstabil und zerbarst bei einer gewaltigen Explosion, bei der seine Splitter in alle Richtungen davongeschleudert wurden. Als die Urmaterie des kosmischen Eis schließlich nach dem »Big Squeeze« wieder zum Vorschein kam, kühlte sie sich durch Ausdehnung rasch ab, und ihre Elementarteilchen fingen an, aneinander haften zu bleiben und damit Prototypen von Atomkernen zu bilden. In jener Zeit war der kosmische Raum erfüllt von riesigen Mengen hochenergetischer Röntgen- und Gammastrahlen, und es gab nur ganz wenige Atome aus gewöhnlicher Materie. Der Astrophysiker George Gamow drückte es sinngemäß folgendermaßen aus: »Fast könnte man es mit dem Bibelausspruch *Am Anfang war das Licht* beschreiben, und zwar ziemlich viel davon.« Diese hochenergetische Strahlung, die zu Beginn eine so wichtige Rolle im Evolutionprozeß spielte, ließ mit der Zeit nach und wurde durch Materie in Form von Atomen ersetzt. Die Entstehung der atomaren Materie hatte das Auftreten der Schwerkraft zur Folge, die das homogene Gas des Universums in riesige Gaswolken auflöste, aus denen sich die Urgalaxien entwickelten. Aus der Kondensation dieses gasförmigen Stoffes der Urgalaxien wiederum bildeten sich die Sterne. Aus einem Teil des verbleibenden Gases wurden die Planetensysteme geboren. Das Lemaître-Modell des Universums ist auch bekannt unter den Namen »Theorie des explodierenden Universums«, »Urknall-Theorie« oder »Big-Bang-Theorie«.

Nach der Theorie von Lemaître wurden die Splitter des kosmischen Eis mit unterschiedlichen Geschwindigkeiten nach außen weggeschleudert, je nachdem, an welcher Stelle des Eis sie sich ursprünglich befanden und wie stark sie durch Kollision mit anderen Splittern abgebremst wurden. Die Splitter mit hoher Geschwindigkeit vergrößerten ständig ihren Vorsprung gegenüber den langsameren. Es entstand also ein expandierendes Universum, in dem die Galaxien sich mit einer Geschwindigkeit voneinander wegbewegen, die proportional zu ihrer Entfernung ist.

Im Jahre 1915 stellte Albert Einstein der wissenschaftlichen Welt seine Allgemeine Relativitätstheorie vor, in der er die allgemeinen Eigenschaften des Universums beschreibt. Einsteins Berechnungen zufolge ist das Universum kugelförmig und endlich, in anderen Worten: begrenzt. Einsteins Ansichten über die Form des Universums basierten auf einem System, das zuerst von dem deutschen Mathematiker Georg Riemann beschrieben wurde, demzufolge sich der dreidimensionale Raum in jede Richtung mit einer konstanten Krümmung krümmt. Dies bedeutet, daß das Universum die vierdimensionale Entsprechung einer Kugel ist. Ein Lichtstrahl, der sich im Riemann-Einsteinschen Universum bewegt, beschreibt eine Krümmung und mündet schließlich wieder in seine eigene Bahn ein. Nur indem er immer wieder seiner eigenen Bahn folgt, kann er sich endlos weiterbewegen. Wir haben es also mit einem Weltmodell zu tun, bei dem das Universum grenzenlos, aber endlich ist.

Alle Überprüfungen von Einsteins Relativitätstheorie haben bewiesen, daß sein Modell des Universums eindeutig richtig ist, und die Astronomen gehen deshalb allgemein davon aus, daß das Universum die Form einer Kugel besitzt.

Die einzige Schwachstelle in Einsteins Theorie war die Annahme, das Universum sei im wesentlichen statisch, sei also keinen signifikanten Veränderungen unterworfen. Er ging davon aus, daß sich die einzelnen Komponenten zwar verschieben könnten, die Gesamtdichte der Materie aber gleich bliebe. Diese Vorstellung ließ jedoch weder Raum für eine Expansion noch für eine Kontraktion, und die Wissenschaftler gaben sich damit nicht zufrieden. Im Jahre 1922 wies der russische Astronom A. Friedman dann nach, daß der statische Charakter von Einsteins Universum auf einen algebraischen Fehler bei den mathematischen Berechnungen zurückzuführen war, und zwar auf eine irrtümliche Division durch Null. Friedman gelang damit der Beweis, daß die korrekte Anwendung von Einsteins Grundgleichungen zu einem Modell eines expandierenden und sich zusammenziehenden Universum führt.

Bei all diesen Modellen handelte es sich jedoch um rein theoretische Annahmen, ohne den geringsten materiellen Nachweis für ihre Richtigkeit. Allerdings ließ der Beweis nicht lange auf sich warten, denn im Jahre 1925 entdeckte Edwin P. Hubble, Astronom am *Mount Wilson Observatory*, daß der gesamte Raum des Universums, der aus Milliarden von Galaxien besteht, sich in einem Zustand rascher Expansion befindet und alle Galaxien sich mit einem unglaublichen Tempo auseinanderbewegen.

Hubbles Entdeckung gründete sich auf die Tatsache, daß die großen Gaswolken, die im interstellaren Raum schweben, und die man für Spiralnebel gehalten hatte, in Wirklichkeit unabhängige Galaxien sind, die überall im Universum verteilt sind. Das Spektrum des von diesen Körpern ausgesandten Lichts wies eine Rotverschiebung auf. Einem anerkannten physikalischen Gesetz (dem Doppler-Effekt) zufolge werden die Lichtwellen einer Lichtquelle, die sich dem Beobachter nähert, verkürzt, und alle Farben weisen eine Blauverschiebung auf. Entfernt sich die Lichtquelle, werden die Lichtwellen länger und zum roten Ende des Spektrums hin verschoben.

Lemaître erkannte rasch, daß Hubbles Entdeckung der Expansion des Universums mit den kosmologischen Schlüssen der Einsteinschen Relativitätstheorie (in der von Friedman modifizierten Form) übereinstimmten. Auf der Grundlage die-

ser Entdeckungen entwickelte er seine Theorie vom kosmischen Ei.

Stellt man sich das Universum nach dem Prinzip des kosmischen Eis vor, sind zwei verschiedene Modelle des Universums
möglich. Zum einen ein Universum, das zu Anfang mit einem
sehr dünnen Gas gefüllt ist, das sich zu seiner maximalen
Dichte zusammenzieht, explodiert und dann letzten Endes in
eine Leere expandiert. Dieses Modell wird *hyperbolisches
Universum* genannt. Es besteht durch die »Ewigkeit« fort und
macht gleichzeitig eine ständige und unwiderrufliche Veränderung durch. Bei dieser Vorstellung vom Universum gibt es
einen Anfang und ein eindeutiges Ende, und »wir leben in dem
kurzen Zeitintervall, in dem das Universum für einen kurzen
Augenblick von seiner ewigen Leere abschweift.«

Beim zweiten, auf dem Prinzip des kosmischen Eis beruhen-
den Modell des Universums wird die Gravitationskraft im
Universum mit in Betracht gezogen. Wenn man sich vorstellt,
das Universum sei durch eine ungeheure kosmische Explosion
in abertausend Teile zerstoben, wäre denkbar, daß die im Kosmos herrschenden Gravitationskräfte irgendwann die verschiedenen Teile wieder zusammenbringen. Wäre dies der Fall,
würde das Universum wieder zusammengepreßt, und eine
neue Explosion würde stattfinden, die wieder von einem Zu-
sammenziehen gefolgt wäre und so weiter ad infinitum. Das
Ergebnis wäre ein »pulsierendes« oder »oszillierendes« Universum.

Obwohl sich die Wissenschaftler immer noch nicht hundertprozentig sicher sind, welches dieser beiden Modelle auf
unser Universum zutrifft, weisen neuere Berechnungen daraufhin, daß zum gegenwärtigen Zeitpunkt die gravitationsbe-
dingte Anziehungskraft zwischen den Galaxien verhältnis-
mäßig gering ist im Vergleich zu ihrer Trägheitsgeschwindig-
keit, mit der sie sich voneinander entfernen. Das ist ein Fall,
der vergleichbar ist mit einem Raumschiff, das auf seinem Weg
in den äußeren Raum aus dem Gravitationsfeld der Erde her-
austritt. Alles scheint darauf hinzuweisen, daß die Abstände
zwischen den Galaxien über alle Maßen zunehmen werden

und es keine Chance gibt, daß die gegenwärtige Expansion je
zum Stillstand kommt oder sich gar umkehrt.

Es gibt noch eine andere Theorie über die »Erschaffung«
des Universums, die nicht auf dem Modell des kosmischen Eis
aufbaut: die sogenannte Theorie des stationären Zustands
oder Steady-State-Theorie wurde von Bondi, Gold und Hoyle
formuliert. Dieser Theorie zufolge bewegen sich die Galaxien
allmählich voneinander weg, und neue Galaxien werden
durch die Kondensation von »ständig neu entstehender Materie« in den Lücken zwischen ihnen gebildet. Die Theorie des
stationären Zustandes geht davon aus, daß diese neue Materie
etwa mit einer Geschwindigkeit von einem Wasserstoffatom
pro einer Milliarde Jahre entsteht. Trotz einer so langsamen
Geschwindigkeit widerspricht sie damit dem Energieerhal-
tungssatz, der besagt, daß Materie weder hervorgebracht noch
vernichtet werden kann, und erscheint deshalb vielen Wissenschaftlern als nicht befriedigend.

Wissenschaftlichen Erkenntnissen zufolge können wir also
bisher von einem Modell des Universums ausgehen, das unbegrenzt, aber endlich und kugelförmig ist und einen eindeutigen
Anfang und ein eindeutiges Ende hat; ein Universum, das aufgrund einer riesigen Explosion oder eines Kataklysmus, der
»am Anfang« stattfand, oder astronomisch ausgedrückt zur
»Nullzeit«, mit rasanter Geschwindigkeit letztendlich in die
Leere expandiert.

Doch woher kam das kosmische Ei? Die Wissenschaftler beantworten diese Frage gleichfalls mit dem Energieerhaltungs-
satz. In anderen Worten: Wenn also Materie weder hervorgebracht noch vernichtet werden kann, muß die Substanz des
Universums schon immer vorhanden gewesen und damit also
»ewig« sein.

Die nächste, sich daraus ergebende Frage muß dann lauten:
Woraus bestand also das kosmische Ei? Was war die Ursubstanz, aus der das Universum entstanden ist? Gegenwärtig besteht das Universum aus etwa 90 Prozent Wasserstoff, 9 Prozent Helium und 1 Prozent komplexen Atomen. Da sich das
Universum ständig weiterentwickelt, gehen die Wasserstoff-

atome in Helium und das Helium in komplexe Atome über
(diese werden vorwiegend im Innern der Sterne gebildet).
Wenn wir den Faden der Zeit bis zum Anfang zurückverfolgen, nimmt die Menge an Helium und anderen Atomen ab,
während sich die Wasserstoffmenge erhöht. Zur »Nullzeit«
muß das Universum demnach fast ausschließlich aus Wasserstoff bestanden haben. Das ist also die Ursubstanz.

Wasserstoff ist das einfachste aller Elemente. Er besteht aus
zwei Teilchen, einem positiv geladenen, zentralen Proton und
einem negativ geladenen Elektron weiter außen. Solange die
beiden Teilchen getrennt sind, ist die Komprimierbarkeit der
Wasserstoffmenge begrenzt. Doch wenn die Elektronen und
Protonen zusammengedrückt werden, bilden sie elektrisch
neutrale Teilchen, die sogenannten Neutronen. Diese Menge
an komprimierten Neutronen wird auch »Neutronium« genannt, obwohl sie der Astrophysiker George Gamow in
»Hyle« umbenannt hat, ein griechisches Wort zur Bezeichnung des Urstoffes, aus dem sich alle Materie entwickelte.

Zur Zeit des »Urknalls« zerfiel das kosmische Neutronenei
in einzelne Neutronen, die sich wiederum in Protonen und
Elektronen aufspalteten. Die so entstandenen Protonen wurden zu Kernen der Wasserstoff-1-Atome. Durch die Anhäufung von Wasserstoff-1-Atomen kam es zur verstärkten Bildung von Heliumatomen, die sich wiederum zu komplexeren
Atomen verbanden, aus denen dann schließlich irgendwann
die Galaxien und Planetensysteme hervorgingen. Nach der
Alpha-, Beta-, Gamma-Theorie war der gesamte Entstehungsprozeß von Atomen nach einer Stunde abgeschlossen. Wissenschaftlichen Schätzungen zufolge nahm das Universum etwa
vor 15–25 Milliarden Jahren seinen Anfang, doch es handelt
sich dabei nur um eine Annahme, die auf geologischen und
astronomischen Berechnungen beruht. Der tatsächliche Zeitpunkt liegt unter dem intergalaktischen Staub der Jahrhunderte verborgen.

Das Universum aus kabbalistischer Sicht

Der kabbalistischen Vorstellung vom Universum zufolge beruht der Kosmos auf einem dualen Prinzip, und zwar einem positiven (männlichen) und einem negativen (weiblichen), die durch ein drittes, ausgleichendes Prinzip, das aus ihrer Vereinigung entsteht, im Gleichgewicht gehalten werden. Dieser so entstandene, ausgleichende Faktor wird auch *Methekela* genannt und ist die perfekte Entsprechung zum Neutronium, der Ursubstanz, aus der das kosmische Ei ursprünglich entstanden ist. Ebenso wie das Neutronium aus der Vereinigung eines Protons (positives Teilchen) mit einem Elektron (negatives Teilchen) entsteht, geht das Methekela aus der Vereinigung der positiven und negativen Prinzipien hervor, die im Universum vorherrschen.

Nach den Lehren der Kabbala ist das Universum eine »Emanation« des göttlichen, kosmischen Prinzips. Die Ursubstanz (Neutronium – Methekela), aus der das Universum geschaffen wurde, strömte nach der Vereinigung des weiblichen und männlichen Prinzips aus Gott heraus. Man könnte den gesamten Vorgang also als Parallele zum Geschlechtsakt ansehen.

In diesem Sinne könnte man sich das erste Proton als eine Art kosmisches Spermium vorstellen, das die kosmische Eizelle (erstes Elektron) befruchtet hat, was zur Entstehung des kosmischen Eis führte, aus dem nach einem Reifeprozeß von mehreren Milliarden Jahren schließlich das Universum »geboren« wurde.

Die wunderbare Vorstellung von einem Universum, das auf einer göttlichen Ebene aus einer kosmischen Paarung hervorgegangen sein könnte, braucht unsere Phantasie nicht zu erschüttern. Wir brauchen nur die Naturgesetze um uns herum zu beobachten, um zu erkennen, daß alles im wahrnehmbaren Universum im Grunde auf der Vereinigung von Gegensätzen, einem männlichen und einem weiblichen Prinzip, beruht. Vom Wunder der Elektrizität bis zur Dualität von Tag und Nacht basiert alles harmonisch auf einem Negativ-Positiv-Prinzip.

Und wenn, wie die Heilige Schrift behauptet, der Mensch
»zum Bilde Gottes« geschaffen wurde, muß der Akt der Vereinigung der Geschlechter auch ein Attribut des Schöpfers
sein, wenn auch auf einer höheren kosmischen Ebene.

Bei dieser kabbalistischen Sichtweise des Wesens des Menschen und des Universums, die so vollständig mit den kosmologischen Prinzipien des kosmischen Eis übereinstimmt, ist das
Universum in etwas »enthalten« (Erinnern wir uns daran, daß
es mit dem Buchstaben Beth – Gefäß begann). Damit hat es
einen Anfang und zwangsläufig auch ein Ende. Doch wenn
wir auf diese Art und Weise »enthalten« sind, folgt daraus der
analytische Schluß, daß es etwas außerhalb des Randes des
Universums geben muß, in dem wir »enthalten« sind. Was diesen Aspekt betrifft, hat der schwedische Astronom C.V.L.
Charlier eine äußerst interessante Theorie vorgeschlagen, die
die Hypothese von der »unbegrenzten Komplexität« genannt
wird. Charlier schlug folgendes vor:

> Ebenso wie die Vielzahl der Sterne, die unsere Sonne um-
> geben, zu einer einzigen Wolke gehören, die wir Galaxis
> nennen, bilden die Galaxien selbst wieder eine noch größere
> Wolke, von der nur ein winziger Teil mit unseren Telesko-
> pen gesichtet werden kann. Das bedeutet, daß wir immer
> weiter in den Weltraum hinausgehen könnten und schließ-
> lich auf einen Raum jenseits der Galaxien stoßen würden.
> Doch diese ungeheuere Riesengalaxis der Galaxien ist nicht
> die einzige im Universum, und viel, viel weiter entfernt im
> Weltraum gibt es andere, ähnliche Systeme. Diese Galaxien
> der Galaxien wiederum bilden noch größere Einheiten und
> so weiter ad infinitum.

Obwohl diese Hypothese den Rahmen der empirischen Wissenschaft sprengt und sich deshalb nicht mit Beobachtungs-
studien nachweisen läßt, handelt es sich dabei um ein Modell,
das viele Wissenschaftler fasziniert hat. Denn ist es so erstaun-
lich, sich vorzustellen, daß wir in einer »Welt in einer Welt«
leben könnten? Hermes Trismegistos (der dreifach größte

Hermes) war ein legendärer ägyptischer Philosoph, der von den frühen Griechen mit Thoth, dem ägyptischen Gott der Weisheit identifiziert wurde. Es ist unwahrscheinlich, daß die hermetischen Bücher, die Hermes Trismegistos zugeschrieben werden, tatsächlich von dem mythischen Thoth stammen. Sicher wissen wir jedoch, daß das zentrale Thema, das durchweg in den trismegistischen Lehren auftaucht, in der Einheit aller Dinge besteht. Es wird erzählt, Trismegistos habe eine auf diesem Prinzip beruhende Botschaft in eine sagenumwobene Smaragdtafel eingraviert. Die Botschaft lautet folgendermaßen:

> Wahrhaftig ohne Lügen gewiß, und auf das allerwahrhaftigste, dies, so Unten, ist gleich dem Obern, und dies, so Oben, ist gleich dem Untern, damit man kann erlangen und verrichten Wunderdinge eines einzigen Dinges. Und gleich wie alle Dinge von einem Dinge allein geschaffen, durch den Willen und Gebot eines Einigen, der es bedacht: also entstehen auch alle Dinge nunmehro aus diesem einzigen Dinge, durch Ordnung der Natur. ... Also wirst du haben die Herrlichkeit der ganzen Welt. Derohalben weiche von dir aller Unverstand und Unvermögenheit. Dies ist von aller Stärke die stärkste Stärke: denn es kann überwinden alle subtilen Dinge, und kann durchdringen ein jedes hart und vest Ding. Also ist die Welt geschaffen ...

Bei dem »einen Ding« in der Botschaft von Trismegistos könnte es sich sowohl um die Beschreibung des Wasserstoffatoms als auch der göttlichen Essenz handeln, die laut Kabbala von Gott ausströmte. Was also ist dieses Prinzip, diese namenlose, unbekannte Kraft, der sich die empirische Wissenschaft gegenübersieht, unentschlossen, ohne sich einer Antwort sicher zu sein und gleichzeitig unfähig, die Unveränderlichkeit und Ewigkeit ihres Wesens zu verleugnen? Wer oder was ist also der Schöpfer?

Kapitel 3

Der Schöpfer

Die meisten Vorstellungen, die sich der Mensch im Laufe der
Jahrhunderte vom Wesen Gottes gemacht hat, beruhten auf
den Beschreibungen der Gottheit in der Bibel. In der westlichen Welt hat sich somit der jüdische Gottesbegriff als aner-
kannteste Vorstellung vom göttlichen Wesen durchgesetzt. Der
Mensch sieht Gott heutzutage als ein allmächtiges, allwissen-
des Wesen, das äußerst besorgt und fordernd ist, anspruchs-
voll und streng, das Bild eines erhabenen und weisen Vaters.
Diese Vorstellung von Gott wurde durch das Aufkommen des
Christentums noch weiter verbreitet. Für die Christen wurde
Gott zum barmherzigen Vater, der vollkommenen, allwissenden Allgegenwart, der großzügig und gerecht ist und die
strikte Einhaltung seiner Gebote verlangt, die Tugenden der
Keuschheit und Bescheidenheit belohnt, Armut über Reichtum
und Enthaltung über Genuß erhebt. Doch diese Sichtweise
eines immerwährenden, vollkommenen, allwissenden, lust-
feindlichen, uralten Vaters stimmt nicht in allem mit der biblischen Geschichte überein. Denn der Heiligen Schrift zufolge
schuf Gott den Menschen nach seinem Abbild. So heißt es in
der Genesis: »Dann sprach Gott: Laßt *uns* Menschen machen
als *unser* Abbild, *uns* ähnlich ...« (Genesis 1,26).[9] »Gott schuf
also den Menschen als sein Abbild; als Abbild Gottes schuf er
ihn. Als Mann und Frau schuf er sie« (Genesis 1,27).[9] Wie aus
diesen Auszügen zu erkennen ist, war Gott also nicht allein,

---

[9] Zur besseren Übereinstimmung mit dem englischen Original
    wurde dieses Zitat der Einheitsübersetzung der Bibel entnommen
    (und nicht der Luther-Bibel wie die übrigen Stellen), die sich be-
    sonders nahe an den hebräischen Urtext hält (Anmerkung der
    Übersetzerin).

als er den Menschen schuf. Denn er redet von sich im Plural; er sagt *uns* und *unser*. Außerdem schuf er den Menschen »nach seinem Abbild« oder wie es bei Luther heißt »zu seinem Bilde«. Es ist also offensichtlich, daß zur Zeit der Schöpfung zumindest zwei Wesen gegenwärtig waren, und zwar ein männliches und ein weibliches.

Wie wir bereits gesehen haben, erkennen die Kabbalisten die Standardübersetzung der Bibel nicht an. In bezug auf diese Stelle sind sie der Meinung, daß die Übersetzer der Genesis bewußt jeden Hinweis auf die Tatsache, daß die Gottheit sowohl weiblich als auch männlich ist, unterschlagen haben. Das hebräische Wort zur Bezeichnung von Gott während der Schöpfungsphase ist Elohim. Dieses Wort ist eine Pluralform, die auf die weibliche Singularform Alh (Eloh) zurückgeht und durch Anhängen der Silbe »im« gebildet wird. Da »im« eine männliche Pluralendung ist, entsteht durch Anhängen an die weibliche Form ELOHIM, eine weibliche Potenz, die sich mit einem männlichen Prinzip vereint und damit in der Lage ist, Nachkommen zu erzeugen. Dieselbe gewollte Fehlinterpretation wird mit der christlichen Vorstellung von der heiligen Dreieinigkeit verbunden: Vater, Sohn und Heiliger Geist. In der Kabbala manifestiert sich die Gottheit gleichzeitig als Mutter und Vater und bringt damit gleich den Sohn hervor. Uns wird erzählt, der Heilige Geist sei vorwiegend männlich, doch das hebräische Wort, das in den Schriftensammlungen zur Bezeichnung des Geistes verwendet wird, ist Ruach, ein weibliches Substantiv. Der heilige Geist ist in Wirklichkeit die Mutter. Und deshalb lautet die korrekte Übersetzung der christlichen Dreieinigkeit eigentlich Vater, Sohn und Mutter.

Das weibliche Prinzip der Gottheit wird in der Kabbala auch Schechina genannt, die große Mutter, in deren fruchtbarem Leib das Universum empfangen wurde.

Sowohl im Alten als auch im Neuen Testament wird die Tendenz offensichtlich, alle Hinweise auf eine kreative Kraft eines weiblichen Prinzip zu vertuschen. Gott wird durchgängig als völlig eingeschlechtliches Wesen dargestellt, der andauernd »seine« eigene Natur verleugnet, indem er eine ganze Welt erschafft, die von Geschöpfen bevölkert wird, die zwei Geschlechtern angehören.

Die Kabbala lehrt hingegen, daß die Gottheit dualer Natur ist. In der gesamten Schöpfung kommt ein weibliches und ein männliches Prinzip zum Ausdruck. Wie könnte der Elohim den Menschen als das Abbild des Elohim erschaffen, wenn nicht der Elohim selbst männlich und weiblich wäre? Und wie könnte die Gottheit den Menschen anweisen, fruchtbar zu sein und sich zu mehren (Genesis 1,28), wenn der Gott nicht »SELBST« in der Lage wäre, fruchtbar zu sein und sich zu mehren? Und wozu sollte es von Nutzen sein, daß der Elohim Mann und Frau mit einem Sinnesapparat ausstattete, mit dem sie bei ihrer Vereinigung Lust empfinden können, wenn der Elohim nicht selbst die gleiche Fähigkeit zum Empfinden von Freude und Vergnügen besäße?

In der ganzen Kabbala werden ständig verschleierte Anspielungen auf eine kreative Kraft Gottes gemacht, die durch die Vereinigung des männlichen und weiblichen Prinzips zum Ausdruck kommt. Deshalb wird die Vorstellung von einer Vereinigung der Geschlechter, so sehr sie auch von den Bibelübersetzern verleumdet und bewußt unterschlagen wurde, nach dem richtigen Verständnis der Schriftensammlungen zum erhabensten und vollkommensten Symbol des göttlichen Wesens. Denn nach den kabbalistischen Doktrinen beruht das gesamte Universum auf dem Prinzip der Vereinigung der beiden Geschlechter oder anders ausgedrückt, auf der harmonischen Ergänzung zweier Gegensätze, einem positiven und einem negativen Prinzip, Proton und Elektron, männlich und weiblich, in fruchtbarer Verschmelzung zur Zeugung neuen Lebens.

Kapitel 4

Der Leib Gottes

Am Anfang verlief die Schöpfung laut Genesis folgendermaßen: »... Und die Erde war wüst und leer, und es war finster auf der Tiefe; und der Geist Gottes (Elohim) schwebte auf dem Wasser. Und Gott sprach: Es werde Licht! Und es ward Licht« (1. Mose 1, 2. 3). Auch aus dieser Passage wird ein Mißverständnis deutlich: Gott braucht kein Licht zu »erschaffen«. Er ist selbst das Licht. Am Anfang war dieses Licht undifferenziert und grenzenlos. Für die Schöpfung oder anders ausgedrückt, für die Manifestation Gottes, mußte das Licht jedoch »eingegrenzt« werden. Um sich selbst zu manifestieren, begrenzte das unendliche, das grenzenlose Licht (das männliche Prinzip) seine Essenz in einem empfangenden Gefäß (dem weiblichen Prinzip). Die Kabbalisten nennen diese zwei Prinzipien, nämlich das Licht und sein Gefäß, »Er und Sein Name«. Das ist das Geheimnis von Elohim, dem schöpferischen Prinzip.

Das unendliche Licht, das noch unmanifestiert ist, wird von den Kabbalisten AIN (Negativität) genannt und das Gefäß, in dem es enthalten ist, AIN SUPH oder *Ain Soph* (Das Unendliche). Das begrenzte Licht, das aus der Vereinigung von AIN und AIN SOPH hervorgeht, trägt den Namen AIN SUPH OR oder *Ain Soph Or* (Das Unendliche Licht).[10] Diese drei Ebenen der Nicht-Manifestation werden auch die drei *Schleier der Negativität* genannt.

---

[10] Da auch die Rabbis die richtigen Vokale nicht mehr angeben können, gibt es noch eine Vielzahl anderer Schreibweisen, etwa En Soph, En Sof, Ajin Soph, Ajin Sof für das Unendliche und Ajin Soph Or, Ajin Sof Awir, En Soph Or für das Unendliche Licht. (Anmerkung der Übersetzerin).

Die drei Zustände der negativen Existenz können nicht
näher beschrieben werden, da sie noch unmanifestiert sind
und damit außerhalb der Vorstellungswelt des Menschen liegen. Deshalb können wir sie uns nicht als irgend etwas vorstellen, das wir kennen. Allerdings trägt diese unmanifestierte, negative Existenz bereits des Samen der positiven Existenz in
sich und damit den Samen des uns bekannten Lebens.

Die wichtigste Eigenschaft des unendlichen Lichts (AIN) besteht in seinem Übertragungscharakter. Dieses Übertragen
wird von den Kabbalisten als Intention des Empfangens zum
Zwecke des Weitergebens definiert. Doch da AIN grenzenlos
ist, empfängt es nicht, sondern gibt nur. Sein Wille besteht
darin, seine Essenz weiterzugeben. Und dies drückt sich wiederum in der absichtlichen Begrenzung seines eigenen Lichts in
dem Gefäß von AIN SOPH aus.

AIN SOPH ist das vollkommene Gefäß und trägt als solches
den Wunsch des Empfangens zum Zwecke des Gebens bereits
in sich. Um das Licht weiterzugeben, beschränkte das AIN
SOPH seinen Willen auf das Empfangen und bewirkte damit,
daß das gesamte Licht aus seinem Innern entwich. Es wurde
damit zu einem leeren Kreis im unendlichen Licht, das es ebenfalls in Form eines Kreises gleichmäßig umgab. Daraufhin
löste sich ein feiner Lichtstrahl vom unendlichen Licht, durchquerte den leeren Kreis des AIN SOPH und erfüllte ihn mit einer
Reihe konzentrischer Kreise, die die verschiedenen Stufen der
gesamten Schöpfung darstellen.

Am Anfang dieses Lichtstrahls steht der Urpunkt, aus dem
das gesamte Universum entstanden ist. Das ist das AIN SOPH
OR.

Aus dem winzigen Urpunkt des Lichts, dem AIN SOPH OR
also, wurde der »archetypische Mensch« oder die »Welt der
Archetypen« erschaffen, auch Adam Kadmon genannt oder
der Leib Gottes. Dies ist vergleichbar mit der differenzierten
kosmischen Energie, aus der sich das kosmische Ei zum Zeitpunkt des »Urknalls« zusammensetzte, denn es trug den
Samen in sich, aus dem sich alle Welten des Universums letzten Endes entwickeln sollten.

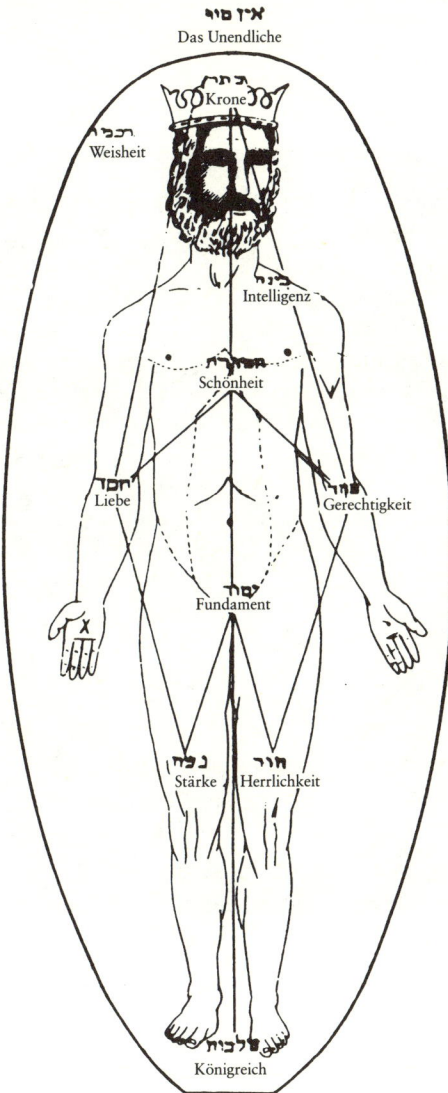

Abbildung 1: Adam Kadmon, der Leib Gottes

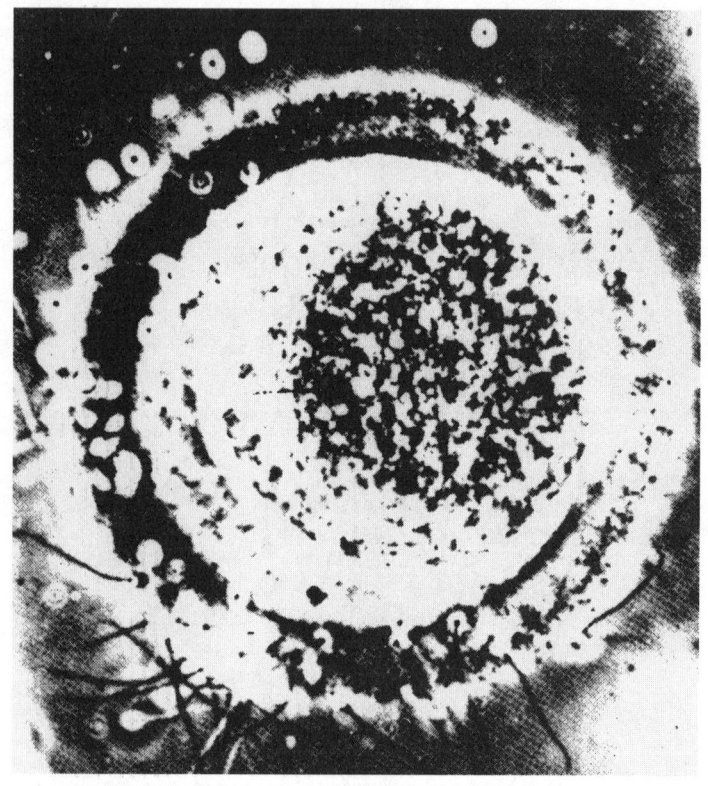

Abbildung 2 a: Das menschliche Ei im Moment
der Befruchtung durch männliches Sperma
(Mit freundlicher Genehmigung von Dr. Landrum B. Shettles.)

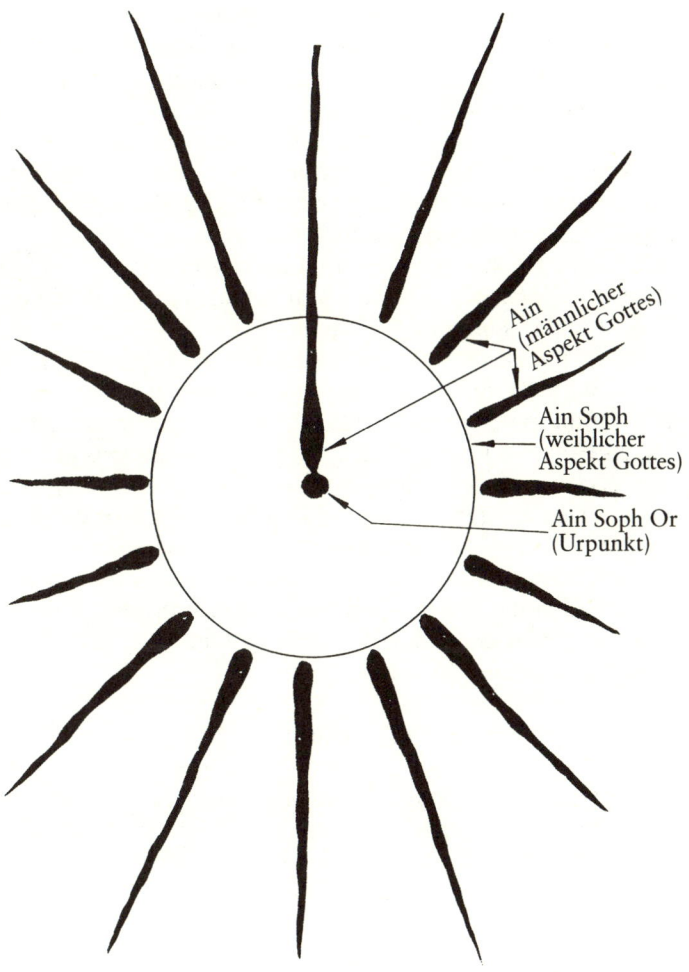

Abbildung 2 b: Gott im Moment der Schöpfung

Der Urpunkt (AIN SOPH OR), der den Kreis des AIN SOPH durchquert, stellt eine perfekte Entsprechung des Kopfs eines männlichen Spermiums dar, wenn er die äußere Haut der weiblichen Eizelle durchdringt. In beiden Fällen ist das Endergebnis Schöpfung, das heißt Manifestation. Im einen Falle ist die letztendliche Manifestation das physische Universum, im andern das menschliche Leben (siehe Abbildung 2a und b).

Der Adam Kadmon ist der Urmensch und enthält das Tetragrammaton JHWH, das numerisch gesehen demselben Zahlenwert entspricht wie Adam oder Mensch. Das »J« von JHWH wird durch den Kopf des Leib Gottes symbolisiert, das erste »H« durch die Schultern und Arme, das »W« durch den Körper und das hintere »H« durch die Beine.

Der Urpunkt, der im Adam Kadmon von einem Kreis umgeben wurde, um Schöpfung hervorzubringen, brach durch vier Öffnungen hindurch und ließ so die vier Sinne Sehen, Hören, Riechen und Sprechen entstehen. Sie entsprechen den vier Buchstaben des Tetragrammatons wie folgt: Jod (J) dem Sehen, das erste He (H) dem Hören, Vau (W) dem Geruchssinn und das hintere He (H) dem Klang der Sprache. Aus den vier Öffnungen entsprangen auch die vier kabbalistischen Welten, nämlich die Welt der Emanation (Aziluth), die Welt der Schöpfung (Beriah), die Welt der Gestaltung (Jezirah) und die Welt der Handlung (Assiah).

Die vier kabbalistischen Welten

Da der letzendliche Zweck der Eingrenzung des Lichts in der Erschaffung des Menschen bestand, war das in Adam Kadmon enthaltene Licht immer noch zu stark für die Schöpfung. Deshalb war es nötig, durch Emanation weitere Welten zu schaffen, um das Licht Adam Kadmons zu verschleiern.

Die nächste Stufe des Lichts, die nach Adam Kadmon manifestiert wurde, war die Welt der Emanation (Aziluth). Aziluth ist die Ebene des reinen Geistes und gleichzeitig auch die archetypische Welt. Sie steht unter dem Einfluß des Buchstabens Jod (J) des Tetragrammatons JHWH. Im allgemeinen wird mit ihr das Element Feuer assoziiert. Aus dieser Welt heraus wurden unter stufenweiser Abnahme des Lichts die anderen drei Welten geboren.

Die zweite Welt ist die Welt der Schöpfung (Beriah). Diese Welt entspricht der Ebene der Erzengel und steht unter dem Einfluß des ersten He (H) von JHWH. Sie verkörpert das Element Wasser.

Die dritte Welt, Jezirah, folgt direkt auf Beriah. Sie ist die Welt der Gestaltung oder Formung und stellt die Ebene der Engelskräfte dar. Sie wird vom Buchstaben Vau (W) des Tetragrammatons beherrscht und wird im allgemeinen mit dem Element Luft in Verbindung gebracht.

Assiah, die vierte Welt, ist die Welt der Handlung oder des Herstellens und verkörpert die Ebene der Materie und des Menschen. Sie ist auch die Welt der »Schalen«, die aus den dichteren Elementen der ersten drei Welten bestehen. In dieser Welt hausen auch die bösen Geister, die von den Kabbalisten Kelippoth genannt werden. Diese Welt steht unter dem Einfluß des letzen He (H) von JHWH, und ihr Element ist die Erde.

Jede dieser Welten umschließt die vorhergehende wie die »Häute einer Zwiebel«. So umhüllt und bedeckt der archetypische Mensch (Adam Kadmon) wie ein »Gewand« den Urpunkt des Lichts, aus dem das Unendliche strahlt. Die Welt der Emanation wiederum schließt Adam Kadmon in sich ein, die Welt der Schöpfung umhüllt die Welt der Emanation, die Welt der Formung ihrerseits die Welt der Schöpfung, und die Welt der Handlung umgibt die Welt der Formung.

Außerdem besitzen die vier Welten auch vier geheime Namen: Aziluth – Aub, Beriah – Seg, Jezirah – Mah und Assiah – Ben. Darüber hinaus wird berichtet, daß JHWH in jeder der vier Welten verschieden geschrieben wird.

Es ist charakteristisch für die Kabbala, daß zur Bezeichnung von Gott eine reiche Vielfalt von Namen gewählt wird. Wie wir bereits gesehen haben, kommen auch in der Bibel einige in der Übersetzung vor: der Herr, der Herr Gott, der Herr der Heerscharen und so weiter. Diese Namen werden nicht einfach beliebig oder zur Vermeidung von Wiederholungen benutzt.

Jeder Name oder jede Bezeichnung, die für Gott gewählt wird, stellt einen exakten »metaphysischen Begriff« dar und wird zur Herausstellung eines besonderen Aspekts der göttlichen Kraft und der Ebene, auf der er wirksam wird, verwendet.

Die vier kabbalistischen Welten sind außerden mit den verschiedenen Elementen der Vision Hesekiels verglichen worden: »Und ich sah, und siehe, es kam ein ungestümer Wind von Norden her, eine mächtige Wolke und loderndes Feuer, und Glanz war ringsum sie her, und mitten im Feuer war es wie blinkendes Kupfer. Und mitten darin war etwas wie vier Gestalten...« (Hesekiel 1,4.5).[11] »Und über der Feste, die über ihrem Haupt war, sah es aus wie ein Saphir, einem Thron gleich, und auf dem Thron saß einer, der aussah wie ein Mensch« (Hesekiel 1,26). Der kabbalistischen Symbolik zufolge ist der Mann auf dem Thron Adam Kadmon, der Urmensch, der Leib Gottes. In seiner Gestalt wird die Welt der Emanation (Aziluth) verkörpert. Der Thron hingegen symbolisiert Beriah, die Welt der Schöpfung. Die »Feste«, was soviel bedeutet wie das Firmament, steht für Jezirah, die Welt der Formung. Und die »vier Gestalten«, auch Cherubim genannt, symbolisieren schließlich Assiah, die Welt der Handlung.

Der Sinn der Schöpfung

In der Kabbala werden drei Ideenkategorien deutlich, die die Motive des höchsten Wesens für die Erschaffung des Universums näher beleuchten. Die erste Kategorie beschäftigt sich mit dem wichtigsten Grund des Schöpfers für seine Schöpfung. Der erste Beweggrund bestand in der Manifestation seiner drei Hauptattribute: Gnade, Gerechtigkeit und Erbarmen.

---

[11] In der Lutherbibel lautet der Name des Propheten Hesekiel, im Gegensatz z. B. zu der Einheitsübersetzung, wo die Schreibweise Ezechiel ist. In der Einheitsbibel ist außerdem anstelle von »vier Gestalten« die Rede von »vier Lebewesen«. (Anmerkung der Übersetzerin).

Bei der zweiten Ideenkategorie geht es um die Absicht Gottes, eine Welt zum Wohle des Menschen zu schaffen und ihm sein unendliches Licht zuteil werden zu lassen.

Gottes unendliches Licht kann jedoch nur dann auf den Menschen übergehen, wenn es dem Menschen gelingt, das Hindernis zwischen ihm und dem Licht auszuräumen. Das Hindernis besteht in dem bösen Geist, der in ihm verkörpert ist. Wenn ihm das gelingt, wird ihm zur Belohnung für seine Anstrengungen das Licht zuteil werden.

Wie wir bereits gesehen haben, besteht eine der Haupteigenschaften des göttlichen Lichts im Übertragen seiner Essenz. Doch unter Übertragen im kabbalistischen Sinne versteht man den Willen etwas zu empfangen, um es dann weiterzugeben, weiterzuverschenken. Als Teil der Welt der Handlung, der letzten der Welten der Emanation, ist der Mensch eine Mischung aus Geist und Materie. Die Natur der Materie ist grundsätzlich »böse«, und ihr Wille ist einzig und allein auf das Empfangen ausgerichtet und nie auf das Geben oder Schenken. Deshalb strebt der Mensch nur danach, sich immer mehr anzueignen, ohne das Empfangene mit anderen teilen zu wollen. Solange der Mensch sich weigert, mit anderen zu teilen, zu schenken, wird er auf die materielle Welt beschränkt bleiben. Sobald er jedoch diese höchste Wahrheit erkennt und freudig gibt, wird er das böse Wesen in sich besiegen und sich mit seinem Schöpfer identifizieren können. Das göttliche Licht, das er als Belohnung für seine Verdienste empfangen wird, wird dann von ihm an den Schöpfer weitergegeben werden, da die Welt der Handlung die letzte der vier Welten darstellt. Das Licht wird also zu der unendlichen Quelle zurückkehren, aus der es entsprang, und einen Lichtkreis bilden, der das gesamte Universum bis in alle Ewigkeit umschließt.

Bei der dritten Kategorie von Ideen, die sich mit den Motiven Gottes für die Erschaffung der Welt befassen, geht es um die höchste seiner Absichten, nämlich die Offenbarung seiner vollkommenen Einheit zur Manifestation, »daß er der erste und der letzte ist; daß alles einzig und allein durch seinen Willen manifestiert werden kann; daß letzten Endes jeder Fluch in

einen Segen umgewandelt werden wird und jeder böse Wille in
einen guten.«

Der Beweis der Gottesexistenz

Für den Kabbalisten ist der beste Beweis für die Existenz Gottes das erschaffene Universum. Der schöpferische Wille wird
im Samen und in der Frucht sichtbar, in den vier Jahreszeiten,
im Paarungsruf der Tiere und in einem zarten, neuen Blatt.
Für den Kabbalisten ist Gott allgegenwärtig. Er ist in verschiedenen Differenzierungsstufen in den Mineralien, den Früchten
des Feldes und im Tierreich gegenwärtig.

Eine der interessantesten Analysen des kabbalistischen
Gottesbegriffes wurde von Jellinek mit seiner in Anlehnung an
Spinozas Ethik formulierten Gottesdefinition geliefert. Hier
ein kurzer Auszug aus seiner Analyse:

DEFINITION I.
Unter dem Wesen, das Urheber und Leiter aller Dinge ist,
verstehe ich das *En-Sof*, das heißt, ein unendliches, unbe-
grenztes, mit sich selbst absolut identisches, in sich selbst ei-
niges, attributsloses Wesen, ohne Willen, Absicht, Verlan-
gen, Gedanken, Wort und That.

Proposition I.
Der Urgrund und Leiter der Welt ist das En-Sof, das
sowohl immanent als transzendent ist.

Beweis 1.
Jede Wirkung hat eine Ursache, alles, was geordnet
und planmäßig ist, einen Leiter.

Beweis 2.
Alles Sichtbare ist begrenzt, was begrenzt ist endlich,
was endlich nicht absolut identisch; der Urgrund der
Welt ist unsichtbar; folglich ist er unbegrenzt, unendlich, absolut identisch, das heißt, er ist En-Sof.

Beweis 3.

Da der Urgrund der Welt unendlich ist, so kann nichts *außer* (extra) ihm existieren; folglich ist er immanent.[12]

Makrokosmos und Mikrokosmos

In der kabbalistischen Ideologie wird Gott als der Makrokosmos angesehen und der Mensch als der Mikrokosmos, also als Gott auf einer niedrigeren Stufe. Die Kabbalisten verabscheuen die Götzenanbetung, dennoch gehen sie davon aus, daß Gott von Menschengestalt ist, da der Mensch als Gottes Ebenbild geschaffen wurde. Doch diese Menschengestalt ist eine Abstraktion, eine rein hieroglyphische Figur. Gott ist ein liebendes, lebendiges, unendliches Wesen, eine höchste Intelligenz, kenntnisreich und bewußt. Er ist in allem, verschieden von allem und größer als alles. Sein innerstes Wesen drückt sich in dem Namen aus, den er laut den Schriften Moses aus dem »brennenden Dornbusch« offenbarte: *Ehjeh Ascher Ehjeh, »Ich werde sein, der ich sein werde«* (2. Mose 3,14).[13] Eine klarere Übersetzung wäre »Existenz ist Existenz«. Existenz ist »das Absolute der Vernunft, Existenz existiert aus sich selbst heraus und weil sie existiert«. Man kann sich die Frage stellen, warum eine bestimmte Sache existiert, aber nicht warum die Existenz existiert, denn Existenz ist der Wesenskern des Seins. Sie ist das Absolute. Doch da das Absolute undefinierbar ist, könnten wir dann sagen, daß es logisch gesehen absurd ist? Nein, denn wenn wir es definieren könnten, würden wir es eingrenzen und mit unserer Vernunft erfassen, und dann wäre es nicht mehr absolut.[14]

---

[12] Jellinek, Adolph: Beiträge zur Geschichte der Kabbalah, Erstes Heft. Leipzig: C. L. Fritzsche 1852, S. 62–63.

[13] In der Einheitsübersetzung lautet dieser Satz »Ich bin der ›Ich-bin-da‹«.

[14] Siehe auch MacGregor Mathers, S. L.: The Kabbalah Unveiled. New York: 1971.

Dieser Gottesname, »Ich werde sein, der ich sein werde«
oder wie es in anderen Bibelübersetzungen heißt, »Ich bin der
›Ich-bin-da‹«, ist das erste Prinzip der Kabbala und wird mit
verschiedenen Bezeichnungen gleichgesetzt, die an sich sehr
anschaulich sind:

Temira De-Temirin – Der Verborgene der Verborgenen
Atika De-Atikin – Der Alte der Alten
Atik Jomin – Der Alte der Tage
Atika Kadischa – Der heiligste Alte
Nekudah Rischunah – Der Urpunkt

Bevor die Gottheit sich als männliches und weibliches Prinzip
vereinte, hatten die Welten des Universums keinen Bestand.
Oder in den Worten der Genesis ausgedrückt: »Die Erde war
wüst und leer.« Durch die Manifestation des männlichen und
weiblichen Prinzips wurde ein »Gleichgewichtszustand« hergestellt. Gleichgewicht ist die Harmonie, die aus der Vereinigung von zwei entgegengesetzten Kräften entsteht, die gleich
stark sind. Es ist die Ruhe nach der Bewegung, ausgeglichene
Macht. In der Kabbala wird der Begriff »Gleichgewicht« im
Zusammenhang mit zwei entgegengesetzten Seinsweisen verwendet, die durch eine dritte ausgeglichen werden, die aus ihrer Vereinigung hervorgeht. Wieder wird hier das Prinzip der
Trinität von Vater, Mutter und Sohn erkennbar: die männliche
Gottheit, die weibliche Gottheit und das erschaffene Universum. So wurden laut Kabbala Mann und Frau erschaffen,
nach Gottes Ebenbild und »gleich vor Gott.«

Kapitel 5

Gott und Sex

Die Schechina, auch Matrone genannt, ist der weibliche Aspekt Gottes; den männlichen Aspekt manifestiert Gott als Jehovah. Der Name Elohim bezeichnet die Vereinigung des männlichen und des weiblichen Prinzips Gottes. In diesem Zusammenhang muß auch auf den großen Erzengel Metatron hingewiesen werden, von dem gesagt wird, er sei das »Gewand« der Gottheit in ihren verschiedenen Aspekten, sei es nun männlich, weiblich oder beides.[15] Metatron kann sowohl weiblich als auch männlich sein, je nach dem Aspekt der Gottheit, mit der er in Kontakt kommt. Er steht dem Höchsten Wesen stets als Diener zur Seite und ist der mächtigste aller Erzengel.

Das Mysterium der Schechina ist eines der am strengsten gehüteten Geheimnisse der kabbalistischen Lehre. Ihrem Wesen nach ist sie äußerst sexuell, und es wird erzählt, daß sie beim Geschlechtsverkehr des Ehemanns mit seiner Frau über dem Ehebett schwebe. Sie läßt sich nur in einem Hause nieder, in dem sich ein Mann mit einer Frau vereinigt, das heißt, wo der Geschlechtsakt zwischen einem Mann und seiner Ehefrau stattfindet.

Die Schechina ist die göttliche Braut, die Geliebte Jehovas. Aus ihrer Vereinigung in Elohim wurde das manifestierte Universum geboren. Es war die Schechina, die im Garten Eden in der Gestalt Jehovahs, Gottes dem Herrn, wandelte; daß die Schechina, die ihrem Wesen nach weiblich ist, in Jehovah transformiert werden kann, der das männliche Prinzip ausdrückt, wird von den Kabbalisten durch die Tatsache erklärt,

---

[15] Metatron wird auch als einer der Aspekte der Schechina angesehen.

daß es bei der Vereinigung eines Mannes mit einer Frau nur einen Körper gibt und nur ein Fleisch. Das ist eines der verborgensten Geheimnisse der Kabbala, das nur nur ganz wenigen Auserwählten enthüllt wird. Daraus wird erkennbar, daß laut Kabbala das göttliche Wesen nicht nur zweigeschlechtlich ist, sondern daß sich diese beiden Geschlechter auch auf einer höheren kosmischen Ebene zur Manifestation miteinander paaren. Das erklärt, warum der Mensch als Mann und Frau geschaffen wurde, warum ihnen Geschlechtsteile gegeben und ihnen befohlen wurde, fruchtbar zu sein und sich zu mehren. Wie klar aus der Genesis hervorgeht, wurden sie einfach zum Ebenbild Gottes erschaffen.

Für die Kabbalisten ist der Geschlechtsakt ein überaus göttliches und heiliges Sakrament. Männer und Frau, die nicht sexuell aktiv sind und sich nicht fortpflanzen wollen oder können, werden als geistig unproduktiv betrachtet. Ein Mann, der sich in diesem Leben nicht mit einer Frau vereinigt, muß in einem anderen Leben wiederkommen, um seine heilige Pflicht gegenüber seinem Schöpfer zu erfüllen. Die Vorstellung von der Jungfräulichkeit als einem gesegneten Zustand ist für einen Kabbalisten oder einen gläubigen Jude nicht nachvollziehbar. Die einzigen Jungfrauen im Himmel sind die Dienerinnen der Schechina, und sie sind keine wirklichen Seelen. Die alten Hebräer legten höchsten Wert auf eine frühe Heirat, denn sie glaubten, wie die Kabbalisten, daß die Ehe den Menschen Gott näherbringe und daß die Lust, die von einem Mann und einer Frau beim Geschlechtsverkehr empfunden wird, mit der Schechina geteilt wird, die über dem Ehebett schwebt.

Die Schechina wird bisweilen auch als Tochter des Königs und göttliche Braut bezeichnet, aber sie ist auch die Schwester *und* Mutter des Menschen. Sie ist der Architekt des erschaffenen Universums und handelt kraft des Wortes, das Gott ihr bei der Schöpfung enthüllt hat. Das Wort wurde von der Schechina empfangen, geboren und in die Tat umgesetzt, genauso wie ein Kind von einer Frau empfangen und geboren wird.

Das Geheimnis der Schechina ist jedoch auch in dem unbeschreiblichen Namen Jehovas verborgen (Jod–He–Vau–He).

Jod ist der Vater und das erste He ist die Mutter. Aus der unendlichen und göttlichen Liebe, die He zu Jod empfindet, wird Vau geboren, der von He empfangen, genährt und auf die Welt gebracht wird. Vau, der Junge oder der Sohn, hat eine Zwillingsschwester, die Gnade heißt. Aus der befürworteten Vereinigung zwischen Vau und Gnade wurde das zweite He des Gottesnamens empfangen. Das zweite He wird von Kabbalisten als ein Übergang aus der metaphysischen in die materielle Welt gesehen, und in ihm ruht der Same des erschaffenen Universums.

Die Schechina muß in engem Zusammenhang mit dem patriarchalischen Zeitalter gesehen werden. Die meisten der göttlichen Visionen Abrahams waren Manifestationen der Schechina, die im Zelt von Abrahams Frau Sarah weilte. Deshalb beschreibt Abraham Sarah auch als seine Schwester des Pharao. Denn wie wir bereits gesehen haben, wird die Schechina auch als »Schwester« des Menschen bezeichnet. Sie verweilte auch mit Jakob und Rachel, und es heißt, als Jakob eine Frau suchte, habe er seine Absicht mit der Schechina geteilt. Dem Sohar zufolge vereinte Jakob Himmel und Erde als er Rachel heiratete.

Als Jakob seinen Sohn Joseph verlor, verließ ihn die Schechina, weil er in seinem Kummer aufhörte, mit seiner Frau zu verkehren. Erst als Joseph wieder mit Jakob vereint war, kehrte die Schechina zu Jakob zurück. Sie blieb dann beim Volke Israel, solange Joseph lebte. Als er starb, entschwand auch sie und kehrte erst bei der Geburt Moses wieder zurück. Es heißt, sie sei von Moses angezogen worden, da sein Vater und seine Mutter zum Zeitpunkt seiner Empfängnis die Schechina anriefen. Im Falle von Moses besteht die Andeutung darin, daß ihre Verbindung weitaus tieferer Natur war als bei den anderen Patriarchen, wie auch Gott sich gegenüber Moses unter einem neuen Namen offenbarte (Ehjeh – Ich werde sein, der ich sein werde). Von den Kabbalisten wird außerdem angenommen, daß dies der Grund war, weshalb Moses von seiner Frau Zippora getrennt wurde. Dies ist eine ganz besondere Nebenbedeutung der kabbalistischen Lehren, insbesondere im Lichte der Tatsache, daß von der Schechina behauptet wird, sie weile nur bei einem Manne, wenn er mit einer Frau zusammenlebt und mit ihr verkehrt. Eine andere Äußerung geht hier sogar noch weiter, wenn es heißt: »Sie ist die Heilige von Israel, verheiratete Matrone des Moses, und es war das erste Mal, daß sie Kontakt mit der unteren Welt aufnahm.«[16]

Aus dem bisher Gesagten geht hervor, daß das Geheimnis der Schechina in dem Geheimnis der Vereinigung der Geschlechter auf einer göttlichen Ebene besteht. Doch im Sohar heißt es auch, daß die Vereinigung zwischen dem männlichem und dem weiblichem Prinzip Bescheidenheit und Reinheit bedeute. Diese Reinheit wird bei den Jungen Israels durch die Beschneidung symbolisiert. Durch den Akt der Beschneidung wird Israel gereinigt und unter den göttlichen Schutz der Schechina gestellt.

Die Kabbala lehrt, wie wir breits gesehen haben, daß ein Mann der »unvollständig« ist, das heißt, unverheiratet ist oder nie ein Kind gezeugt hat, nach dem Tode nicht ins Paradies eingeht. Unter Paradies versteht man aus kabbalistischer Sicht die Wiedervereinigung der Menschenseele mit dem Schöpfer. Gottes Aufforderung an den Menschen, fruchtbar zu sein und sich zu mehren, bedeutet demnach nichts anderes als die Zeugung von Kindern zur Verbreitung des Lichts, das von Gottes Namen ausstrahlt, was dadurch erreicht wird, daß anderen Seelen erlaubt wird, geboren und nach Gottes Ebenbild geschaffen zu werden.

Die Kabbalah lehrt, daß die Seelen in Paaren von männnlichen und weiblichen Seelen auf die Welt herabkommen. Häufig wird in diesem Zusammenhang auch von »verwandten Seelen« gesprochen. Die Seelen werden bei ihrem Abstieg auf die Erde getrennt. Doch manchmal, wenn sie sich in einem ausreichenden Zustand von Reinheit befinden, werden sie auf der Erde wiedervereinigt.

Laut Kabbala gibt es ganz bestimmte Zeiten, die für den Geschlechtsverkehr zu Gottes Lobpreis und Herrlichkeit be-

---

[16] Waite, A. E.: The Holy Kabbalah. New York: 1960.

sonders geeignet sind. Normale Personen sollten ihre ehelichen Beziehungen nach Mitternacht unterhalten, da das traditionsgemäß die Zeit ist, in der Gott zum Paradies herabsteigt und damit eine Zeit, die besonders heilig und weihevoll ist. Die »Söhne der Lehre« hingegen, das heißt die orthodoxen Juden und Kabbalisten, sollten ihre ehelichen Beziehungen bis zur Nacht des Sabbath aufschieben, wenn sich Gott mit Israel vereint. Hinter diesem Glauben steckt der Gedanke, daß Gott, da er Eins ist, Gefallen daran findet, mit vereinten Menschen in Kontakt zu sein. Der Mann kann nur dann *Eins* genannt werden, wenn er sich zur Heiligung Gottes mit einer Frau vereint. Und Mann wie Frau sollte stets daran denken, nicht nur ihre Körper, sondern auch ihre Seelen zu vereinigen, um mit ihrem Schöpfer zu verschmelzen.

Ebenso wie es eine bestimmte Zeit gibt, die von den Kabbalisten für den Geschlechtsakt bevorzugt wird, gibt es auch eine Regel, die fordert, daß Mann und Frau sich während des Geschlechtsverkehrs von Angesicht zu Angesicht gegenüber sind. Dies geht auf die Genesis zurück, als Adam und Eva Seite an Seite erschaffen wurden. Erst als sie sich von Angesicht zu Angesicht begegneten, konnten sie sich vereinigen.

Wie wir gesehen haben, muß der Mann stets mit der Frau verbunden sein, damit die Schechina bei ihm verweilt. Da die Schechina ein weibliches Prinzip ist, wohnt sie bei der Frau, und deshalb kann der Mann nur über die Frau die Vereinigung mit der Schechina erzielen. Hält er sich nicht an dieses Gebot, so kann er sich den heiligen Studien und religiösen Praktiken so hingebungsvoll und gläubig widmen wie er will: Der Geist Gottes ist dann nicht mit ihm. Aus diesem Grunde wird die Schechina bei den Kabbalisten auch die innewohnende Herrlichkeit genannt.

Die Kabbalisten erklären diese äußerst sexuell gefärbte Lehre mit der Äußerung, daß es auf der materiellen Ebene zu einer Vereinigung zwischen Mann und Frau kommen muß, damit ein *Anknüpfungspunkt* für die Vereinigung des Mannes mit der Schechina geschaffen wird. Es heißt also, der Mann sei beim Geschlechtsverkehr von zwei Frauen umgeben, einer auf der spirituellen und einer auf der materiellen Ebene. Der Segen der Schechina fließt dann auf Mann und Frau gleichermaßen herab.

Nach der Lehre der Kabbala sorgen bei der Empfängnis eines Kindes der Himmelskönig und seine Schechina für die Seele, während der Mann und die Frau für den Körper sorgen. Zum Zeitpunkt der Empfängnis findet demnach also eine zweifache Vereinigung statt. Auf der metaphysischen Ebene eine Vereinigung des männlichen und weiblichen Aspekts Gottes und auf der phänomenalen Ebene eine Vereinigung zwischen Mann und Frau.

Es heißt, die Schechina befinde sich seit Adams Sündenfall im Exil, getrennt von ihrem himmlichen Gemahl. Als Adam den Garten Eden verließ, verließ ihn die Schechina mit ihm, so daß es für die Menschheit Hoffnung geben könnte. So heißt es im *Sohar*, dem bedeutendsten der kabbalistischen Bücher: »Deshalb wurde der Mensch vertrieben und die Mutter wurde mit ihm vertrieben.« Das Licht der Schechina wurde durch Adams Fehltritt schwächer, und sie muß deshalb abwarten, bis sich der Mensch geläutert hat, um wieder in ihrem alten Glanz erstrahlen zu können. Zu diesem Zeitpunkt aber werden sich alle Seelen mit Gott in ewiger Freude vereinen, der Teufel und alle Legionen der Hölle werden zu Engeln des Lichts werden, und die Hölle wird sich auflösen. Grenzenlose Wonne wird im ganzen Universum herrschen, und das Licht wird uns auf ewig scheinen.

Das Geheimnis der Schechina und der Erschaffung des Menschen als Mann und Frau wird in der Kabbala das Mysterium des Glaubens genannt.

Kapitel 6

Die Kabbala

Einer alten Überlieferung zufolge lehrte Gott selbst die Kabbala einer Gruppe von Engeln, die einer theosophischen
Schule im Paradies angehörten. Nach Adams Sündenfall gaben
die Engel die Geheimlehre an die Menschenkinder weiter, um
ihnen zu helfen, die Gnade Gottes wiederzuerlangen.

Eine andere Geschichte erzählt, daß Abraham zur Zeit des
Bundes zwischen Gott und den Menschen die Geheimnisse der
Kabbala direkt von Gott übermittelt bekam. Das Bündnis
wurde in zwei Stufen geschlossen. Zuerst erhielt er das Wissen
des heiligen Namens (JHWH), in dem die gesamte Weisheit der
Kabbala enthalten ist, und danach wurde ihm die verborgene
Bedeutung der Beschneidung der Knaben nach dem achten
Tage gelehrt. Die Beschneidung ist eine symbolische Reinigung
des Körpers, und es wird damit die Wichtigkeit unterstrichen,
nach der göttlichen Absicht zu handeln. Die im Gottesnamen
verborgene Kabbala ist darauf ausgerichtet, den Verstand und
alle kognitiven Fähigkeiten des Menschen zu wecken.

Abraham gab die Geheimlehre an seinen Sohn Isaak weiter
und dieser wiederum an Jakob. Der letzte in der Reihe der
Patriarchen, dem die Lehre noch übermittelt wurde, war
Jakobs Lieblingssohn Joseph.

Die Tatsache, daß Joseph von Jakob (Israel) in die Kabbala
initiiert wurde, geht aus verschiedenen Stellen der Schriftensammlungen hervor. In einer der entscheidensten Stellen über-
trägt Israel seine Mächte an Joseph mit der Bitte, seine Hand
unter seine Hüfte zu legen und »Liebe und Treue an ihm zu
tun« (1. Mose 47,29). Diese Stelle unter der Hüfte Israels war
der Sitz seiner Mächte, denn dort war der Patriarch von dem
Elohim verwundet worden, als sie die ganze Nacht miteinander gerungen hatten (1. Mose 32,25). Joseph war es indes-

sen nicht vorbestimmt, die Kabbala weiterzugeben, und ihre
Geheimnisse starben mit ihm und waren so für die Welt verloren.

Erst nach mehreren Generationen, in denen den Kindern
Israels unzählige Mißgeschicke von der Hand der Ägypter
widerfuhren, wurde das nächste Glied in der kabbalistischen
Kette geboren, nämlich Moses.

Moses wird von den Kabbalisten sowohl als symbolische
als auch als historische Persönlichkeit angesehen. Er ist ein
Symbol der Verwandlung des jüdischen Volkes – von der Skla-
verei zur spirituellen Freiheit. Sein hebräischer Name lautet
Moscheh und besteht aus drei Buchstaben: Mem, Schin und
He. Die esoterische Bedeutung der Buchstaben stellt den »mythischen« Moses als einen neuen Hauch kosmischen Lebens
dar, der die Hebräer dazu nötigte, ihre Ketten mit Hilfe der
göttlichen Inspiration zu sprengen.

Als Moses sich zum Berge Sinai begab und mit der Gottheit
in der Gestalt des »brennenden Dornbuschs« konfrontiert
wurde, empfing er das kabbalistische Wissen in Form des
Gottesnamens: Ehjeh Ascher Ehjeh. »Ich werde sein, der ich
sein werde.« Gott sprach daraufhin zu Moses: »So sollst du zu
den Israeliten sagen: ›Ich werde sein‹, der hat mich zu euch
gesandt (Ehjeh – AHJH). Der Herr (Jehovah – JHWH) (...)
hat mich zu euch gesandt« (2. Mose 3, 14. 15). An diesem
Beispiel wird die Verschmelzung der zwei vierbuchstabigen
Gottesnamen deutlich, die den Schlüssel zu der gesamten Kabbala darstellt, wie wir im Kapitel über den Baum des Lebens
noch näher erläutern werden.[17]

Moses verschleierte die Regeln und Lehren der Kabbala und
hinterließ sie uns in dieser verzerrten Form in den ersten vier
Büchern der Bibel. Das fünfte Buch Mose, das Deuteronomium, weist keinerlei kabbalistische Spuren auf.

Die kabbalistische Überlieferung lehrt, daß die Thora, die
Moses auf dem Berge Sinai übergeben wurde, eigentlich aus
zwei verschiedenen Teilen bestand, und zwar aus »Nigleh«,

---

[17] Siehe auch Suares C.: The Cipher of Genesis. Berkeley: 1970.

dem Gesetzesbuch, und »Nistor«, den geheimen Mysterien. Moses hat zwar »Nigleh« an das Volk weitergegeben, sich jedoch »Nistor« für die Auserwählten vorbehalten.

Der Überlieferung zufolge entspann sich zwischen den Engeln und Gott ein Streit über Moses. Die Engel forderten, die Thora solle bei ihnen im Himmel bleiben und nicht an den Menschen weitergegeben werden. Sie setzten sich dafür ein, daß es nur recht und billig sei, die Thora im Himmel zu behalten, da sie rein geistige Wesen und die geheimen Mysterien ebenfalls geistiger Natur seien, anstatt sie an den Menschen weiterzugeben, der trotz des spirituellen Wesenskerns seiner Seele einen grobstofflichen Körper besitze. Moses führte Gott gegenüber an, daß die Thora außer aus den Geheimlehren auch noch aus Geboten und Verboten bestehe, die nur auf der materiellen Ebene erfüllt werden könnten. Es sei deshalb eher angebracht, die Thora an den Menschen weiterzugeben, als sie den Engeln vorzubehalten, da die Thora eine unteilbare Einheit sei.

Die kabbalistischen Bücher

Das älteste Buch der Kabbala ist die *Sepher Jezirah, das Buch der Formung.* Traditionell wird dieses Buch dem Patriarchen Abraham zugeschrieben, doch die modernen Kabbalisten gehen davon aus, daß es wahrscheinlich auf Rabbi Akiba zurückgeht, der zu Zeiten des Kaisers Hadrian um 120 n. Chr. lebte. Heinrich Graetz schätzt, daß sie eher auf die frühen gnostischen Zeiten zurückgeht.

Die überwiegende Mehrheit der Gelehrten hingegen gehen davon aus, daß das *Buch der Formung* möglicherweise irgendwann zwischen 500 v. Chr. und 500 n. Chr. geschrieben wurde und wahrscheinlich Rabbi Akiba zum Urheber hat.

Dieses kurze Traktat, das einen Umfang von weniger als zehn Seiten hat, wurde unzählige Male kommentiert. Die aufschlußreichsten Kommentare stammen von Juda Halewi (1150 n. Chr.) und Saadja Gaon (920 n. Chr.), die die *Sepher Jezirah* ins Arabische übersetzt und den Text in allen Einzelheiten kunstvoll erörtert haben.

Die *Sepher Jezirah* beschäftigt sich hauptsächlich mit dem Ursprung des Universums und des Menschen. Anhand des hebräischen Alphabets und den zahlenmäßigen Entsprechungen der Buchstaben wird in ihr die »stufenweise Evolution der Gottheit von der negativen zur positiven Existenz« beschrieben. Die zweiundzwanzig Buchstaben und die Zahlen Eins bis Zehn werden »Pfade« genannt und symbolisieren die archetypischen Vorstellungen, die dem manifestierten Universum entsprechen. Zusammen bilden sie die »zweiunddreißig geheimen Wege der Weisheit«.

Die jüdischen Schriftgelehrten gehen davon aus, daß es sich bei dem Werk um eine Zusammenfassung von jahrhundertelanger esoterischer, kabbalistischer Tradition aus der Hand eines einzigen Verfassers handelt, wenn auch vielleicht mit späteren sporadischen Überarbeitungen und Erweiterungen durch andere Autoren. Es gibt mehrere lateinische Versionen des hebräischen Originaltexts, unter denen vor allem die Übersetzung von Postellus (1552), Pistorius (1587) und Rittangelius (1642) zu erwähnen wären. Diese kleine Schrift wurde erstmals von dem englischen Kabbalisten W. Wynn Westcott vor etwa vierzig Jahren ins Englische übersetzt. Im Deutschen gibt es mehrere Übersetzungen und Kommentare zum Buch Jezirah, unter anderem von Lazarus Goldschmidt und Gershom Scholem.[18]

Das andere bedeutende Werk der Kabbala ist der *Sohar, das Buch des Glanzes*, das als der größte existierende Schatz kabbalistischen Wissens gilt.

---

[18] Goldschmidt, Lazarus: Das Buch der Schöpfung. Frankfurt am Main: 1894.; Scholem, Gershom: Buch Jezira. Encyclopaedia Judaica, Band 9. Berlin: 1932, Sp. 104–111.; Baeck, Leo: Zum Sepher Jezira. Monatsschrift für Geschichte und Wissenschaft des Judentums, Bd. 70. 1926, S. 371–376; idem: Die zehn Sephiroth im Sepher Jezira. Monatsschrift für Geschichte und Wissenschaft des Judentums, Bd. 78. 1934, S. 448–455; Barsilai, Juda ben (aus Barcelona): Kommentar zum Buch Jezira. Berlin: Halberstamm 1885.

Im *Sohar* werden die Hauptattribute der Gottheit beschrieben sowie die verschiedenen Emanationenen, die aus dem Unendlichen Licht hervorgegangen sind. Diese zehn Emanationen bilden den Baum des Lebens, der das Herzstück der kabbalistischen Lehre darstellt.

Der kabbalistischen Überlieferung zufolge gehen die ältesten Teile des *Sohar* auf die Zeit vor dem Bau des zweiten Tempels zurück, doch der zu Zeiten des römischen Kaisers Titus (70–80 n. Chr.) lebende Rabbi Simon ben Jochai soll sie als erster schriftlich festgehalten haben.

Rabbi Simon ben Jochai war ein Schüler Rabbi Akibas, der als Author der *Sepher Jezirah* gilt. Rabbi Akiba lehrte die Thora (das hebräische Gesetz Gottes) trotz der Verfolgung durch die Römer, bis sie ihn schließlich wegen Volksverhetzung hinrichten ließen. Rabbi Simon ben Jochai verdammte die Römer wegen dieser mörderischen Tat, und sie verurteilten ihn im Gegenzug ebenfalls zum Tode. Er war also gezwungen, vor der Verfolgung durch die Römer zu fliehen und suchte deshalb in einer Höhle in den Bergen Israels Zuflucht. Dreizehn Jahre lang hielt er sich mit seinem Sohn Rabbi Eleazar dort versteckt. Doch die Jahre, die Rabbi Simon in der Höhle verbrachte, waren nicht vergeudet. »Im Schutze der Dunkelheit, wo es nichts zu lesen gab, schöpfte Rabbi Simon aus den tiefen Ebenen der Erinnerung und Vision, die von den Jahren des Unterrichts mit seinen Meistern der Vergangenheit in seinem Unbewußten verborgen lagen.«[19] So entstand also der *Sohar*, das klassische Hauptwerk der Kabbala, die »ungeschriebene Lehre«, die direkt von Moses kam und schließlich jenen übermittelt wurde, die bereit waren, sie zu empfangen.

Viele Generationen lang wurde der *Sohar* von den Anhängern Rabbi Simon ben Jochais bewahrt und weitergegeben. Und schließlich veröffentlichte dann ein obskurer Rabbi namens Moses de Leon den *Sohar* im Spanien des vierzehnten Jahrhunderts. Viele Jahre lang betrachtete man Moses de Leon

---

[19] Siehe auch Krakovsky, Rabbi L. I.: Kabbalah, The Light of Redemption. Israel: 1970.

»als Verfasser von alten Schriften und Fragmenten, denen er
möglicherweise eigene Gedanken hinzugefügt hat.« Allerdings
sind viele moderne Kabbalisten der Überzeugung, daß Moses
de Leon der alleinige Autor der wichtigsten Teile des *Sohar*
war.[20]

Nach der Veröffentlichung des *Sohar* wurde er der jüdischen Gemeinde von Safed übergeben, das sich zu einem kabbalistischen Zentrum entwickelte, wo die alten Lehren eine
neue Blütezeit erlebten. Zwei Hauptströmungen bildeten sich
im sechzehnten Jahrhundert im kabbalistischen Gedankengut
heraus: Die eine Strömung geht auf Moses Cordovero zurück,
der verschiedene brillante Kommentare zum *Sohar* schrieb; die
andere Strömung wird von der Schule Isaak Lurias bestimmt,
dessen Werke sich bei den Kabbalisten in den letzten beiden
Jahrhunderten eine *führende Stellung* erworben haben. Lurias
Schriften über den Baum des Lebens und die acht »Pforten«
stellen den umfassendsten Kommentar zum *Sohar* dar. Seine
Auslegungen werden von Kabbalisten als die maßgeblichsten
der kabbalistischen Lehren angesehen. Lurias Einfluß auf die
kabbalistische Bewegung war so groß, daß zwei der wichtigsten Werke über den *Sohar* auf seine Lehren zurückgehen.
Dies ist zum einen das Buch *Beth Elohim*[21], eine Schrift über
das Wesen der Engel, Dämonen und Seelen, und zum anderen
das *Buch von den Transmigrationen der Seelen*[22], in dem
Lurias Ideen ausführlich kommentiert werden. Die drei bedeutendsten Bücher des *Sohar*[23] sind:

1. Das *Sifra di-Zeniutha* oder *Buch der Verborgenheit*, das die
   Ausgangsbasis des *Sohar* bildet.

---

[20] Siehe auch Scholem, Gershom (Hrsg.): The Zohar. New York.

[21] Herrera, Abraham: Beth Elohim. Amsterdam: 1655.

[22] Vital, Chajim: Sefer ha-Gilgulim (vollständige Ausgabe). Przemysl:
1875.

[23] Als deutsche Übersetzung des Sohar empfiehlt sich: Müller, Ernst:
Der Sohar. Das Heilige Buch der Kabbala. München: Diederichs
Gelbe Reihe, Eugen Diederich Verlag 1993.

2. Die *Idra Rabba* oder *Große Versammlung*, in der der mystische »Leib Gottes« in Gestalt des Adam Kadmon beschrieben wird.
3. Die *Idra Sutta* oder Kleine Versammlung, die einen Monolog des Rabbi Simon ben Jochai vor seinem Tode über dasselbe Thema wie in der »Großen Versammlung« darstellt.

Neben der *Sepher Jezirah* und dem *Sohar* gibt es zwei weitere Bücher zur Kabbala von großer spiritueller Bedeutung. Dies sind:

1. Die *Sepher Sephiroth*, in der die Evolution Gottes von der negativen zur positiven Existenz dargelegt ist; und
2. das *Aesch Metzareph*, eine abstruse kabbalistisch-alchemistische Abhandlung.

Was ist Kabbala?

Das Wort Kabbala leitet sich aus dem hebräischen Wortstamm KBL (Kibel) ab, was soviel heißt wie »empfangen«. Es ist also eine treffende Beschreibung der alten Tradition des »Empfangens« der Geheimlehre durch mündliche Überlieferung.

Dem zeitgenössischen Kabbalisten S. L. MacGregor Mathers zufolge läßt sich die Kabbala in vier Bereiche unterteilen:

1. Die praktische Kabbala
2. Die numerologische Kabbala
3. Die ungeschriebene Kabbala
4. Die dogmatische Kabbala

Die *praktische Kabbala* beschäftigt sich mit talismanischer und zeremonieller Magie.

Die *numerologische Kabbala* befaßt sich mit den Buchstaben und ihren Zahlenwerten und besteht aus drei Teilen: Gematria, Notarikon und Temura.

Die *ungeschriebene Kabbala* stellt den Teil des esoterischen Wissens dar, der mündlich überliefert und bis in die jüngste

Zeit nie schriftlich festgehalten wurde. Sie hängt eng mit der praktischen Kabbala zusammen.

Die *dogmatische Kabbala* könnte auch als die »geschriebene Kabbala« bezeichnet werden und umfaßt die verschiedenen Werke und Schriften, auf die wir weiter oben bereits näher eingegangen sind. Außerdem gehören dazu noch andere Schriften, die wir allerdings wegen ihrer Obskurität nicht angeführt haben.

Die Kabbala ist ein philosophisches und theosophisches System, das ursprünglich dazu gedacht war, die ewigen Fragen des Menschen nach dem Wesen Gottes und des Universums und dem letztendlichen Schicksal der Menschheit zu beantworten. Als praktisches System beruht es auf den zahlenmäßigen Entsprechungen zwischen den verschiedenen Aspekten des menschlichen Lebens und den universellen Gesetzen.

Die Entsprechungen und Zusammenhänge zwischen verwandten Gegenständen und Themen können mit Hilfe der drei Bereiche der numerologischen Kabbala, insbesondere der Gematria, aufgedeckt werden. Möchte ein Kabbalist den Wesenskern einer Sache herausfinden, so bildet er den Zahlenwert des Namens oder der Bezeichnung des betreffenden Gegenstandes, indem er entsprechend dem hebräischen Alphabet jeden Buchstaben des Namens durch seinen Zahlenwert ersetzt. Nach den Gesetzen der Numerologie bildet er dann die Quersumme dieser Zahlen und reduziert diese wiederum auf eine der archetypischen Zahlen 1 bis 9. Ergibt sich beispielsweise als Wert 424, so bildet er die Quersumme, indem er $4 + 2 + 4$ addiert und die Zahl 10 erhält, die dann wiederum durch Addition $1 + 0 = 1$ reduziert wird. Das Wesen des betreffenden Gegenstandes wird also in diesem Falle von den esoterischen Eigenschaften der archetypischen Zahl 1 bestimmt. Die grundlegenden Eigenschaften jeder Zahl können durch die Entsprechungen mit dem hebräischen Alphabet, dem Baum des Lebens, sowie über Astrologie, Alchemie und verschiedene andere nahestehende Systeme ermittelt werden.

Das Gesetz der Entsprechungen spielt in der Kabbala eine so wichtige Rolle, daß die Kabbalisten sogar versteckte Bedeutungen in Wörten finden, die ähnlich gebildet werden. Ein interessantes Beispiel dafür ist das Wort »dam«, das auf Hebräisch »Blut« bedeutet. Diese Wort »verbirgt« sich in dem Name Adam, dem hebräischen Wort für Mensch. Die Kabbalisten sehen deshalb in der Vereinigung von *dam* und dem Buchstaben Aleph (A), dem Prinzip des Lebens und des Todes, dem »Funken« der Schöpfung, einen ausgesprochen engen Zusammenhang. Sie sehen in der Verbindung von A und *dam* und dem resultierenden Adam eine Blutsbrüderschaft zwischen Mensch und Gott.

Aus diesem Beispiel wird deutlich, welch hohen Symbolgehalt das Blut in den Beziehungen zwischen Mensch und Gott besitzt. Das ist auch der Grund, warum die Menschen dem göttlichen Wesen zu allen Zeiten Blutopfer dargebracht haben. In der jüdischen Tradition wurden alle Bünde zwischen den Hebräern und JHWH durch Blutopfer besiegelt, insbesondere die Beschneidung.

Wasser wird von den Kabbalisten als der potentielle Same des Blutes angesehen, das in dieses kostbare Lebenssymbol verwandelt werden kann.

Den Schriftensammlungen zufolge verwandelte Moses das Wasser des Nils in Blut, und Tausende von Jahren später verwandelte Jesus bei der Hochzeit zu Kanaan Wasser in Wein. Der enge Zusammenhang zwischen Wein und Blut ist wohlbekannt. Jesus selbst, der innerhalb der esoterischen Tradition als Meisterkabbalist angesehen wird, wies beim letzten Abendmahl auf diesen Punkt hin, als er den Kelch mit Wein füllte und ihn seinen Jüngern mit den Worten reichte: »Trinket alle daraus; das ist mein Blut des Bundes, das vergossen wird für viele zur Vergebung der Sünden« (Matthäus 26,27.28). Dieses »Blutopfer« wird in der katholischen Kirche immer noch in Form des »Meßopfers« begangen. Während des Gottesdienstes hält der Pfarrer der Gemeinde einen mit Wein gefüllten Kelch entgegen und wiederholt die Worte Jesu: »Trinkt alle daraus, das ist mein Blut ...«

Auch Tieropfer dienen dazu, um zu einer Vereinigung mit Gott zu gelangen. Bei den zur Zeit des Tempels Salomos von den Priestern dargebrachten Tieropfern wurden nur das Fett und bestimmte Körperorgane auf dem Altar verbrannt. Durch Verbrennen des Fleisches und Fetts des Tieres wurde die Verbindung zu den Mächten der Welt der Handlung hergestellt. Der Geist im Körper des Tieres band die Engel in die Welt der Formung ein. Der »höhere Geist« verband die Erzengel mit der Welt der Schöpfung. Und die Absicht des Priesters stellte die Verbindung zur Welt der Emanation her. So wurde durch die Opferhandlung selbst die göttliche Essenz der vier kabbalistischen Welten zur Vereinigung geführt. Das unendliche Licht gibt dann etwas von seinem Licht an die Welt der Emanation weiter, von wo aus es auf die anderen Welten, einschließlich die Welt der Handlung, also den Menschen, abstrahlt.

Die kabbalistische Tradition lehrt uns, daß Beten und die Einhaltung der göttlichen Gebote dieselbe Funktion erfüllen wie die Tieropfer alter Zeit. Der Grund, weshalb eine Vereinigung der vier Welten sowohl durch Beten als auch durch Tieropfer erzielt werden kann, kann folgendermaßen erklärt werden:

Wie wir bereits gesehen haben, ist die Welt der Emanation der Ursprung, aus dem die anderen drei Welten hervorgehen. Die Kabbala lehrt uns, daß es der Wille Gottes war, einen Teil seines Lichts, die sogenannten »Funken« der Welt der Emanation, ins »Exil« zu schicken und sie deshalb zum Abstieg in die Welt der Handlung veranlaßte, wo sie »in Materie gekleidet wurden«, damit der Mensch die Möglichkeit habe, sie zu erlösen, um sie zu ihrer Quelle zurückzuschicken. Denn es ist das Ziel der gesamten Schöpfung, daß die Essenz, die aus dem unendlichen Licht ausstrahlt, auch wieder zu ihr zurückkehrt. Damit ist es dem Menschen gegeben, entweder durch Gebete, Opfer oder Einhaltung der göttlichen Gebote die »Funken« zu ihrer Quelle zurückkehren zu lassen und damit »große Liebe und Freude« in den höheren Welten auszulösen. Denn es sind diese Liebe und Freude, die zur Vereinigung der vier Welten führen. Dieser Vorgang wird auch die Erhöhung des M'N durch den Menschen genannt, der dafür zur Belohnung M'D (das Geschenk des unendlichen Lichts) erhält. M'N steht für »Majin Nukvin« und stellt die »Wasser« des weiblichen oder passiven Prinzips dar. M'D steht für »Majin Dchurin«, die »Wasser« des männlichen oder aktiven Prinzips. Die große »Liebe und Freude«, die bei der Vereinigung der Funken (weibliches Prinzip) mit dem unendlichen Licht (männliches Prinzip) entsteht, ist dasselbe wie die Lust und Freude, die bei der sexuellen Vereinigung von Mann und Frau entstehen, nur auf einer höheren kosmischen Ebene.

Der kabbalistischen Lehre zufolge hat die menschliche Seele ihren Ursprung in Gott, denn sie stammt aus der Welt der Emanation, die vollkommene Reinheit ist. Durch Adams Sündenfall wurde die Seele des Menschen durch den bösen Geist vergiftet, der durch die Schlange im Paradies symbolisiert wird. Gott zog der Schlange ihre Haut ab, die ihre Macht des Bösen verkörperte. Aus dieser Haut fertigte er »Röcke« für Adam und seine Frau. »Und Gott der Herr machte Adam und seinem Weibe Röcke von Fellen und zog sie ihnen an« (1. Mose 3,21). Die »Röcke von Fellen« symbolisieren die korrupte, materialistische Natur des Menschen. Doch die Macht des Menschen ist der Macht der Engel ähnlich. »Es ist ein göttlicher Geist, der im Menschen leuchtet, wenn er Reue zeigt, um sich von seinem eigenen Übel zu befreien, indem er sich dieses fremden Rockes entledigt, in den er aufgrund von Adams Sündenfall gekleidet wurde.« Zu diesem Zweck wurden von der Welt der Emanation 613 Kanäle aufgetan, durch die das göttliche Licht entweder zu dem Menschen hinfließen oder ihm entzogen werden kann. Diese 613 Kanäle werden außerdem dazu benutzt, die Taten des Menschen in der materiellen Welt zu »überwachen«. Sie sind der Ursprung der 613 Gesetze der Thora, die aus 248 Geboten und 365 Verboten bestehen; und auch der menschliche Körper, der nach dem Muster der Seele geformt ist, setzt sich aus 248 Organen und Gliedern und 365 Blutgefäßen zusammen. Die 248 Gebote stellen ebensoviele »Tore« in der Säule der Gnade dar, während die 365 Verbote

ebensovielen Toren in der Säule oder Quelle des Gerichts entsprechen. Erfüllt der Mensch ein Gebot, so öffnet sich ein Tor
in der Säule der Gnade und das Licht des Unendlichen scheint
auf die Welt der Emanation herab und von dort weiter auf die
anderen drei Welten. Verstößt der Mensch hingegen gegen ein
göttliches Verbot, so bewirkt er dadurch, daß sich ein Tor in
der Säule des Gerichts öffnet und die bösen Mächte den Platz
des Gerichts einnehmen und damit »Bestrafung auf die Welt
herabbeschwören«.

Wie wir bereits gesehen haben, wird das weibliche Prinzip
oder die göttliche Präsenz in der Kabbala Schechina genannt.
Auf göttliches Geheiß wurde die Schechina ins »Exil« gesandt,
um beim Menschen zu verweilen bis zu jenem Tage, an dem er
sich läutert.

Wenn die Schechina in ihrer vollen Herrlichkeit erstrahlt,
manifestiert sie sich aus ihrer Quelle, der Welt der Emanation,
heraus und sendet ihr Licht über die 613 Kanäle oder Gebote
auf den Menschen herab. Befindet sie sich hingegen im Exil,
nimmt ihr Licht durch die vorher festgelegte Ordnung ab. Nur
durch die absolute Einhaltung der 613 Gebote kann erreicht
werden, daß sie wieder in ihrem vollen Glanz erstrahlt.

Während ihres Exils manifestiert sich die Schechina dort,
wo die Schalen oder bösen Geister leben, die sogenannten Kelippoth. Wenn das verminderte Licht durch die Schalen hin-
durchscheint, wirft es nur einen schwachen Schein auf den
Menschen, denn die Schalen umgeben das Licht und verwenden den Großteil davon selbst. Das führt wiederum dazu, daß
alles in der materiellen Welt unzulänglich wird, so daß der
Einfluß des Gerichts weiter zunimmt und Überhand über die
Gnade gewinnt. Das ist der Grund, weshalb es nicht genügend
Liebe und Harmonie in der Welt gibt und andererseits soviel
Kummer und Streit.

Wenn der Mensch sich durch seine guten Taten läutert, wird
dadurch der Glanz der Schechina wiederhergestellt, und sie
läßt ihr Licht überreich in die Seele des Menschen herab-
fließen.

Die Weisen lehren uns, daß »Emeth«, die Wahrheit, das

»Zeichen« des Schöpfers trägt. Die Schöpfung ist im Grunde nichts anderes als der »Abdruck« oder die »Sichtbarmachung« der Weisheit und Größe des Schöpfers. In der Genesis wird berichtet, daß als Letztes, zum Abschluß der Schöpfung, der Mensch geschaffen wurde, wie eine Unterschrift oder ein Zeichen, das unter einen Brief oder einen Erlaß gesetzt wird. Dem Wort Adam (Mensch) entspricht die Zahl Neun, dieselbe Zahl, die auch dem Wort Emeth (Wahrheit) entspricht. Kabbalistischen Entsprechungsregeln zufolge sind die beiden damit ein und dasselbe.

Laut Tradition ist die Kabbala die vollkommene Wahrheit. Wenn aber der Mensch im Grunde ebenfalls die Wahrheit ist, heißt das logischerweise, daß die kabbalistischen Wahrheiten im Menschen zu finden sind. Die Kabbala muß also die Antworten auf alle Fragen liefern, die sich der Mensch von Anbeginn der Zeiten über seine Herkunft und den Sinn seines Daseins gestellt hat. Die Kabbalisten gehen davon aus, daß die Kabbala als Synthese des Menschen auch alle Erkenntnisse und alles erworbene Wissen des Menschen verkörpern muß, wie etwa Biologie, Chemie, Philosophie, Psychologie, Astronomie, Medizin und so weiter. Der herausragende französische Gelehrte und Kabbalist Adolphe Franck war der Meinung, daß die Kabbala das einzige dem Menschen bekannte System sei, das die Vorstellung von Gott und dem Universum sowohl mystisch als auch wissenschaftlich erklären könne.

Dem englischen Kabbalisten S. L. MacGregor Mathers zufolge beschäftigen sich die Hauptlehren der Kabbala mit der Lösung folgender Probleme:

1. dem Höchsten Wesen, seiner Natur und seinen Attributen;
2. der Kosmogonie;
3. der Erschaffung der Engel und des Menschen;
4. dem Schicksal des Menschen und der Engel;
5. dem Wesen der Seele;
6. dem Wesen der Engel, Dämonen und Elementargeister;
7. der Bedeutung des offenbarten Gesetzes;
8. der transzendentalen Zahlensymbolik;

9. den besonderen Geheimnissen der hebräischen Buchstaben;
10. dem Gleichgewicht zwischen den Gegensätzen.

Die Kabbala lehrt uns weiter, daß sich die Manifestation der Gottheit in fünf Phasen darstellen läßt:

1. Quelle oder Samen – Ain Soph Or oder Adam Kadmon
2. Wurzel – Welt der Emanation oder Aziluth
3. Baum – Welt der Schöpfung oder Beriah
4. Zweig – Welt der Formung oder Jezirah
5. Frucht – Welt der Handlung oder Assiah.

In seinem Werk *Kabbalah, The Light of Redemption* erläutert Rabbi L. I. Krakovsky, daß jede Phase in dieser Allegorie

> die Wurzel oder Quelle der folgenden Phasen ist. So ist etwa der Zweig die Quelle, aus der die Früchte entspringen, also die Welt der Handlung; der Baum ist der Ursprung der Zweige und Früchte, das heißt, die Welt der Schöpfung ist gleichzeitig Ursprung für die Welt der Formung und die Welt der Handlung; aus der Wurzel des Baumes gehen der Baum, die Zweige und die Früchte hervor, die Welt der Emanation ist damit die Quelle der Welt der Schöpfung, der Welt der Formung und der Welt der Handlung; und schließlich ist es der Samen, aus dem die Wurzel, der Baum, die Zweige und Früchte entsprießen. Das heißt, der Adam Kadmon ist der Ursprung der Welt der Emanation, der Welt der Schöpfung, der Welt der Formung und der Welt der Handlung.

Diese fünf Phasen stellen ein Schema des Lebensbaums dar, das den Kern der kabbalistischen Lehren bildet.

Kapitel 7

Der Baum des Lebens

Etz Chajim, der Baum des Lebens, ist eine Glyphe, ein komplexes Symbol, das makrokosmisch gesehen den göttlichen Menschen Adam Kadmon darstellt und mikrokosmisch gesehen den Menschen in der materiellen Welt. In seinen wesentlichen Zügen gleicht er Yggdrasil, dem mythologischen Lebensbaum der Skandinavier.[24]

Der Baum des Lebens (siehe Abb. 3) setzt sich aus 10 Sphären, den sogenannten »Sephiroth« (oder in der Einzahl »Sephira«), zusammen. Die Sphären sind untereinander durch Linien verbunden, die auch »Pfade« genannt werden. Es gibt 22 Pfade, die die 22 Buchstaben des hebräischen Alphabets darstellen. Zusammen werden die 10 Sephiroth und die 22 Pfade in der Kabbala als die 32 Wege der Weisheit bezeichnet. Die Sephiroth verkörpern verschiedene Stadien der Manifestation des unendlichen Lichts und damit der Evolution. Die Pfade hingegen symbolisieren Phasen des »subjektiven Bewußtseins«, durch die sich die Seele der kosmischen Manifestation bewußt wird.

Die Sephiroth werden auch als »numerische Emanationen« bezeichnet und verkörpern die abstrakten Formen der Zahlen Eins bis Zehn. Jede Sephira symbolisiert ein Entwicklungsstadium und eine Eigenschaft Gottes sowie des Menschen.

Darüber hinaus werden die zehn Sephiroth auch die »zehn heiligen Emanationen« genannt und in drei Spalten oder »Säulen« eingeteilt (siehe Abb. 3). Die rechte Säule ist die Säule der Gnade, der die männlich-aktive Potenz zugeschrieben wird. Die linke Säule ist die sogenannte Säule des Gerichts oder der

---

[24] Vergleiche auch MacGregor Mathers, S. M. L.: The Kabbalah Unveiled. New York: 1971.

Strenge, der das weiblich-passive Prinzip entspricht. Und die mittlere Säule, die auch Säule der Milde oder des Gleichgewichts genannt wird, stellt den ausgleichenden, harmonisierenden Faktor dar, der die Säule der Gnade und die Säule des Gerichts vereint und miteinander verschmilzt.

Aus dem bisher Gesagten wird also ersichtlich, daß die Sephiroth auf der rechten Säule oder der Säule der Gnade männlich-positive Qualitäten besitzen, während die Sephiroth auf der linken Säule oder der Säule des Gerichts weiblich-negative Eigenschaften haben. Die Sephiroth der mittleren Säule sind hingegen die Übermittler oder Verwahrer der anderen Sephiroth und tragen als solche den Samen sowohl der männlichen als auch der weiblichen Potenz in sich. Ihre wichtigste Eigenschaft ist die Vereinigung oder Synthese.

Im Prinzip ist jede Sephira darüber hinaus in gewisser Weise androgyn oder »bisexuell«, denn sie ist weiblich oder empfangend gegenüber der vorhergehenden Sephira und männlich oder gebend hinsichtlich der folgenden.

Einer alten kabbalistischen Tradition zufolge hat Gott die Säule der Milde oder mittlere Säule deshalb zwischen die Säule der Gnade und die Säule des Gerichts eingefügt, um das unkontrollierte Ausströmen der positiven und negativen Qualitäten jeder Sephira einzudämmen. Man könnte als Vergleich einen Wasserhahn nehmen, aus dem kaltes und warmes Wasser fließen kann. Die Wassertemperatur kann durch einfaches Auf- und Zudrehen des entsprechenden Griffs reguliert werden. Ist genug Wasser eingeflossen, kann der Wasserfluß durch erneutes Drehen gestoppt werden. Man könnte nun die mittlere Säule mit dem Griff des Wasserhahns vergleichen, ohne den das Wasser unaufhörlich fließen und mit der Zeit eine Überschwemmung verursachen würde. Die Säule der Gnade zeichnet sich durch die Eigenschaft des »unbegrenzten Gebens« aus, die Säule des Gerichts hingegen durch »unendliche Beschränkung«. Verdient also ein Mensch aufgrund einer guten Tat Gnade, so würde die Säule der Gnade ihm ihre Gabe endlos zuteil werden lassen. Doch da kein Mensch so vollkommen ist, als daß er ein solches Übermaß verdient hätte,

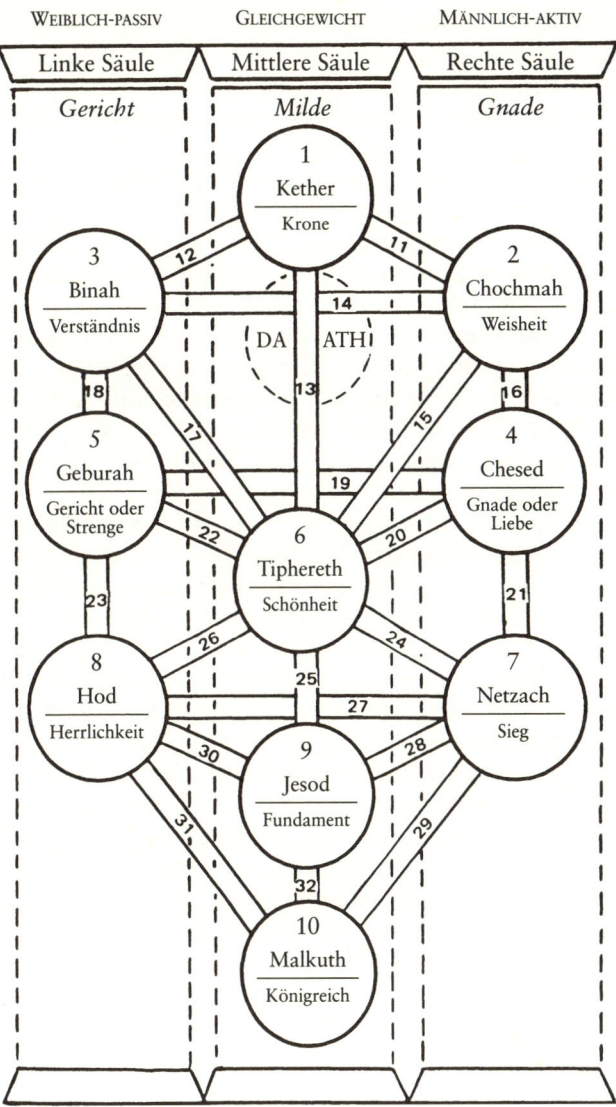

Abbildung 3: Der Baum des Lebens und die Pfade

würde die Säule des Gerichts in Aktion treten und die Säule
der Gnade neutralisieren und einschränken. Deshalb muß die
Säule der Milde oder mittlere Säule als Vermittler zwischen
den beiden anderen Säulen agieren, um nur soviel Gnade wie
nötig zu erlauben.

Die drei Säulen des Lebensbaums sind vergleichbar mit den
drei feinstofflichen Kanälen Ida, Susumna und Pingala des
Yoga-Systems. Susumna ist der Kanal der aufsteigenden Kun-
dalini-Kraft, der zwischen dem männlichen und weiblichen
Kraftstrom Ida und Pingala verläuft. Man kann die drei Säulen aber auch mit Yin und Yang, dem weiblichen und männlichen Prinzip der chinesischen Philosophie vergleichen, wobei
Tao (der Weg) in diesem Fall der mittleren Säule entspräche.
Moderne Kabbalisten sehen allerdings die linke und die rechte
Säule als positive und negative Manifestationsphase und die
mittlere Säule als das Bewußtsein.[25]

Wie bereits erwähnt, wird der Baum des Lebens sowohl als
Makrokosmos (das göttliche Wesen) als auch als Mikrokosmos (der Mensch) gesehen. Schaut man sich eine Abbildung
des Lebensbaums an, sieht man ihn als objektives Symbol
und damit als Makrokosmos. Um den Baum als Mikrokosmos zu sehen, das heißt, als Abdruck der menschlichen Seele,
muß man sich sozusagen »rückwärts in den Baum hineinbe-
geben« und ihn nach außen projizieren. Der Baum des Lebens
wird in diesem Falle zu einem subjektiven Symbol, denn man
befindet sich *in* ihm drinnen, wie eine menschliche Gestalt
in einem Foto. Wird der Baum als Mikrokosmos betrachtet,
sind die Säulen spiegelverkehrt, das heißt, die linke Säule
wird zur rechten und umgekehrt, wie beim Negativ eines
Fotos.

---

[25] Siehe Fortune, Dion: Die mystische Kabbala. Freiburg: Verlag
Hermann Bauer 1993, S. 53 ff.

Die zehn heiligen Emanationen

Vor der Emanation der Sephiroth gab es nur das unendliche Licht. Laut Kabbala wurden vor der Erschaffung des gegenwärtigen Universums »bestimmte Urwelten« aus dem Licht geformt, doch da das Licht noch nicht »begrenzt« und als weiblicher und männlicher Aspekt der Gottheit ausgedrückt war, konnten sie nicht fortbestehen. Diese Urwelten vor der Schöpfung sind die »Könige von Edom«, wie es in der Bibel heißt (1. Mose 36,31).

Wie wir bereits gesehen haben, löste sich zur Zeit der Eingrenzung des Lichts ein Lichtpunkt aus der unendlichen Quelle und aus ihm ging der archetypische Mensch, Adam Kadmon, hervor. Man kann sich das Ganze auch als Punkt in einem Kreis vorstellen. Alle zehn Sephiroth waren in diesem Lichtpunkt oder Urpunkt enthalten. Bekanntlich ist ein Punkt zwar verschwindend klein und unteilbar, trotzdem besitzt er jedoch drei Dimensionen. Wenn dem nicht so wäre, könnten wir ihn überhaupt nicht wahrnehmen. Die drei Dimensionen sind Länge, Breite und Tiefe. Und jede dieser drei Dimensionen kann wiederum in drei Teile, nämlich Anfang, Mitte und Ende, aufgegliedert werden. In diesem Punkt befinden sich also neun Teile und der Punkt selbst ist der Zehnte. Der Punkt und seine neun Dimensionen sind die zehn Sephiroth vor Vollendung der Emanation oder Manifestation. Auch die drei Säulen finden sich in dem Urpunkt in folgender Form wieder:

1. Breite – Säule der Gnade
2. Tiefe – Säule des Gerichts
3. Länge – Säule der Milde oder mittlere Säule

Wann immer wir von solchen Begriffen wie Breite, Tiefe, Länge, Anfang, Mitte und Ende sprechen, sollte wir uns stets darüber im klaren sein, daß damit abstrakte Begriffe gemeint sind und zwar in Form von variierenden Bewußtseinszuständen, die gleichzeitig in Zeit und Raum existieren.

Aus dem Urpunkt wurden die zehn Sephiroth in folgender
Reihenfolge emaniert:

1. KETHER – DIE KRONE
   Diese erste Sephira ist der Ursprung, aus dem die anderen
   neun Sephiroth hervorgehen. Ihr wird die Zahl 1 zugeordnet, die in allen anderen neun Zahlen der Dezimalreihe
   enthalten ist. Bei Pythagoras ist die Zahl 1 die »Monade«
   der numerischen Symbole. Sie ist unteilbar, aber definier-
   bar. Und da bei der Definition ein Bild oder Abbild des de-
   finierten Objekts projiziert wird, ergibt sich aus der Spie-
   gelung der Zahl 1 eine Projektion der anderen Zahlen.
   Man könnte die Eins also als »den Vater aller Zahlen« und
   ein passendes Bild für den Vater aller Dinge bezeichnen.
   Andere Bezeichnungen für Kether sind: die Verborgene
   der Verborgenen, das große Antlitz, der Urpunkt, der
   Punkt im Kreis, Makroposopos, der Alte der Alten. Der
   Gottesname, der dieser Sphäre zugeschrieben wird, ist
   Ehjeh, der Erzengel Metatron und die Engelsordnung
   Chajot ha Kodesch, die heiligen Kreaturen. Im menschli-
   chen Körper entspricht ihr der Kopf oder Schädel.
   Kether liegt außerhalb des vom Menschen Erfahrbaren.
   Das Innerste seines Wesens kann vom menschlichen Verstand nicht erfaßt werden. In dieser Sephira gibt es keine
   Form, sondern nur »reines Sein«, denn es kann noch nicht
   in Gegensatzpaaren unterschieden oder gedacht werden.
   Der Kether zugeordnete Gottesname ist Ehjeh, was soviel
   wie Dasein bedeutet. Und das ist es, was Kether ist, die
   reinste Essenz des Seins ohne Form oder Definition. Um
   eine ungefähre Ahnung von diesem formlosen Zustand
   latenter Existenz zu bekommen, können wir ihn uns als
   einen leeren, formlosen interstellaren Raum vorstellen, in
   dem jedoch bereits das gesamte potentielle Leben enthalten ist.
   Bisweilen wird Kether auch die »Ersten Wirbel« genannt.
   Damit wird auf die Aktivität der kosmischen Energie zur
   Zeit der Erschaffung des Universums angespielt. Dieser

Name ist besonders treffend, denn aus den ersten Wirbeln entprang die zweite Sephira, mit der zum ersten Mal eine Unterscheidung in zwei verschiedene Seinsweisen, nämlich männlich und weiblich, möglich wird.

2. CHOCHMAH – WEISHEIT

Dieser Sephira wird die Zahl 2 zugeordnet. Sie ist eine männlich-aktive Potenz, die auch Abba genannt wird, also dem Symbol des Vaters entspricht, der mit der Mutter, der dritten Sephira vereinigt wird.

Unter anderem wird Chochmah auch der höchste Vater, die Macht Jezirahs und Jod des Tetragrammaton genannt. Der Gottesname dieser Sephira ist Jehovah, der Erzengel Raziel und die Ordnung der Engel Ophannim, die Räder. Beim Menschen entspricht ihr die linke Gesichtshälfte. Diese Sphäre wird mit dem Zodiak, also der Tierkreissphäre, in Verbindung gebracht.

Wie wir Kether mit einem Punkt vergleichen können, so ist Chochmah mit einer geraden Linie vergleichbar, die eine Ausdehnung des Punktes im Raum darstellt. Die gerade Linie oder der »aufgerichtete magische Stab« kann mit dem Phallus gleichgesetzt werden, einem der esoterischen Symbole dieser Sephira. Chochmah hat grundsätzlich dynamischen Charakter, denn in ihr schlummert der Same für die gesamte Schöpfung. Ihre Haupteigenschaft ist Weisheit, womit perfektes Wissen und Verstehen gemeint ist. Es ist bezeichnend, daß das Wesensmerkmal der dritten Sephira Verständnis ist.

Der Phallus als Symbol für diese Sephira steht für die dynamische und positive Energie von Chochmah, denn Männlichkeit ist Dynamik, ebenso wie Weiblichkeit Latenz oder potentielle Kraft bedeutet.

3. BINAH – VERSTÄNDNIS:

Mit dieser Sephira wird die Zahl 3 verbunden. Binah ist eine weiblich-passive Kraft, die auch Ama, Mutter, genannt wird und Aima, fruchtbare Mutter, die zur Aufrech-

terhaltung der Ordnung des Universums auf ewig mit
Abba, dem Vater (Chochmah), verbunden ist. Außerdem
trägt diese Sephira auch noch den Namen Marah, das
»Große Meer«, auf den auch der Name Maria zurückgeht, und wird als Mutter alles Lebenden angesehen. Sie
ist die höchste Mutter, der weibliche Aspekt Gottes, der
Elohim. Sie wird von den Kabbalisten als der archetypische Mutterschoß angesehen, durch den sich alles Leben
manifestiert.

Einige der Bezeichnungen für Binah sind also Ama, die
dunkle, unfruchtbare Mutter; Aima, die helle, fruchtbare
Mutter, und Kursija, der Thron. Der Gottesname dieser
Sephira ist Jehovah Elohim, der Erzengel Zafkiel und die
Ordnung der Engel Er'elim, die Throne. Im Mikrokosmos
des Menschen entspricht ihr die rechte Gesichtshälfte.

Während Chochmah eine dynamische Kraft ist, ist Binah
die Form, das aufnehmende Gefäß dieser Kraft. Der erste
Buchstabe von Binah ist »Beth«, das archetypische Symbol für alle Gefäße.

Mit Binah und Chochmah haben wir zwei polarisierende
Aspekte der Manifestationen, nämlich den höchsten Vater
und die höchste Mutter, aus denen das Universum hervorging. Zusammen sind Chochmah und Binah der Elohim,
der Schöpfer, wie es im Ersten Buch Mose heißt. Sie sind
die beiden Grundbausteine des Lebens, das Proton und
das Elektron, auf die alle Aspekte der Schöpfung zurückgehen. In diesem ersten Sephirothpaar liegt der Schlüssel
zur sexuellen Vereinigung verborgen, denn sie stellen bio-
logische Gegenpole dar, die es jedoch nicht nur im
»Raum« gibt, sondern auch in der »Zeit«. Sie begegnen
uns im Auf und Ab unseres Lebens, im Wechsel der Gezeiten, in unseren physiologischen Vorgängen und in der
Weltpolitik. Die abwechselnden Ströme von Aktivität und
Passivität, Konstruktion und Destruktion sind das Wechselspiel dieser beiden ewigen Gegensätze. Interessant ist
in diesem Zusammenhang, daß eines der Symbole für
Binah der Planet Saturn ist, also auch Kronos, die Zeit. In

wunderschönen Worten drückt dies Shakespeare aus: »Es geht ein Wechselstrom durch's Menschenleben: Die Flutzeit, wohl beachtet, führt zum Glück.«[26]
Während Weisheit das Wesensmerkmal Chochmahs ist, ist es für Binah Verständnis. Weisheit heißt vollkommenes und unendliches Wissen, Verständnis hingegen vermittelt den Eindruck von der Fähigkeit, die der Weisheit innewohnenden Vorstellungen zu begreifen. Der Vater weiß alles, aber die Mutter versteht alles.

4. CHESED – GNADE

Dieser Sephira ist die Zahl 4 zugeordnet. Chesed ist eine Emanation aus der Vereinigung von Binah mit Chochmah und verkörpert eine männliche Potenz. Chesed wird bisweilen auch Gedulah genannt, was Größe oder Erhabenheit bedeutet. Ihr grundlegender Wesenszug ist Gnade, Barmherzigkeit oder Liebe auf einer höheren kosmischen Ebene.
Andere Bezeichnungen für Chesed sind Gedulah und Majestät. Der zugehörige Gottesname ist El, der Erzengel Zadkiel und die Engelsordnung sind die Chaschmalim oder Glanzwesen. Im menschlichen Körper entspricht ihr der linke Arm. Ansonsten wird sie mit dem Planeten Jupiter identifiziert. Chesed ist die erste Sephira, die für den menschlichen Verstand faßbar ist, denn sie stellt die Konkretisierung der abstrakten Begriffe dar, die von den sogenannten drei Überirdischen Kether, Chochmah und Binah formuliert werden.
Während Chochmah mit dem allwissenden Vater verglichen werden kann, dem Urheber aller Dinge, stellt Chesed den liebenden, beschützenden Vater dar, der vergeben kann und großzügig ist.
Zwischen den drei Überirdischen und den anderen sieben Sephiroth gibt es eine Kluft, die von den Kabbalisten

---

[26] Aus Julius Cäsar. Sein oder Nichtsein, Ein Shakespeare-Brevier. Salzburg: Verlag Das Bergland-Buch 1979, S. 67.

Abyssus genannt wird. Dieser Abgrund zeigt die Grenzlinie zwischen unterschiedlichen Bewußtseinsgraden auf. Die drei Überirdischen symbolisieren die höheren Bewußtseinzustände, die das menschliche Bewußtsein transzendieren. Die unteren Sephiroth gehören dem Bereich unserer Ideen und Vorstellungen an und sind somit die einzigen, die wir mit unserem normalen Bewußtsein begreifen können. Um die abstrakte Essenz der oberen Sephiroth zu verstehen, müssen wir die Kluft des Abyssus überwinden, das heißt, die Begrenzung unserer Persönlichkeit verlassen, um zu unserem höheren Selbst zu gelangen, zum großen Unbewußten.

5. GEBURAH – STÄRKE, STRENGE

Zu dieser Sephira gehört die Zahl 5. Geburah ist eine weibliche Kraft, die aus Chesed emaniert.

Andere Namen dieser Sephira sind Din, Gerechtigkeit, und Pachad, Furcht. Zugeordnet sind ihr der Gottesname Elohim Gibbor, der Erzengel Kamael und die Engelsordnung der Seraphim oder feurigen Schlangen. Im menschlichen Organismus entspricht ihr der rechte Arm. Außerdem wird sie mit dem Planeten Mars identifiziert.

Geburah ist die kraftvollste und disziplinierteste aller Sephiroth. Ihre Kraft ist keine böse Kraft. Dies ist nur dann der Fall, wenn ihre Energie von Gerechtigkeit in Grausamkeit umschlägt. Darin folgt sie der Symbolik des Mars, der auch der römische Kriegs- und Streitgott war. Für die Kabbalisten ist Geburah im wesentlichen eine versöhnende Kraft, eine Beschränkung der barmherzigen Liebe Cheseds. Ohne den starken Arm von Geburah würde die Barmherzigkeit und Gnade von Chesed in Torheit und Feigheit ausarten.

Man könnte Geburah mit dem Feuer vergleichen, das sowohl konstruktiv als auch destruktiv verwendet werden kann. Die destruktive Macht kann durch sorgfältiges Beobachten der Flamme begrenzt werden. Ein anderes Element, das in Geburah ihren Ausdruck findet, ist die

Ehrfurcht, die »Gottesfurcht«, ohne die es, wie es in der Heiligen Schrift heißt, keine Erlösung, also kein Seelenheil gibt.

6. TIPHERET – SCHÖNHEIT

Dieser Sephira wird die Zahl 6 zugeschrieben. Sie liegt im Zentrum des Lebensbaumes und der Säule der Milde oder des Gleichgewichts und ist eine Emanation von Chesed und Geburah.

Andere Bezeichnungen für Tiphereth sind: Seir Anpin, das kleine Antlitz; Melech, der König; Adam; der Sohn und der Mensch. Verbunden mit ihr ist der Gottesname Jehovah Eloah Va Daath, der Erzengel Rafael und als Ordnung der Engel die Melachim oder Könige. Im Mikrokosmos des Menschen entspricht ihr die Brust, und ihr Symbol ist die Sonne.

In Tiphereth erkennen wir, daß aus der Vereinigung von Gnade und Gerechtigkeit (Chesed und Geburah) Schönheit oder Milde entsteht und so die zweite Triade des Lebensbaums vervollständigt wird.

Tiphereth ist das Gleichgewichtszentrum des Lebensbaums und wird als solches als Verbindungsglied und Übergangspunkt angesehen. Die vier oberen Sephiroth stellen das höhere Selbst dar, wobei Kether der göttliche Funke ist, der den Samen der Manifestation in sich trägt. Die vier unteren Sephiroth stellen die Persönlichkeit oder das niedere Selbst dar.

Zwei der mit Tiphereth verbundenen Symbole sind ein Kind und ein geopferter Gott, in dem man sowohl Christus als auch den ägyptischen Gott Osiris sehen kann. Das Kind verkörpert den Anfang, der zur Transformation des Materiellen in das Göttliche im geopferten Gott endet. Dieser Aspekt von Tiphereth ist »der Transmutationspunkt zwischen den Ebenen der Kraft und der Form.«[27]

---

[27] Fortune, Dion: Die mystische Kabbala. Freiburg: Verlag Hermann Bauer 1993, S. 210.

Ein anderes Symbol dieser Sephira ist die Sonne, der Lebensspender, die auch im Gold der Alchemisten ihre Entsprechung hat.

7. NETZACH – SIEG

Netzach wird die Zahl 7 zugeschrieben und ist eine männliche Potenz, die aus Tiphereth emaniert.

Ein weiterer Name für Netzach ist Entschlossenheit, ihr Gottesname Jehovah Zebaoth, ihr Erzengel Haniel und die zugehörige Engelsordnung sind die Elohim oder Götter. Ihre Korrespondenz beim Menschen sind die Hüften und Beine. Ansonsten wird sie mit dem Planeten Venus identifiziert.

Netzach steht für die Instinkte und Gefühle. Es handelt sich um eine Sphäre, die aufs dichteste mit den gedachten Formen des Gruppenverstandes bevölkert ist, und damit um eine im Grunde illusorische Ebene, auf der die archetypischen Ideen noch keine Gestalt angenommen haben.

Der Planet Venus, der Netzach zugeschrieben wird, ist auch das Symbol für die römische Göttin der Liebe. Venus ist keine Fruchtbarkeitsgöttin wie beispielsweise Ceres oder Persephone. Sie verkörpert das reine Gefühl, und die Quintessenz dieses Gefühls wird nie zu einer Form kristallisiert. Das wird zum Beispiel daran erkennbar, daß der Sitz dieser Sephira die Hüften und Beine sind, wo sich die Fortpflanzungsorgane zwar befinden, aber es nicht selbst sind. Netzach verkörpert einfach die instinktive, gefühlsmäßige Seite unseres Wesens.

8. HOD – HERRLICHKEIT

Zu dieser Sephira gehört die Zahl 8. Hod ist eine weibliche Potenz und aus Netzach emaniert. Der Gottesname dieser Sephira ist Elohim Zebaoth, ihr Erzengel ist Michael und die entsprechende Engelsordnung sind die Bene Elohim oder Söhne der Götter. Im menschlichen Organismus entsprechen ihr die Lenden und Beine. Sie wird mit dem Planeten Merkur identifiziert.

Hod ist beim Menschen der Sitz der intellektuellen Kräfte. In dieser Sphäre nehmen die Gefühle und Instinkte von Netzach endlich Form an und drücken sich in aktiven Handlungen aus. Hod und Netzach müssen immer zusammenwirken, denn ebenso wie die Instinkte und Gefühle nicht ohne die kreative Kraft des Intellekts manifestiert werden können, kann sich der Intellekt nicht ohne die in Gedanken gefaßten Formen manifestieren, die von den Instinkten und Emotionen hervorgebracht werden.

In der praktischen Kabbala ist Hod die Sphäre der Magie, da in dieser Sephira Formen erschaffen werden. Der praktizierende Kabbalist benutzt diese Sephira dazu, um in seiner Vorstellung Bilder von Dingen entstehen zu lassen, die er auf der materiellen Ebene erreichen will. Da Hod der Sitz des Intellekts oder menschlichen Verstandes ist, kann jegliche gedachte Form, die von Netzach in sie hineinprojiziert wird, dem höheren Bewußtsein aufgeprägt werden, das dann wiederum die so geformten Bilder Wirklichkeit werden läßt.

9. JESOD – FUNDAMENT

Dieser Sephira wird die Zahl 9 zugeschrieben. Sie ist auf der mittleren Säule gelegen und das Ergebnis aus der Vereinigung von Netzach und Hod. Der zu Jesod gehörige Gottesname ist Schaddai El Chai, der allmächtige, lebendige Gott. Ihr Erzengel ist Gabriel und die zugehörige Ordnung der Engel sind die Cherubim oder Starken. Ihre Entsprechung im Mikrokosmos des Menschen sind die Fortpflanzungsorgane und im Bereich der Planeten der Mond.

Beim Menschen ist Jesod der Sitz der Intuition. Sie ist die Sphäre des Astrallichts und das Gefäß, in dem alle Emanationen der vorhergehenden Sephiroth aufgefangen werden. Laut Kabbala besteht die Funktion Jesods darin, die Emanationen zu reinigen und zu »berichtigen«. Jesod ist vor allem die Sphäre des Mondes und reflektiert als solche das Licht Tipherets. Deshalb ist das Licht des Jesod-Monds dem ständigen Fluß der Gezeiten unterworfen, denn die

Menge des aufgefangenen Sonnenlichtes nimmt in einem
28tägigen Zyklus zu und ab.

Als Mondsphäre wird Jesod außerdem von der Mond-
göttin regiert, die sich in den verschiedenen Aspekten
Dianas äußert, der jungfräulichen Göttin der Griechen,
und in Hekate, der Göttin der Hexerei und des Zaubers,
sowie der Geburt. Weshalb nun tritt der mystische Mond
manchmal als Jungfrau und manchmal als fruchtbare
Mutter in Erscheinung? Die Antwort liegt in der zykli-
schen Natur des Mondes und des Sexuallebens der Frau.
Der Magnetismus aller lebenden Geschöpfe wird von diesem Zu- und Abnehmen des Mondes beeinflußt. Darüber
hinaus wird Jesod das Element Wasser zugeschrieben.
Das Zu- und Abnehmen des Mondes beeinflußt auch
die Meere und Körperflüssigkeiten des Menschen. Der
magnetische Einfluß des Mondes kann sich nur über die
Sphäre Jesod bemerkbar machen.

10. MALKUTH – KÖNIGREICH

Dieser Sephirah wird die Zahl 10 zugeornet. Malkuth ist
eine Emanation Jesods und repräsentiert die materielle
Welt. Diese Sephira wird auch die Königin genannt, die
untere Mutter, die Braut des Makroposopos und die Schechina. Als letzte der Sephiroth ist sie wiederum auf der
mittleren Säule plaziert.

Andere Namen für Malkuth sind: das Tor des Todes, das
Tor zum Garten Eden und die Jungfrau. Der zugehörige
Gottesname ist Adonai Ha Aretz, der Erzengel Sandal-
phon, und die Engelsordnung sind die Ischim oder Feuer-
seelen. Beim Menschen entsprechen dieser Sephira die
Füße und der After. Außerdem entspricht Malkuth der
Planet Erde mit den vier Elementen.

Malkuth ist vor allem die Sphäre des Menschen, des sinnlichen Erfahrens der Welt. Außerdem ist sie als einzige
Sephira nicht Teil eines Dreiecks und wird deshalb von
den Kabbalisten als aufnehmendes Gefäß für die Emanationen der anderen neun Sephiroth angesehen.

Malkuth ist der Sitz der Materie und der vier Elemente, Feuer, Wasser, Luft und Erde. Für den Physiker existieren drei verschiedene Zustände der Materie: fest, flüssig und gasförmig. Diesen drei Aggregatzuständen entsprechen die Elemente Erde, Wasser und Luft, während das Phänomen der Elektrizität dem Element Feuer entspricht. Der Esoteriker ordnet alle Phänomene, die sich auf physischer Ebene manifestieren, unter diese vier Elemente ein, um ihre Natur zu erfassen.

Die Haupteigenschaft von Malkuth ist Stabilität, die Trägheit der Materie, die wie ein Pendel rhytmisch durch die Ewigkeit schwingt.

Der *Sohar* beschreibt das Unendliche Licht als:

Dem Meer gleich, dessen Wasser, soweit sie nur aus ihm hervorgehen, nicht Fassung und nicht Form haben, erst wenn sie sich ausbreiten und in ein Gefäß aufgenommen werden, welches die Erde ist, kommt Vorstellung zustande und können wir rechnende Gedanken bilden. So ist da zuerst der Ursprung aus dem Meere, der in seiner Ausbreitung in ein Gefäß aufgenommen wird, das die Rundung des Jod hat – dieser Ursprung ist *eins*. Und der Quell, der daraus hervorkommt – *zwei*. Dann erst wird ein großes Gefäß geschaffen, wie wenn einer eine weite Grube gräbt, die mit dem Wasser des Quells sich füllt. Dieses Gefäß wird Meer genannt: es ist das *dritte*. Dieses große Gefäß spaltet sich in sieben, gestreckten Gefäßen vergleichbar. Und breitet sich das Wasser aus dem Meer in sieben Bäche: das sind *zehn*. ... So hat die »Ursache der Ursachen« zehn Sefirot hervorgebracht und nannte die »Krone« Ursprung: in ihr ist kein Ende des Strömens und Quellens: deshalb nannte er sich selbst: »Endloser«. ... Dann erschuf Er ein kleines Gefäß, es ist das Jod, das des Wassers voll wird, und nannte es sprudelnden Quell und »Weisheit«, und sich selbst darin »Weiser«. Dann erschuf Er ein großes Gefäß und nannte es »Meer« und nannte es »Einsicht« und sich selbst darin

»Einsichtiger«. ... Dann aber ist auch geschrieben: »Und er schlug ihn zu sieben Bächen« (Jesaia 11,15) – das heißt: zu sieben kostbaren Gefäßen. Und nannte sie: Größe, Stärke, Herrlichkeit, Siegeskraft, Schönheit, Fundament, Reich.[28]

Die zehn Sephiroth werden in fünf Stadien oder Phasen eingeteilt, die auch »Welten« genannt werden. Denn am Anfang waren die ersten zehn Sephiroth, die aus dem unendlichen Licht emanierten, zu mächtig, und der Mensch konnte keine Erleuchtung durch sie erfahren. Es war deshalb nötig, daß sich diese Ur-Sephiroth weiter ausdehnten und ihr Licht verhüllten, damit der Mensch sie empfangen könnte. Dieser Vorgang mußte viermal wiederholt werden, bis das Licht schließlich diffus genug war, damit der Mensch am unendlichen Licht teilhaben konnte. Daraus entstanden die vier Welten der Kabbalisten, auf die wir bereits weiter vorne hingewiesen haben. Die erste Welt, die aus dem unendlichen Licht in Form des Urpunkts emanierte, war die Welt des Adam Kadmon. Die nächste Welt, die aus dem Adam Kadmon emanierte, war dann die Welt der Emanation, Aziluth, die sich ebenfalls aus zehn Sephiroth zusammensetzte, die allerdings ein schwächeres Licht ausstrahlten. Danach kamen die zehn Sephiroth von Beriah, der Welt der Schöpfung, gefolgt von Jezirah, der Welt der Formung und zuletzt dann die Welt des Handelns, Assiah, die auch die Welt des Menschen ist.

Die Abstufungen zwischen den Welten der Sephiroth wurde nach dem Willen Gottes sorgfältig festgelegt, der diese Ordnung für die Schöpfung so vorgesehen hat. Interessant ist in diesem Zusammenhang der Vergleich mit dem berühmten Bode-Titius-Satz, der besagt, daß die Entfernung jeder Welt von der Sonne etwa doppelt so groß ist wie die Entfernung von der vorherigen. Das klingt geradeso, als sei dies von Gott so gewollt.

---

[28] Müller, Ernst (Hrsg.): Der Sohar. Das Heilige Buch der Kabbala. München: Eugen Diederichs Verlag 1993, S. 67–68.

In jeder der fünf Welten, der Welt Adam Kadmons und den vier kabbalistischen Welten, werden die zehn Sephiroth in drei Dreiecke aus den ersten neun Sephiroth und in die letzte Sephira Malkuth eingeteilt.

Die erste Triade, das erste Dreieck also, wird von den drei »Überirdischen« Kether, Chochmah und Binah gebildet. In den kabbalistischen Büchern finden wir oft viele »seltsame« Namen für die Sephiroth, doch jeder dieser Namen ist nicht etwa zufällig gewählt, sondern stellt einen ganz präzisen metaphysichen Begriff von nahezu wissenschaftlicher Exaktheit dar. So bedeutet Kether im Hebräischen tatsächlich Krone. Chochmah bedeutet Weisheit und Binah Verständnis. Eine »Krone« ist das Attribut eines Königs und wird auf dem Kopf getragen. So ist denn auch das »magische« Bild, das mit Kether assoziiert wird, ein bärtiger König im Profil. Außerdem wird diese Sephira auch »das Haupt, das nicht ist« genannt. In all diesen Symbolen erkennen wir die Verbindungen zum menschlichen Kopf, der in der Welt der archetypischen Ideen die höchste Bewußtseinsebene darstellt. Die Bezeichnung »das Haupt, das nicht ist«, spiegelt hier ein ganz klares Bild von dem Überbewußtsein wieder, das außerhalb des menschlichen Erfahrungsbereiches liegt und innerhalb der Grenzen des menschlichen Gehirns nicht zu begreifen ist. Es ist die Krone, die die Braue des bärtigen Königs, der im Profil zu sehen ist, schmückt, und dieser ist kein anderer als Adam Kadmon, die erste Manifestation des göttlichen Lichts.

Als erstes strömt aus der Krone, also Kether, Weisheit heraus, das absolute, vollkommene Wissen, das ein Attribut dieses höheren Bewußtseins ist. Chochmah ist diese Weisheit und gleichzeitig auch der höchste Vater.

Aus der Weisheit wiederum entspringt Verständnis, also Binah, die höchste Mutter, das große Meer. Diese Symbole lassen vor unseren Augen das Bild von den großen Wassern des interstellaren Raumes entstehen, in dem die Welten erschaffen wurden. Sie erinnern uns auch an die erste Manifestation der Urformen des Lebens in Gestalt der ersten einzelligen Organismen, die aus dem Wasser kamen.

Binah wird auch Ama, die dunkle, unfruchtbare Mutter und Aima, die helle, fruchtbare Mutter genannt. Wie wir bereits erwähnt haben, ist sie aber auch Marah, das große Meer, und Marah ist die Wurzel für Maria. Wir haben es also mit der Vorstellung von einer Jungfrau (Ama) zu tun, die durch die Macht des Heiligen Geistes zur Mutter (Aima) wird.

Der Schlüssel zum Übergang Binahs von der dunklen, unfruchtbaren Mutter (Ama) zur hellen, fruchtbaren Mutter findet sich in einer anderen Sephira, die auf halbem Wege zwischen der Sphäre Chochmah und Binah verborgen liegt. Diese »verborgene« Sephira heißt Daath und bedeutet *Wissen*. Schauen wir uns die Bibel näher auf Stellen an, in denen die sexuellen Begegnungen zwischen Mann und Frau beschrieben werden, so sehen wir, daß dort davon die Rede ist, daß ein Mann eine Frau *erkennt*. Dies liefert uns eine klareres »Verständnis« von den Eigenschaften Daaths. Beispielsweise heißt es in 1. Mose 4,1: »Und Adam erkannte sein Weib Eva, und sie ward schwanger und gebar den Kain und sprach: Ich habe einen Mann gewonnen mit der Hilfe des Herrn.« Die Stellung von Daath zwischen den beiden Sphären Chochmah und Binah, also zwischen dem höchsten Vater und der höchsten Mutter, verrät uns, daß das kabbalistische »Geheimnis« ihrer Vereinigung Sexualität ist. Dieses Wissen, das Daath ist und auf der materiellen Ebene aus der sexuellen Vereinigung zwischen einem Mann und einer Frau hervorgeht, ist es also, das den Übergang Binahs von der Jungfrau (dunklen, unfruchtbaren Mutter) zur Mutter (hellen, fruchtbaren Mutter) erst möglich macht.

In der archetypischen Welt, der die drei Überirdischen angehören, steht Daath natürlich nicht für Sex oder die Vereinigung der Geschlechter im körperlichen Sinne des Wortes, sondern für Verwirklichung und Erleuchtung. Daath ist das Ergebnis aus der Vereinigung der kosmischen Gegensätze zum Zwecke der Manifestation. Oder mit den Worten der modernen Kabbalistin Dion Fortune: »Daath birgt das Geheimnis der Erzeugung und der Erneuerung in sich, den Schlüssel zur Manifestation aller Dinge durch die Differenzierung in *Gegen-*

satzpaare und ihre Vereinigung in einem Dritten.«[29] In der Triade der Überirdischen Kether, Chochmah und Binah liegt der Schlüssel zu unserer Kosmogonie.

Das zweite Dreieck bilden die vierte, fünfte und sechste Sephira: Chesed (Gnade), Geburah (Gericht) und Tiphereth (Schönheit). Die Vereinigung der höchsten Mutter mit dem höchsten Vater in Daath brachte die Gnade hervor, die auch Liebe genannt wird. Wir sehen also, wie auf der archetypischen Ebene die Vereinigung des männlichen und weiblichen Prinzips das entstehen läßt, was auf der materiellen Ebene das höchste Gefühl ist, das ein Mensch überhaupt empfinden kann. Aus der Gnade emaniert das Gericht, das auch Stärke genannt wird. Chesed oder Gnade ist, wie bereits erwähnt, ebenfalls ein Vatersymbol, während Geburah ein Muttersymbol ist, stark und streng. Aus dieser »starken Liebe«, nämlich der Vereinigung von Chesed und Geburah, wird Tiphereth geboren, die Schönheit, die sechste Sephira, die auch der Sohn genannt und unter anderem durch das Bild eines Kindes versinnbildlicht wird. Tiphereth liegt auf der mittleren Säule, direkt unterhalb der Sphäre von Daath. Wir sehen also, wie die höchste Mutter Binah über die Verwirklichung (Daath) Chesed, Gnade oder Liebe, hervorbringt, die aus der Vereinigung mit Geburah, Stärke, Tiphereth, den Sohn »gebärt«. Dieses Dreieck symbolisiert also die Evolution der Ideen, die in der archetypischen Matrix der drei Überirdischen bereits als Entwurf existiert haben.

Das dritte Dreieck setzt sich aus der siebten, achten und neunten Sephirah zusammen: Netzach (Sieg), Hod (Herrlichkeit) und Jesod (Fundament). Netzach ist eine männliche Potenz, in der sich die reine Liebe der Gnade auf einer niedrigeren Ebene widerspiegelt, der Ebene der Gefühle und Instinkte. So wird also aus der göttlichen Liebe, die von Binah zu Chesed ausgestrahlt wurde, in Netzach schließlich die sexuelle Begierde. Die Gefühle, die das Wesen dieser Sephira

---

[29] Fortune, Dion: Die mystische Kabbala. Freiburg: Verlag Hermann Bauer 1993, S. 58.

ausmachen, wurden noch nicht manifestiert und in die Tat
umgesetzt. Sie sind vergleichbar mit den instinktiven Trieben
im Menschen, die noch keinen Kanal gefunden haben, um sich
in irgendeiner Form zu äußern. In Netzach finden wir alle Ur-
instinkte und Gefühle, die im Menschen latent vorhanden
sind, vom Selbsterhaltungstrieb bis zum Ehrgeiz und der nack-
ten Leidenschaft. Doch bevor ihre zarten Gedankenformen
zum Ausdruck kommen können, muß Netzach erst noch emanieren und mit Hod (Herrlichkeit) verschmelzen, dem Sitz des
intellektuellen Bestrebens und des Willens des Menschen. Aus
der Vereinigung des Willens von Hod und der Gefühle von
Netzach entsteht die nächste Sephira, Jesod, der im menschlichen Organismus die Geschlechtsorgane entsprechen. Die
sexuelle Begierde in Netzach findet also durch Hod eine Möglichkeit, sich in einem körperlichen Vehikel auszudrücken und
Form anzunehmen. Beide erfahren dadurch »Verwirklichung«,
und da Jesod sich wie Daath auf der mittleren Säule befindet,
wird uns klar, daß die Sephira des Fundaments tatsächlich die
Verwirklichung von Daath auf einer niedrigeren Ebene ist.
Doch Jesod ist auch die Sphäre des Mondes und der Intuition.
Es handelt sich also immer noch nicht um eine Verwirklichung
auf einer physischen Ebene, sondern auf einer mentalen
Ebene. Mit diesem Dreieck verbinden die Kabbalisten die
Astralwelt, in der alle Formen eine feinstoffliche, ätherische
Substanz haben und als Matrize für die physische Welt dienen.
Alles, was in der materiellen Welt tatsächlich stattfindet, muß
zuerst in der Astralwelt »geformt« und verwirklicht werden.
Und genau das ist es, was bei der Verschmelzung von Hod und
Netzach passiert.

Unterhalb des dritten und letzten Dreiecks steht dann noch
eine Sphäre ganz allein, und das ist Malkuth, die Verkörperung der materiellen Welt. Die Eingrenzung des unendlichen
Lichts ist damit vollendet, und die niedere Welt der Form und
Aktion manifestiert sich. Malkuth ist der Sitz der vier Elemente der Alchemisten – Feuer, Wasser, Luft und Erde –, die
man sich nicht als deren materielle Gegenstücke vorstellen
sollte, sondern eher als kosmische Essenz, die eine Differenzie-

rung erfahren hat. Wenn im Altertum von den Elementen die Rede war, so waren damit die »Qualitäten« der Elemente gemeint und nicht die Elemente selbst. So sehen wir zum Beispiel im Element Feuer die Qualität der Expansion oder Ausdehnung, aber auch der Hitze, die sich in der materiellen Welt in den physikalischen Phänomenen Verbrennung, Verdauung und Oxidation äußern. Die Qualität des Elements Wasser ist Kontraktion, erkennbar etwa an der Tätigkeit unserer Muskeln und der Verfestigung von Wasser zu Eis. Das Wesensmerkmal des Elements Luft hingegen ist die Lokomotion oder Beweglichkeit, die nicht näher erläutert werden muß. Und die Charakteristika des Elements Erde sind schließlich Trägheit und Kohäsion, die typischen Eigenschaften der festen Materie (siehe auch Abb. 4).

Die Qualitäten Expansion, Kontraktion, Lokomotion (Bewegung) und Kohäsion (Zusammenhalt) sind alles äußere Manifestationen von Malkuth, der Welt der Handlung. Das wird nicht nur an physikalischen Phänomenen deutlich, sondern auch in den menschlichen Beziehungen und der Weltpolitik. Das Wechselspiel der Expansions- und Kontraktionskräfte (Feuer und Wasser) ist auch schön an den beiden Dreiecken zu erkennen, aus denen sich der Davidstern zusammensetzt (siehe Abb. 5). Das nach oben zeigende Dreieck symbolisiert das Feuer und das nach unten zeigende das Wasser. Die Tradition lehrt uns, daß König David ein Meisterkabbalist war, und dieses Symbol läßt stark vermuten, daß dem tatsächlich so war. Denn durch die richtige Interaktion zwischen Stärke (Feuer) und Beschränkung (Wasser), die im Davidstern so deutlich zum Ausdruck kommt, war es ihm möglich, Israel nach Generationen von Zwist und Auflösung wieder zu einen.

In Malkuth sehen wir also die Materialisation der immateriellen und abstrakten Ideen, die ihren Ursprung in den höheren Sphären haben. In dieser letzten Sephira, die auch Königreich genannt wird, regiert der bärtige König von Kether in all seiner Herrlichkeit. Es ist dieses Reich (Malkuth), auf das sich Jesus im letzten Teil des Vaterunsers (Matthäus 6,13) beruft: »Und dein ist das Reich (Malkuth) und die Kraft (Netzach)

Das Quadrat symbolisiert die vier Seiten der Welt. Die obere Seite
verkörpert den »Osten«, die untere den »Westen«, die rechte den
»Süden« und die linke den »Norden«. Die vier diagonal verlaufen-
den Linien bringen die verschiedenen Klimata zu jeder Seite der Welt.
Das sind die vier Elemente: Luft ist Osten, Erde ist Westen, Feuer ist
Süden, und Wasser ist Norden. Das Wesen des Elements Feuer ist
Wärme und Trockenheit. Das Wesen des Elements Wasser ist Feuchtigkeit und Kälte. Da die Ost- und die Westseite mit der Süd- und
Nordseite verbunden sind, folgt daraus, daß der Osten und der Westen
aufgrund dieser Verbindung mit dem Süden und dem Norden der Welt
ein gemischtes Klima haben. Der Osten, der Luft ist, hat die Wärme
des Südens und die Feuchtigkeit des Nordens, sein Klima ist also warm
und feucht. Die Wärme rührt von dem Feuerelement des Südens her
und die Feuchtigkeit vom Wasserelement des Nordens. Der Westen,
der Erde ist, erhält seine Trockenheit vom Element Feuer aus dem
Süden und seine Kälte vom Element Wasser aus dem Norden. Das
Wesen der Erde ist also kalt und trocken.

Abbildung 4: Das kabbalistische Quadrat

Abbildung 5: Der Davidstern

und die Herrlichkeit (Hod) in Ewigkeit. Amen.« Hier wird ganz deutlich, daß dieses Gebet nur auf einen meisterhaften Kabbalisten zurückgehen kann.

Die zehn Sephiroth werden von den Kabbalisten auch in Arich Anpin (das große Antlitz), Seir Anpin (das kleine Antlitz) und die Braut des Mikroposopos eingeteilt. Arich Anpin, auch Makroposopos genannt, setzt sich zusammen aus den drei Überirdischen Kether, Chochmah und Binah. Seir Anpin oder der Mikroposopos wird von Chesed, Geburah, Tiphereth, Netzach und Hod gebildet. Und als die Braut des Mikroposopos wird die Sephira Malkuth bezeichnet, die auch manchmal die Königin oder niedere Mutter genannt wird. Der Mikroposopos wird bisweilen auch als Melech oder der König bezeichnet.

Der Baum des Lebens in den vier Welten

Wie wir bereits weiter vorne beschrieben haben, sind die zehn Sephiroth, die den Baum des Lebens bilden, Emanationen des unendlichen Lichts in die Urwelt des Adam Kadmon und dann weiter in die vier Welten der Kabbalisten. In jeder Welt ist die Sephira Malkuth (Königreich), die dichteste der Sephiroth, in der das göttliche Licht am weitesten eingeschränkt ist, jeweils wieder die Quelle oder Ausgangsbasis für die nächste Welt. Wir sehen also, daß aus der Sephira Königreich des Adam Kadmon die zehn Sephiroth der Welt der Emanation emanierten und aus der Sephira Königreich der Welt der Emanation wiederum die zehn Sephiroth der Welt der Schöpfung und so weiter bis schließlich die Welt der Handlung emaniert wurde. In der Welt der Emanation greift Gott direkt ein, in der Welt der Schöpfung wirkt er über die Erzengel, in der Welt der Formung über die Engel und in der Welt der Handlung wirkt er über die elementaren Kräfte der Natur.

Die vier Welten stellen demnach ein umfassendes Klassifikationssystem dar, in dem alle Aspekte der kosmischen Essenz auf jeder Ebene erfaßt werden (siehe Tafel 3).

Die wichtigsten Unterteilungen, die in den vier Welten klassifiziert werden, sind die vier Elemente der Alchemisten, die vier Jahreszeiten und die vier astrologischen Dreiergruppen. Außerdem wird jeder Sephira in den vier Welten eine Farbskala zugeordnet (siehe Tabelle 4), die besonders für die praktische Kabbala von großer Bedeutung ist. Jede der Welten wird von einem der Buchstaben des Tetragrammatons, JHWH, regiert: Der erste Buchstabe J gehört zur Welt der Emanation, der zweite Buchstabe H ist der Welt der Schöpfung zugeordnet, der dritte Buchstabe V steht für die Welt der Formung, und der letzte Buchstabe H ist die Welt der Handlung.

Das Tetragrammaton, meist als Jehovah gesprochen, ist der Gottesname, der der zweiten Sephira, Chochmah, zugeordnet ist. Die erste Sephira Kether wird von einem anderen vierbuchstabigen Gottesnamen regiert, nämlich Ehjeh (AHJH). Am Symbolgehalt der Namen sehen wir wie AHJH, das den Aspekt Gottes der latenten, aber noch unmanifestierten Kraft darstellt, sich in JHWH verwandelt, indem der erste Buchstabe, also das A (Aleph), zu J (Jod) wird und der dritte Buchstabe, also das J (Jod), zu W (Vau). Wie wir bereits in der Analyse des hebräischen Alphabets hingewiesen haben, versinn-

Tafel 3:
Die göttlichen Namen und der Baum des Lebens

Sephira	*Gottesname*	*Erzengel*	*Ordnung der Engel*
1. Kether	Ehjeh	Metatron	Chajot ha Kodesch
2. Chochmah	Jehovah	Raziel	Ophannim
3. Binah	Jehovah Elohim	Zafkiel	Erelim
4. Chesed	El	Zadkiel	Chaschmalim
5. Geburah	Elohim Gibbor	Kamael	Seraphim
6. Tiphereth	Jehovah Eloah Va Daath	Rafael	Melachim
7. Netzach	Jehovah Zebaoth	Haniel	Elohim
8. Hod	Elohim Zebaoth	Michael	Bene Elohim
9. Jesod	Schaddai El Chai	Gabriel	Cherubim
10. Malkuth	Adonai Ha Aretz	Sandalphon	Ischim

bildlicht Aleph das duale Prinzip von Leben und Tod, also des Daseins; und tatsächlich bedeutet der Name AHJH Dasein. Andererseits ist Jod das Gegenteil von Aleph; es symbolisiert Kontinuität, die Manifestation des Daseins. Man könnte also sagen, daß sich in der ersten Transmutation die kosmische Energie vom reinen Dasein in kontinuierliches Dasein, also den Gleichgewichtszustand, verwandelt. Bei der zweiten Transmutation wird das Jod (J) durch ein Vau (W) vertauscht. Wie bereits erwähnt, ist Vau der Archetypus aller befruchtenden Substanzen, es ist die formgebende Substanz, aus der das gesamte Universum hervorgegangen ist. Durch diese Transmutation wird also AHJH, das reine Sein, in JHWH verwandelt, das Vehikel des Daseins. In dieser Verwandlung liegt der Wesenskern der kabbalistischen Lehre.

Das Tetragrammaton ist als das kontinuierliche (J) Pulsieren der kosmischen Energie (H), die sich in der Evolution (W) zum erschaffenen Universum (H) befindet. Aus der Sicht der Astrophysik waren dies die Bedingungen, die zur Zeit des »Urknalls« vorherrschten.

Das Tetragrammaton und die vier Welten werden auch mit den vier Cherubim von Hesekiels Vision und der biblischen Offenbarung des heiligen Johannes assoziiert. Auch hier finden wir wieder eine enge Beziehung zwischen den vier Elementen und den astrologischen Dreiergruppen:

Buchstabe	Cherubim	Element	Tierkreiszeichen	Welt
J	Mensch	Luft	Wassermann	Emanation
H	Löwe	Feuer	Löwe	Schöpfung
W	Adler	Wasser	Skorpion	Formung
H	Stier	Erde	Stier	Handlung

Aus dem bisher Gesagten wird deutlich, daß es zum Herausfinden der Qualitäten aller Sephiroth des Lebensbaums nötig ist, ihre jeweiligen Korrespondenzen in allen vier Welten zu kennen. Das ist keine einfache Aufgabe, wenn man bedenkt, wie umfassend das Klassifikationssystem »Kabbala« ist.

Die Pfade

Der *Sepher Jezirah* zufolge gibt es 32 Pfade der Weisheit, aber in Wirklichkeit sind es nur 22. Damit sind die 22 Verbindungslinien zwischen den Sephiroth, die eigentlichen Pfade, und die 10 Sephiroth gemeint.

Den 22 Pfaden sind die 22 Buchstaben des hebräischen Alphabets zugeordnet, doch nach der praktischen Kabbala werden ihnen auch die 12 Tierkreiszeichen, die 7 Planeten und die 4 Elemente zugeschrieben. Das Element Erde gehört jedoch im allgemeinen immer zu Malkuth, so daß die übrigen 22 Symbole genau den 22 Pfaden entsprechen. Die feinen Diskrepanzen in der kabbalistischen Symbolik werden von vielen als bewußt eingebaute »Tarnungen« betrachtet, die sich die alten Kabbalisten ausgedacht hatten, um die Uneingeweihten fehlzuleiten.

Wie wir bereits gesehen haben, sind die Pfade also Verbindungslinien zwischen den verschiedenen Sephiroth. Die beste Beschreibung der Pfade stammt nach Meinung der Autorin von Johannes Stephanus Rittangelius (1642), dessen hebräischer Originaltext von W. Wynn Westcott ins Englische übersetzt worden ist. Wir wollen uns deshalb hier sinngemäß an seine Beschreibung halten. Die ersten 10 Pfade, die sich wie bereits erwähnt mit den 10 Sephiroth beschäftigen, wollen wir allerdings weglassen. Im folgenden also die Beschreibungen der 22 Pfade von 11 bis 32 nach Rittangelius:

11. Pfad – (Verbindung zwischen Kether und Chochmah)
    Der 11. Pfad ist die funkensprühende Intelligenz, denn er ist die Essenz jenes Schleiers, der der lenkenden Ordnung am nächsten ist, und es ist eine besondere Würde, die ihm zuteil wird, daß er das Antlitz der Ursache der Ursachen schauen darf.

12. Pfad – (Verbindung zwischen Kether und Binah)
    Der 12. Pfad ist die Intelligenz der Transparenz, denn er gehört der Art von Erhabenheit an, die *Chas'chasit*

(Vision) genannt wird, wie auch der Ort heißt, aus dem
diejenigen hervorgehen, die Erscheinungen sehen (also die
Weissagungen von Sehern bei einer Vision).

13. Pfad – (Verbindung zwischen Kether und Tiphereth)
    Der 13. Pfad wird vereinigende Intelligenz genannt, und
    zwar aus dem Grunde, weil er selbst die Essenz der Herr-
    lichkeit ist. Er ist die Vollendung der Wahrheit der einzel-
    nen spirituellen Dinge.

14. Pfad – (Verbindung zwischen Binah und Chochmah)
    Der 14. Pfad ist die erleuchtende Intelligenz und wird so
    genannt, weil er der *Chaschmal* ist (die funkensprühende
    Flamme), der der Stifter der verborgenen und fundamen-
    talen Ideen der Heiligkeit und ihrer Phasen der Vorberei-
    tung ist.

15. Pfad – (Verbindung zwischen Chochmah und Tiphereth)
    Der 15. Pfad ist die konstituierende Intelligenz und wird
    so genannt, weil er die Substanz der Schöpfung in reiner
    Dunkelheit entstehen läßt und Menschen über diese
    Beobachtungen gesprochen haben; es ist diese Dunkelheit,
    über die es in der Heiligen Schrift (Hiob 38, 8–9) heißt:
    »Wer hat das Meer mit Toren verschlossen, als es heraus-
    brach wie aus dem Mutterschoß, als ich's mit Wolken
    kleidete und in Dunkel einwickelte wie in Windeln.«

16. Pfad – (Verbindung zwischen Chochmah und Chesed
    Der 16. Pfad ist die triumphierende oder ewige Intelligenz,
    die so heißt, weil sie die Freude der Herrlichkeit ist, jen-
    seits derer es keine vergleichbare Herrlichkeit gibt, und sie
    wird auch Paradies genannt, das der Gerechten harret.

17. Pfad – (Verbindung zwischen Binah und Tiphereth)
    Der 17. Pfad ist die anordnende Intelligenz, die den Ge-
    rechten den Glauben schenkt; sie werden von ihr in den
    Heiligen Geist gekleidet. Sie wird Fundament der Vortreff-
    lichkeit auf der Ebene der höheren Dinge genannt.

18. Pfad – (Verbindung zwischen Binah und Geburah)
    Der 18. Pfad wird das Haus des Einflusses genannt (durch
    dessen übergroße Fülle der Einfluß von guten Dingen auf
    die Geschöpfe zunimmt). Bei dessen Erforschung kommen

die Arkana und verborgene Bedeutungen zum Vorschein, die in seinem Schatten leben und an ihm haften, von der Ursache aller Ursachen.

19. Pfad – (Verbindung zwischen Chesed und Geburah)
Der 19. Pfad ist die Intelligenz allen Wirkens der spirituellen Wesen und wird so genannt wegen der Fülle von höchstem Segen und erhabenster, sublimer Herrlichkeit, die durch ihn verbreitet wird.

20. Pfad – (Verbindung zwischen Chesed und Tiphereth)
Der 20. Pfad ist die Intelligenz des Willens und heißt so, weil er das Mittel zur Vorbereitung aller Geschöpfe darstellt und weil durch diese Intelligenz die Existenz der Urweisheit bekannt gemacht wird.

21. Pfad – (Verbindung zwischen Chesed und Netzach)
Der 21. Pfad ist die Intelligenz der Versöhnung und wird so genannt, weil er den göttlichen Einfluß empfängt, der in ihm zuteil wird durch die Segnung aller existierenden Dinge.

22. Pfad – (Verbindung zwischen Geburah und Tiphereth)
Der 22. Pfad ist die gläubige Intelligenz und heißt so, weil durch ihn die spirituellen Tugenden gemehrt werden und alle Erdenbewohner nahezu unter seinem Schatten stehen.

23. Pfad – (Verbindung zwischen Geburah und Hod)
Der 23. Pfad ist die beständige Intelligenz, da er sich von allen anderen Zahlen durch die Tugend der Beständigkeit unterscheidet.

24. Pfad – (Verbindung zwischen Tiphereth und Netzach)
Der 24. Pfad ist die imaginative Intelligenz und heißt so, weil er zu allen Gestalten, die auf gleiche Art und Weise ähnlich ihren harmonischen, vornehmen Formen erschaffen werden, ein Abbild hervorbringt.

25. Pfad – (Verbindung zwischen Tiphereth und Jesod)
Der 25. Pfad ist die Intelligenz der Probe oder der Versuch und wird so genannt, weil er die erste Versuchung darstellt, mit der der Schöpfer die Gerechten auf die Probe stellt.

26. Pfad – (Verbindung zwischen Tiphereth und Hod)
Der 26. Pfad trägt den Namen erneuernde Intelligenz, da

ihn der heilige Gott durch alle sich verändernden Dinge, die durch die Erschaffung der Welt erneuert werden, selbst erneuert.

27. Pfad – (Verbindung zwischen Netzach und Hod)
Der 27. Pfad ist die anregende Intelligenz, und zwar deshalb, weil durch ihn die Natur jedes existiernden Wesens unter der Sonne in vollkommener Perfektion vollendet wird.

28. Pfad – (Verbindung zwischen Netzach und Jesod)
Der 28. Pfad wird in der genannten Übersetzung nicht beschrieben.

29. Pfad – (Verbindung zwischen Netzach und Malkuth)
Der 29. Pfad ist die körperliche Intelligenz und heißt so, weil er jeden Körper Gestalt annehmen läßt, der in allen Welten und dem, was aus ihnen erwächst, geformt worden ist.

30. Pfad – (Verbindung zwischen Hod und Jesod)
Der 30. Pfad ist die sammelnde Intelligenz, denn die Astrologen leiten daraus nach den Regeln der Auflösung ihr Urteil über die Sterne und die Himmelszeichen her und damit die Fertigkeiten ihrer Wissenschaft.

31. Pfad – (Verbindung zwischen Hod und Malkuth)
Der 31. Pfad ist die immerwährende Intelligenz. Doch weshalb heißt er so? Weil er die Bewegungen von Sonne und Mond in der richtigen Ordnung lenkt, beide auf einer ihnen gemäßen Umlaufbahn.

32. Pfad – (Verbindung zwischen Jesod und Malkuth)
Der 32. Pfad ist die verwaltende Intelligenz und wird so bezeichnet, weil er alle Bewegungen der sieben Planeten auf ihrer jeweiligen Bahn lenkt und verbindet.

Die Kelippoth

Der kabbalistischen Tradition zufolge wurde die Kraft der kosmischen Energie, die von Kether (der ersten Sephira) überfloß, um Chochmah zu bilden, nicht vollständig stabilisiert, da ihr noch Form und Richtung fehlte. Aus diesem Rest an überschüssiger Energie entwickelte sich die böse Kehrseite der Sephiroth, die sogenannten Kelippoth (Die Einzahl dieses Wortes lautet Kelippa und bedeutet leichtes Mädchen oder Hure).

Die Kelippoth stellen also eine Gruppe von zehn unausgewogenen, chaotischen Sephiroth dar, die genau im Gegensatz zu den harmonischen Kräften stehen, aus denen sich der Baum des Lebens zusammensetzt. Als solche werden sie auch die Kräfte des Bösen oder die höllischen Behausungen genannt, von denen in der Bibel die Rede ist. Sie sind keine unabhängigen Prinzipien im kosmischen Schema, sondern die »unausgewogenen, zerstörerischen Teile«[30] der Sphären des Lebensbaums. Es gibt demnach zwei Bäume zum richtigen Verständnis der kabbalistischen Lehre und beide müssen in Betracht gezogen werden. Denn wo immer es eine Tugend oder positive Sephira gibt, gibt es auch ein entsprechendes Laster, das durch die entgegengesetzte Kelippa symbolisiert wird.

Der Baum der Sephiroth und der Baum der Kelippoth werden häufig so dargestellt, als seien die infernalen Sphären, die sich auf der Rückseite der göttlichen befinden, wie bei der Kehrseite einer Münze, eine Reflektion des himmlischen Lebensbaums in einem Spiegel am Fuße des Baums. Bei dieser Betrachtungsweise scheinen sich die Kelippoth von der Malkuthsphäre, an die sie angrenzen, nach unten auszudehnen. Malkuth wird traditionsgemäß als die »gefallene Sephira« angesehen, da sie vom Rest des Baumes durch Adams Sündenfall getrennt wurde. So ruht also die materielle Welt auf der Welt der Hölle oder der »Schalen«. Das ist der Grund, weshalb ihr Einfluß sich im menschlichen Leben so stark bemerkbar macht.

Die Dämonen der Kelippoth sind die unausgewogensten und chaotischsten aller Prinzipien. Die ersten beiden Sphären auf dem Kelippoth-Baum, denen auf der gegenüberliegenden Seite Kether und Chochmah entsprechen, sind leer und un-

---

[30] Fortune, Dion: Die mystische Kabbala. Freiburg: Verlag Hermann Bauer 1993, S. 329.

organisiert, während die dritte Sphäre den Namen »Ort der
Dunkelheit« trägt. Der über die Kelippoth regierende Prinz ist
Samael, der Engel des Gifts und des Todes. Er entspricht der
Sphäre der Krone, Kether, und trägt außerdem den Namen Sa-
tan. Seine Frau Ische Senunim ist die Hure und entspricht der
Sphäre Chochmah. Aus ihrer Vereinigung ist die Bestie Chiva
hervorgegangen, die von Satanisten häufig als eine Ziege mit
weiblichen Brüsten dargestellt wird. Zusammen bilden sie die
infernale Dreieinigkeit, die in direktem Gegensatz zu den drei
Überirdischen steht. Unter dem ersten dämonischen Dreieck
befinden sich die sieben Höllen, die voll von Kohorten der
Teufel sind, die alle Laster und Verbrechen der Menschheit
verkörpern und deren infernale Aufgaben darin bestehen, diejenigen zu mißhandeln und zu bestrafen, die sich diesen La-
stern ganz einfach hingeben.

Das Pentagramm oder der fünfzackige Stern ist nur eines
der Symbole, die dazu benutzt werden, um auf die harmonischen (Sephiroth) und chaotischen Kräfte (Kelippoth) im Kosmos hinzuweisen (siehe Abb. 6). Die fünf Zacken des Pentagramms verkörpern die vier Elemente der alten Weisen und
das fünfte Element, das auch als »Akascha« oder Äther bezeichnet wird. Bei diesem fünften Element müssen wir aufpas-
sen, daß wir es nicht mit der materiellen Vorstellung von
Äther verwechseln. Es ist eine äußerst zarte Substanz, die sich
nur in den abstrakten Welten findet. Ebenso wie die vier Elemente den vier Welten der Kabbalisten zugeordnet werden,
wird dieses fünfte Element der archetypischen Welt des Adam
Kadmon zugeordnet. Wird das Pentagramm dazu benutzt, die
harmonisierenden Kräfte der Elemente im Lebensbaum zu
symbolisieren, so wird die Glyphe mit einer nach oben gerichteten und zwei nach unten weisenden Zacken auf jeder Seite
dargestellt, wie ein Mensch mit offenen Armen, der die Fülle
des göttlichen Lichts in seine Seele einströmen läßt. Die beiden
unteren Punkte stellen die gespreizten Beine der Figur dar. Das
Tetragrammaton JHWH ist ebenfalls im Pentagramm verborgen und zwar folgendermaßen: der obere Punkt des Jod (J)
entspricht der oberen Zackenspitze des Pentagramms oder der

Welt von Adam Kadmon, der Körper des Jod entspricht der rechten Sternzacke und der Welt der Emanation, der Buchstabe He (H) entspricht dem rechten »Bein« des Pentagramms und der Welt der Schöpfung, während der Buchstabe Vau (W) dem linken »Bein« und der Welt der Formung entspricht. Der letzte Buchstabe He (H) schließlich entspricht der rechten Zacke des Pentagramms und damit der Welt der Handlung.

Wenn die Stellung des Pentagramms umgekehrt wird, die beiden unteren Zacken, die die »Beine« bilden, also nach oben stehen, ähnelt das Pentagrammm einem Ziegenkopf, bei dem die Hörner von den oberen beiden Zacken, die Ohren von den beiden seitlich abstehenden Zacken und der Bart von der nach unten weisenden Zacke gebildet werden. Das ist ein gängiges Symbol der Satanisten, die es dazu benutzen, um mit den bösen Kelippoth, den höllischen Behausungen der dämonischen Horden, in Kontakt zu treten.

Aus der bisherigen Diskussion sehen wir also, daß die Kelippoth aus einem unausgewogenen Energieüberschuß während des Entwicklungsprozesses der Sephiroth des Lebenbaumes entstanden sind. Diese unausgewogene Kraft bildet das

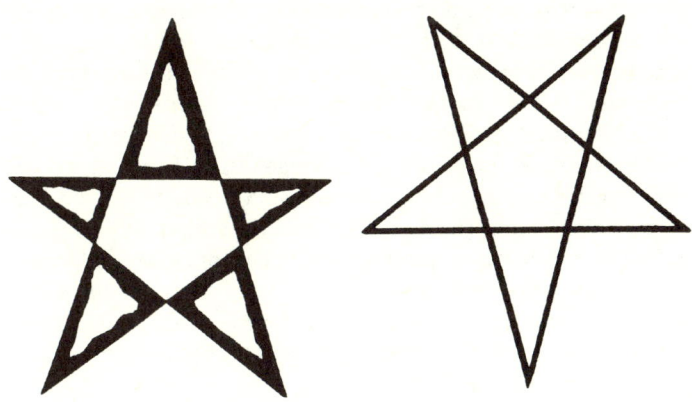

Abbildung 6: Die Pentagramme

Zentrum, um das sich die üblen Gedankenformen der Menschheit drehen. Sie ist deshalb nicht nur die Quelle sondern auch
die Konsequenz der bösen Gedanken und Taten des Menschen.
Da die Kelippoth aus einem Überfluß an kosmischer Energie
entstanden sind, steht ihr Einfluß in direktem Zusammenhang
mit jeglichem Exzeß. Aus übertriebener Liebe entsteht Eifer-
sucht, übersteigerte sexuelle Lust artet in Wollust aus, übertriebener weltlicher Ehrgeiz führt zu Gier und so weiter bis die
ganze Skala der menschlichen Eigenschaften und Inspirationen
schließlich verdorben und in den Schmutz gezogen sind.

In den infernalen Kelippoth sehen die Kabbalisten das Ungeheuer Leviathan, die Schlange, die ihren scheußlichen Kopf
hinter dem Rücken der Braut des Mikroposopos regt, der
Königin, Malkuth oder auch Menschenwelt genannt.

Die praktische Kabbala

Mit der praktischen Kabbala und ihrem breiten Spektrum an
Ritualen und magischen Zeremonien wollen wir uns in Teil II
des Buches eingehender befassen. An dieser Stelle wollen wir
nur versuchen, etwas Licht auf die verschlungenen Wege der
magischen Bereiche der Kabbala zu werfen. Wir wollen uns
hier allerdings auf eine allgemeine Diskussion über die magischen Aspekte der kabbalistischen Lehre und darüber be-
schränken, wie sie von den Kabbalisten eingesetzt werden, um
Ergebnisse auf der materiellen Ebene zu erzielen.

Der Zeitpunkt scheint nun gekommen, an dem auch etwas
über das »Aufsteigen« und »Absteigen« der Kraft durch die
Sphären des Baumes gesagt werden sollte. Wie wir bereits gesehen haben, stellt der Lebensbaum das Herzstück der Kabbala dar. Außerdem ist er das Instrument, mit dem die praktizierenden Kabbalisten arbeiten. Um diesen Punkt näher zu beleuchten, wollen wir uns einmal die beiden Methoden ansehen, die von den Kabbalisten dazu benutzt werden, um »Kraft
aus dem Baum zu ziehen«.

Die erste Methode, mit der wir uns beschäftigen wollen,
wird ausschließlich von Mystikern angewandt oder von jenen,

die zur Erleuchtung gelangen oder, was dasselbe ist, ein perfektes Gleichgewicht in sich selbst und eine vollkommene Harmonie mit der Weltenseele erreichen wollen. Diese Methode wird auch »*der Pfad des Pfeils* genannt, der vom *Bogen des Versprechens*, Quescheth, dem astralfarbigen Regenbogen, der wie ein Lichtkranz hinter Jesod aufgeht, abgeschossen wurde«.[31] Dieses System verleiht keine magischen Kräfte und wird von den Mystikern vor allem dafür benutzt, um sich von der materiellen Welt auf höhere Ebenen gesteigerten Bewußtseins zu begeben. Dieser Weg wird der Pfad des Pfeils genannt, weil er in einer geraden Linie von Malkuth über Jesod und Tiphereth führt, Daath und den Abyssus überquert und direkt in Kether endet. Dieser Prozeß wird hauptsächlich durch Meditation über die verschiedenen Symbole vollzogen, die mit den eben erwähnten Sephiroth, die alle auf der mittleren Säule liegen, assoziiert werden. In den Herzen der Mystiker, die diesem Pfad folgen, gibt es keine weltlichen Ambitionen mehr, sondern einzig und allein den Wunsch, sich mit ihrem Höheren Selbst zu vereinigen und mit der Seele der Natur zu verschmelzen. Die Belohnungen dieses Pfades sind, wie bereits erwähnt, Erleuchtung und vollkommenes persönliches Gleichgewicht.

Die zweite Methode wird von praktizierenden Kabbalisten als magisches System benutzt. Sie ist bekannt unter dem Namen »Lichtblitz« und wird auch mit den Windungen einer Schlange verglichen, die sich im Zickzack durch den gesamten Baum von einer Sephira zur nächsten schlingt. Im Gegensatz zu dem Pfad des Pfeils, bei dem es sich um einen aufsteigenden Pfad handelt, wird der Lichtblitz vorwiegend zum »Abstieg der Kraft« benutzt. Um wirklich Kraft auf sich herabzuziehen, muß der praktizierende Kabbalist oder Magier den Baum des Lebens und die Entsprechungen aller Sephiroth bis ins kleinste kennen. Das bedeutet, er muß den Gottesnamen jeder Sephira kennen, und natürlich auch den entsprechenden Erzengel und

---

[31] Fortune, Dion: Die mystische Kabbala. Freiburg: Verlag Hermann Bauer 1993, S. 68.

die Engelsordnung. Er muß darüber hinaus mit den verschiedenen Farbskalen des Baumes vertraut sein, denn jede der vier
kabbalistischen Welten besitzt eine eigene Farbskala. Für die
magische Arbeit wird im allgemeinen die Farbskala der Welt
der Schöpfung benutzt, die auch »Königinnenskala« genannt
wird (siehe Tafel 4). Der praktizierende Kabbalist muß außerdem alle magischen Bilder und Symbole jeder Sephira kennen,
denn über diese Bilder und Symbole wird er versuchen, mit
den Kräften in Kontakt zu kommen, die von den Sphären im
Baum des Lebens verkörpert werden. Hat sich der Kabbalist
erst einmal mit dieser ganzen eindrucksvollen Palette an magischen Symbolen gewappnet, kann er dazu übergehen, die
Kraft, mit der er im Baum Kontakt aufnehmen will, anzurufen
(siehe Tafel 5). Was das Wesen der Kräfte im Lebensbaum betrifft, so handelt es sich um Elementarkräfte, die man mit einer
formbaren Masse vergleichen könnte, aus der sich verschiedene Gestalten und Figuren formen lassen. Es ist die ätherische Substanz, die auch Akascha genannt wird. Hat der Kabbalist mit der Sphäre, mit der er arbeitet, Kontakt aufgenommen, geht er dazu über, durch starke Visualisierung Bilder von
den Dingen entstehen zu lassen, die er auf der materiellen
Ebene erreichen möchte. Ist er damit fertig, bringt er die
Sphäre von ihrem Platz im Baum auf die materielle Ebene
herab. Dieser letzte Teil ist am schwierigsten und wird von den
Okkultisten als »das Erden« der Kraft bezeichnet. Gelingt es
dem Magier nicht, die Kraft, mit der er in Verbindung getreten
ist, zu »erden«, wird das Ziel der Zeremonie nichtig, und die
angerufene Kraft löst sich auf und kehrt an ihren Ausgangspunkt zurück. Arbeitet der Kabbalist mit einer positiven Kraft
zu einem edlen Zweck oder ist das Ritual dazu gedacht, ihm
selbst oder anderen Gutes zu tun, ohne irgend jemand dabei
zu schädigen, so hat er nichts zu befürchten, denn die angerufene Kraft ist dann reine göttliche Essenz. Hat er jedoch versucht, irgend jemandem damit zu schaden oder irgendeine Art
von Zerstörung herbeizuführen, kann die Kraft, die er nicht
»erden« konnte und grundsätzlich kelippothischer Natur ist,
ihre bösen Tentakel um ihn schlingen und ihn leicht zerstören.

Tafel 4: Die Farbskalen und der Baum des Lebens in den vier Welten

Sephiroth	Aziluth (Königs-Skala)	Beriah* (Königinnen-Skala)	Jezirah (Herrscher-Skala)	Assiah (Herrscherinnen-Skala)
1. Kether	Glanz	Reiner weißer Glanz	Reiner weißer Glanz	Goldgeflecktes Weiß
2. Chochmah	Zartes Blau	Grau	Irisierendes Perlgrau	Weiß mit roten, blauen und gelben Flecken
3. Binah	Karminrot	Schwarz	Dunkelbraun	rosageflecktes Grau
4. Chesed	Violett	Blau	Purpur	Azurblau mit gelben Flecken
5. Geburah	Orange	Rot	Scharlach	schwarzgeflecktes Rot
6. Tiphereth	Rosa	Gelb	Lachs	Bernstein
7. Netzach	Bernstein	Grün	Gelbgrün	goldgeflecktes Olivgrün
8. Hod	Violett	Orange	Ziegelrot	Gelbschwarz mit weißen Flecken
9. Jesod	Indigo	Violett	Dunkelpurpur	Zitronengelb mit azurfarbenen Flecken
10. Malkuth	Gelb	Zitronengelb, Oliv, Rostbraun, Schwarz	Zitronengelb, Oliv Rostbraun, Schwarz mit goldenen Flecken	Schwarz mit gelben Streifen

* Für die magischen Rituale wird von den Kabbalisten die Beriah- oder Königinnenskala benutzt. Vollzieht der Magier beispielsweise ein Liebesritual, so muß er mit Netzach arbeiten, der in der Königinnenskala die Farbe Grün entspricht. Das bedeutet, daß sich der Magier während des Rituals mit der Farbe Grün umgeben und diese Farbschwingung während seiner Arbeit um sich herum visualisieren sollte.

Tafel 5: Entsprechungen im Baum des Lebens

Sephiroth	Planet	Entsprechung im Körper	Symbole	Magisches Bild	Tugend	Laster
1. Kether	Erste Wirbel	Schädel	Punkt, Hakenkreuz	bärtiger König im Profl	Erfüllung	–
2. Chochmah	Zodiak	linke Gesichtshälfte	Phallus, gerade Linie	bärtige Mann	Hingabe	–
3. Binah	Saturn	rechte Gesichtshälfte	Kelch, weibliche Geschlechtsorgane	Matrone	Schweigen	Habgier
4. Chesed	Jupiter	linker Arm	Reichsapfel, Tetraeder	Gekrönter, thronender König	Gehorsam	Tyrannei
5. Geburah	Mars	rechter Arm	Pentagon, Schwert	Krieger in seinem Streitwagen	Mut	Grausamkeit
6. Tiphereth	Sonne	Brust	Kubus	majestätischer König, Kind, geopferter Gott	Hingabe an das große Werk	Stolz
7. Netzach	Venus	Lenden, Hüften, Beine	Rose, Licht und Gürtel	wunderschöne nackte Frau	Selbstlosigkeit	Lust
8. Hod	Merkur	Lenden, Beine	Namen, Versikel u. Schürze	Hermaphrodit	Wahrhaftigkeit	Unehrlichkeit
9. Jesod	Mond	Fortpflanzungsorgane	Düfte und Sandalen	schöner nackter Mann	Unabhängigkeit	Untätigkeit
10. Malkuth	Erde, 4 Elemente	Füße, After	gleicharmiges Kreuz	Gekrönte junge Frau auf einem Thron	Urteilsvermögen	Trägheit

Eines der Dinge, die sich der praktizierende Kabbalist bei der praktischen Arbeit mit dem Baum stets vor Augen halten sollte, ist, daß die Sephiroth immer in Paaren wirken. Will er also mit der Kraft von Netzach auf der rechten Säule in Kontakt kommen, muß er auch daran denken, mit der Sphäre Hod auf der linken Säule eine Verbindung herzustellen. Auf diese Weise arbeitet er mit einem Gegensatzpaar, und das ist, wie wir gesehen haben, das Grundprinzip, auf dem die Schöpfung der Welt aufbaut. Wenn er nicht so vorgeht, wirft er den ganzen Lebensbaum aus dem Gleichgewicht und überläßt das Feld den chaotischen Kelippoth-Kräften, die bei jeder magischen Zeremonie stets im Hinterhalt lauern. Das magische System der praktischen Kabbala wird deshalb »Lichtblitz« genannt, weil die Sephiroth in einer Zickzacklinie auseinander emanieren (siehe Abb. 3, S. 95, und Abb. 7, S. 132).

Eine anderes System, das den Lichtblitz als Arbeitsmethode benutzt, ist das den Okkultisten bekannte »Aufsteigen in den Ebenen«. Mit Hilfe dieses Systems erhöht der Kabbalist sein Bewußtsein durch den Kontakt mit den verschiedenen Sephiroth. Dazu begibt er sich auf den verschiedenen Pfaden, die die Sephiroth miteinander verbinden, auf sogenannte »Astralreisen«. Als praktisches System besitzt der Baum des Lebens einen immensen Wert nicht nur für Magier, sondern auch für jene, die die kosmischen Kräfte, die die Struktur ihrer Seele ausmachen, harmonisieren möchten. Denn wir müssen uns stets gewahr sein, daß jede Sephira die reinste Essenz einer menschlichen Eigenschaft oder Tugend verkörpert. Wenn wir den Baum des Lebens in unsere Seele aufnehmen, harmonisieren wir uns selbst mit den göttlichen Aspekten dieser Qualitäten und Tugenden. Das ist das höchste und reinste Ziel der praktischen Arbeit mit dem Baum des Lebens.

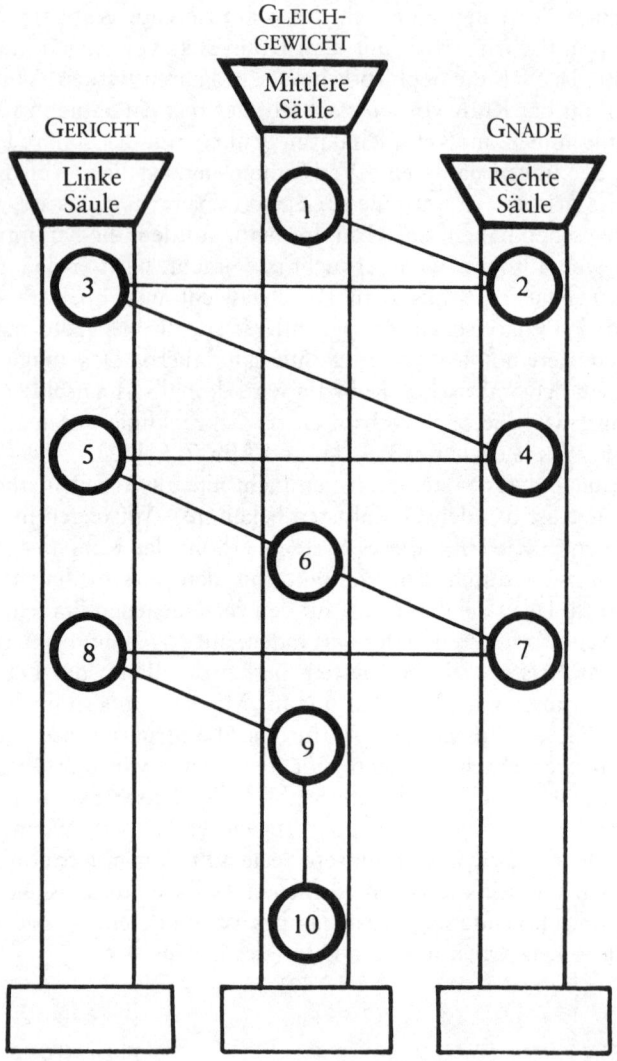

Abbildung 7:
Der Lichtblitz oder das Herabsteigen der Macht

Kapitel 8

Vom Wesen der Seele

Die Seele des Menschen

Bevor sich die menschliche Seele in der Welt der Handlung manifestierte, befand sie sich in einem Zustand der Nichtexistenz (»Ain«), oder anders ausgedrückt, sie war noch mit dem unendlichen Licht geeint. Nachdem das Licht dann »begrenzt« wurde und die Welt der Emanation hervorbrachte, nahm die Seele die Form von »Jesch Meojim« an, der Existenz aus der Nichtexistenz. Das heißt also, die Seele ist in Wirklichkeit ein Teil Gottes, denn sie hat ihren Ursprung im unendlichen Licht.

Der kabbalistischen Lehre zufolge hat die Seele ein fünffaches Wesen. Die ersten beiden Aspekte sind grundsätzlich archetypisch und transzendieren damit die Fähigkeit des Menschen, sie zu verstehen oder auch nur begreifen zu können. Sie heißen Jechida und Chaja und entsprechen jeweils der Welt des Adam Kadmon und der Welt der Emanation. Die anderen drei Aspekte sind die drei »Elemente« der Seele: Das erste ist Neschamah (das höhere Selbst), dem die ersten drei Sephiroth des Lebensbaums – Krone, Weisheit und Verständnis – zugeordnet sind und das seinen Sitz im Gehirn hat. Das zweite wird Ruach (Geist) genannt. Zu ihm gehören die darauffolgenden sechs Sephiroth des Lebensbaums von der Gnade bis zum Fundament. Sein Sitz ist im Herzen. Und das letzte Element ist Nefesch (die niedere Natur), dem die letzte Sephira, das Königreich, zugeordnet ist und deren Sitz die Leber ist.

Neschamah ist die Quelle, die Intelligenz oder das Wissen, Ruach der Ansporn zum Handeln und Nefesch die Lebenskraft, die den Gliedern des Körpers Bewegung verleiht. Jede Aktion muß also im Gehirn (Neschamah) beginnen, ans Herz

(Ruach) übermittelt und an die Organe weitergeleitet werden, die die Handlung schließlich vollziehen (Nefesch), denn der Körper an sich besitzt keinen eigenen Willen oder eine Bewegungskraft aus sich selbst heraus. Nach dieser kabbalistischen Vorstellung ist Ruach oder das »Herz« die Willenskraft. Da die Seele ein Abkömmling des göttlichen Menschen (Adam Kadmon) ist, wird sie auch Adam oder »Mensch« genannt, während der Körper das »Fleisch des Menschen« genannt wird. Der *wahre Mensch* ist damit die Seele und nicht der Körper.

Die drei Stufen der Seele werden von den Kabbalisten auch als Entsprechungen der drei Säulen im Baum des Lebens gesehen. Danach stellt Neschamah die Säule der Gnade dar, Ruach entspricht der Säule des Gerichts und Nephesch steht für die mittlere Säule. Neschamah wird außerdem als die Verkörperung von Kether, der ersten Sephira im Lebensbaum, angesehen, die den »höchsten Seinszustand« darstellt. Ruach wird mit Tiphereth gleichgesetzt, der Sephiroth im Zentrum der mittleren Säule, die im menschlichen Körper dem Herzen entspricht oder der moralischen Welt. Und Nephesch wird schließlich mit der Sephira Malkuth assoziiert, dem Sitz der animalischen Triebe und Begierden, der materiellen oder sinnlichen Welt.

Interessanterweise läßt sich diese Dreiteilung der »Seele« nach der kabbalistischen Lehre auch mit den von C. G. Jung geprägten Begriffen *Selbst*, *Psyche* und *Schatten* vergleichen. Die klaren Parallelen zwischen den Jungschen Begriffen und den kabbalistischen Seelenstufen mögen darauf zurückzuführen sein, daß Jung sich zeit seines Leben intensiv für okkulte Fragen und insbesondere für die Alchemie interessierte. Es ist eine wohlbekannte Tatsache, daß zwischen der Alchemie und der Kabbala enge Zusammenhänge bestehen. Nicht umsonst ist eines der bedeutendsten Werke über die kabbalistischen Grundideen der *Aesch Metzareph*, eine »alchymistisch-kabbalistische« Abhandlung, deren Lehren fast ausschließlich alchemistischer Natur sind. Das Hauptanliegen des *Aesch Metzareph* besteht darin, die verschiedenen Sephiroth des Lebensbaums den alchemistischen Prinzipien und Metallen zuzuordnen. Da bekannt ist, daß sich Jung praktisch alle existierenden alchemistischen Schriften zu Gemüte geführt hat, kann logischerweise davon ausgegangen werden, daß er auch mit dem *Aesch Metzareph* vertraut war.

Der Kabbala zufolge ist die erste Stufe der Seele, Neschamah, der höchste Bewußtseinsstand, der auch mit Kether, der ersten Emanation des unendlichen Lichts, gleichgesetzt wird. Damit ist sie mit dem Jungschen Begriff des Selbst vergleichbar. Doch die Bezeichnung »Selbst« wird von Jung nicht im eigentlichen Sinnes des Wortes verwendet, sondern eher im Sinne der östlichen Lehren, in denen das Selbst als »höchstes Wesen« aufgefaßt wird, als die Summe und Ganzheit aller Dinge, die »Substanz« des Seins. Aus Jungs Sichtweise ist das Selbst damit nicht das universelle Bewußtsein. Das bezeichnet er als das »Unbewußte«. Für Jung ist das Selbst zum einen eher ein Bewußtsein unserer einzigartigen, menschlichen Natur und zu anderen unserer engen Beziehung zu allem Lebendigen, nicht nur dem Menschen, sondern auch zu Tieren und Pflanzen oder sogar zur nicht-organischen Materie und dem Kosmos selbst. Nach Ansicht Jungs ist das Selbst nicht nur das Zentrum sondern auch der ganze Umfang, der sowohl das Bewußte als auch das Unbewußte umschließt. Im kabbalistischen Wortlaut wäre dies der Punkt im Kreis und der Kreis selbst. Es ist alles, was der Mensch jemals sein kann, und die Gesamtheit des möglichen Wissens, des bewußten wie des unbewußten. Es ist Neschamah.

Die zweite Stufe der Seele heißt in der Kabbala Ruach und entspricht dem Herzen oder »Willen«. Sie ist der Mittelpunkt des nach außen gerichteten Bwußtseins, die Stufe, auf der sich der Mensch der gedanklichen Formen bewußt wird und es ihm gelingt, die Gedanken in Taten umzuformen. Ruach ist in vieler Hinsicht vergleichbar mit dem Begriff *Psyche* bei Jung, mit dem der Verstand sowie die Gesamtheit aller psychischen Vorgänge, der bewußten wie auch der unbewußten, gemeint ist. Laut Jung wächst der bewußte Verstand aus einer unbewußten Psyche heraus, die älter als er ist, und die gemeinsam mit ihm oder sogar trotz ihm weiterfunktioniert. Alles vom

Menschen Hervorgebrachte hat seinen Ursprung in der Psyche; es war etwas, worüber er »nachgedacht« und damit in die Tat umgesetzt hat. Die geistige Energie, die Gedanken entstehen läßt, die dann in die Tat umgesetzt werden, wurde von Jung *Libido* genannt, das hier nicht wie in der Freudschen Psychologie eine ausschließlich sexuelle Bedeutung hat, sondern ganz allgemein als Lustempfinden, Sehnsucht, Trieb verstanden wird. Es könnte mit der »ätherischen« Substanz von Jesod, der Mondsephira, verglichen werden, die die letzte Komponente von Ruach darstellt und in der aus kabbalistischer Sicht die Gedanken geformt werden, bevor sie dann in der Welt der Handlung verwirklicht werden. Für Jung ist die Psyche ein System, das dynamisch, ständig in Bewegung und selbstregulierend ist. Interessant ist in diesem Zusammenhang der Hinweis, daß bei diesem Jungschen Modell von der Psyche, die natürliche Bewegungsrichtung der Libido oder der psychischen Energie vor und zurück ist, wie der »Hub der Gezeiten«. Damit wird die klare Beziehung zu den Kräften des Mondes in Jesod deutlich, das auch zu Ruach gehört. Für Jung ist die Gesamtheit der menschlichen Erfahrung im Prinzip psychisch. In seiner Abhandlung *Das Grundproblem der gegenwärtigen Psychologie* drückt er dies folgendermaßen aus:

»Alles, was ich erfahre, ist psychisch. Selbst der physische Schmerz ist ein psychisches Abbild, das ich erfahre; alle meine Sinnesempfindungen, die mir eine Welt von raumerfüllenden, undurchdringlichen Dingen aufzwingen, sind psychische Bilder, die einzig meine unmittelbare Erfahrung darstellen, denn sie allein sind es, die mein Bewußtsein zum unmittelbaren Objekt hat. Ja, meine Psyche verändert und verfälscht die Wirklichkeit in solchem Maße, daß ich künstlicher Hilfsmittel bedarf, um feststellen zu können, was die Dinge außer mir sind, daß zum Beispiel ein Ton eine Luftschwingung von bestimmter Frequenz, und eine Farbe eine bestimmte Wellenlänge des Lichts ist. Im Grunde genommen sind wir dermaßen in psychische Bilder eingehüllt, daß wir zum Wesen der Dinge außer uns überhaupt nicht vordringen können. Alles, was wir je wissen können, besteht aus psychischem Stoff. Psyche ist das allerrealste Wesen, weil es das einzig Unmittelbare ist. Auf diese Realität kann sich der Psychologe berufen, nämlich auf die *Realität des Psychischen*.«[32]

Wenn Ruach die »psychische Wirklichkeit« ist, entspricht Nefesch oder die niedere Natur im Jungschen Begriffsgebilde dem *Schatten*. Dieser Begriff wird bei Jung zur Definition des »persönlichen Unbewußten« verwendet, wie er es nennt, das heißt, den Instinkten und Begierden, die unserer Gesellschaft und unserer »Idealpersönlichkeit« entgegenstehen. Doch er wies ebenfalls darauf hin, daß es keinen Schatten ohne Sonne oder irgendeine andere Form von Licht gibt. Der Schatten kann demnach als die dunkle Seite unseres Bewußtseins angesehen werden, das im »Sonnenzentrum von Tiphereth«, in Ruach oder dem menschlichen Geist beheimatet ist. Der Schatten kann aber auch mit den dunklen Kräften der Kelippoth assoziiert werden, die immerfort hinter jeder menschlichen Tat lauern.

Aus kabbalistischer Sicht sind alle Seelen in ihrem Urzustand androgyn, das heißt ihrem Wesen nach zweigeschlechtlich. Bei ihrem Abstieg in die materielle Welt teilen sie sich dann in einen männlichen und einen weiblichen Teil auf und bewohnen verschiedene Körper. Wenn sich die beiden Seelenhälften während ihres sterblichen Lebens treffen, entwickelt sich zwischen ihnen ein äußerst enges Band, und man sagt dann, daß sie sich durch ihre Ehe oder Verbindung wieder vereint haben. Das ist auch der Hintergrund des Begriffs »Seelenverwandtschaft«. Den »verwandten Seelen« entspricht in der Jungschen Schule die duale Idee von »Animus und der Anima«. Die »Anima« ist das Unbewußte des Mannes, das eine komplementäre weibliche Seite enthält, während der »Animus«

---

[32] Das Grundproblem der gegenwärtigen Psychologie (1931) in C. G. Jung: Gesammelte Werke. Achter Band, S. 402. Solothurn: Walter-Verlag 1987.

das Unbewußte der Frau mit männlichen Zügen darstellt. Jung drückte dies folgendermaßen aus: »Es besteht ein ererbtes kollektives Bild der Frau im Unbewußten des Mannes, mit dessen Hilfe er das Wesen der Frau erfaßt.«[33] Dasselbe gilt natürlich umgekehrt auch für die Frau in bezug auf das Wesen des Mannes. Daran liegt es auch, daß wir so häufig in einer Person sowohl männliche als auch weibliche Züge finden.

Der böse Geist

Wie die Kabbala berichtet, hatten die Schöpfer bei der Erschaffung der Kelippoth oder bösen Wesen die Absicht, in der materiellen Welt eine Macht des Bösen zu schaffen, um den Menschen vor die Notwendigkeit der Wahl zu stellen, damit er die Möglichkeit habe, wieder mit dem unendlichen Licht vereinigt zu werden. Es ist fast, als besäße das Wesen Gottes einen dualistischen Charakter, dessen eine Seite gut und dessen andere »böse« ist. Man könnte deshalb auf den Gedanken kommen, daß die Götter bei ihrer Manifestation in Gestalt des Menschen gar nicht die Absicht hatten, diesen »bösen« oder negativen Aspekt auszulöschen, sondern ihn eher harmonisieren und mit dem positiven oder »guten« Aspekt ausgleichen wollten. Darauf beruht der ewige Kampf zwischen »Gut« und »Böse« in der menschlichen Seele. Denn im Menschen manifestiert sich das Bewußtsein des Atoms. Der Mensch ist sich seiner selbst »bewußt«. Er weiß, daß er ist. Oder um es mit Descartes' berühmtem Satz auszudrücken: *Cogito, ergo sum* (»Ich denke, also bin ich«). Denn der Mensch ist nicht einfach ein Teil Gottes, er *ist* Gott auf einer niedrigeren, materiellen Ebene. Genauso wie ein Photon eine Einheit des Lichts und keinen »Teil« des Lichts darstellt, sondern das Licht selbst mit allen seinen Eigenschaften und Attributen. In der Kabbala heißt es, alle Mannigfaltigkeit, alle Unvollkommenheiten und alle Urteile seien im Ain Soph begründet. Die Frage muß nun

---

[33] Jung, C. G.: Die Beziehungen zwischen dem Ich und dem Unbewußten. München: Deutscher Taschenbuch Verlag 1991, S. 76.

lauten, wie es möglich ist, daß Mannigfaltigkeit und Unvoll-kommenheiten aus Ain Soph entstehen konnten, das doch selbst die Einheit und vollkommene Reinheit ist. Die Kabba-listen beantworten diese Frage mit dem Begriff des »Jesch Meojim«, der Existenz aus der Nichtexistenz. Da das unend-liche Licht in sich bereits den Keim aller zukünftigen Mani-festationen trägt, ist ihm auch die latente Macht gegeben, so-wohl »Böses« als auch »Gutes« zu erschaffen.

Weiter oben haben wir bereits gesehen, daß die zehn Se-phiroth des Lebensbaums vier Stadien der »Lichtdifferenzie-rung« durchlaufen, die auch die vier kabbalistischen Welten genannt werden und den vier alchemistischen Elementen ent-sprechen. Die zehn bösen Kehrseiten der Sephiroth, die Kelip-poth, besitzen ebenfalls eine Viererunterteilung, die vier »ne-gativen« Elementen entspricht. Diese vier kelippothischen Ele-mente äußern sich beim Menschen als:

1. Negatives Feuer – Arroganz
2. Negative Luft – Überflüssiges Gerede
3. Negatives Wasser – Habgier
4. Negative Erde – Melancholie

Rabbi L. I. Krakovsky drückt dies sinngemäß folgendermaßen aus:

Das Element Wasser in der Welt der Schalen (Kelippoth) wird ›stolze Wasser‹ genannt. Beim Menschen entspricht ihm die weiße Flüssigkeit oder Lymphe, die die Ursache für seine phlegmatischen Zustände ist. Diese Kraft verführt den Menschen zur Lasterhaftigkeit. Im Ursprung wird sie die große Wolke genannt. Das zweite Element ist das Element Feuer, das die Welt in seinen Flammen verzehrt und von dem das Höllenfeuer ausgeht. Beim Menschen ist dies die Galle, die die ganze Welt mit ihrer Bitterkeit vergiftet. Im Ursprung wird es aufflammendes Feuer genannt. Das dritte Element ist die Luft oder der Wind. Es ist der Wirbelwind, der aus dem Norden kommt und die ganze Welt aufwühlt.

Und das vierte ist das Element Erde, die schwarze Erde, die trockene und wüste.

Das dualistische Prinzip von »Gut« und »Böse«, das in der Kabbala so bildhaft in den Glyphen des Lebensbaums und den Kelippoth dargestellt wird, findet sich auch in der Welt der Materie und der »Antimaterie«. Bereits 1930 postulierten die Physiker die Theorie, daß es zu jedem Elementarteilchen ein sogenanntes »Antiteilchen« geben müsse. Zu einem negativ geladenen Elektron müsse es also ein entsprechendes Antielektron mit den gleichen Eigenschaften geben, die zwar dem Betrag nach gleich, aber mit entgegengesetztem Vorzeichen versehen sein müßten. Das Antielektron zu einem negativ geladenen Elektron müßte also positiv geladen sein. Einem Proton, das immer eine positive elektrische Ladung besitzt, würde damit ein negativ geladenes Antiproton entsprechen. Im Falle des Neutrons, das keine Ladung besitzt, müsse das magnetische Feld des entsprechenden »Antineutrons« in die entgegengesetzte Richtung als das des Neutrons gerichtet sein. Obwohl diese Theorie zu Anfang, das heißt im Jahre 1932, weit hergeholt schien, entdeckte der amerikanische Physiker Carl D. Anderson das »Antielektron«, das heute üblicherweise als Positron bezeichnet wird. Das »Antiproton« und das »Antineutron« wurden im Jahre 1956 entdeckt. Diese Entdeckungen lösten weiterreichende Spekulationen unter den Physikern und Astrophysikern aus, die argumentierten, daß dann auch zur Zeit der Explosion des »kosmischen Eis« ein Teilchen und ein Antiteilchen entstanden sein müßten. Diese Theorie wurde schließlich von dem österreichisch-amerikanischen Physiker Maurice Goldhaber formuliert. Er weist auf die Existenzmöglichkeit eines Universums der Materie und eines Anti-Universums der Antimaterie hin, die er »Kosmon« und »Antikosmon« nennt.

Das dualistische Prinzip der Natur, das in der gesamten Schöpfung des Universums so deutlich zum Ausdruck kommt, wird von Jung im Begriff »Gegensatzpaare« zusammengefaßt. Die Funktionsweise dieser Gegensatzpaare wird von der Jungschen Schule mit dem positiven und negativen Pol eines elektrischen Stromkreises verglichen oder auch mit der diastolischen und systolischen Bewegungsphase des Herzens. Je größer die Spannung zwischen zwei entgegengesetzten Polen, desto größer ist die dadurch erzeugte Energie. Oder sinngemäß nach Jung: »Ohne Gegensatz kommt es zu keiner Manifestation von Energie.« Die Liste der Gegensatzpaare, die man zur Veranschaulichung anführen könnte, ist endlos. Hier nur ein paar Beispiele: Progression und Regression, Extraversion und Introversion, Denken und Fühlen und so weiter ad infinitum.

Die kosmische Energie im Menschen, die von Jung als psychische Energie bezeichnet wird und sich stets in Form von zwei diametral entgegengesetzten Prinzipien äußert, hat ihren Sitz in der »Libido«. Da es sich bei der Libido um natürliche Energie handelt, besteht ihr Hauptziel auch darin, den lebens- und schöpfungsbestimmenden Prinzipien zu dienen, doch aufgrund ihrer »formbaren« Eigenschaft kann sie auch zu kreativen Zwecken eingesetzt werden. In Jungs Schriften heißt es dazu, diese Lenkung der Energie werde ursprünglich dadurch möglich, daß man sie auf etwas umlenke, das dem Objekt des instinktiven Interesses wesensverwandt sei. In der praktischen Kabbala würde man hier von »Magie« sprechen. Aber an sich ist es ein vollkommen natürlicher Vorgang, denn alles, was dazu nötig ist, ist der starke Willen eines Menschen und sein brennender Wunsch, seine gedanklichen Formen Wirklichkeit werden zu lassen. In diesem Sinne nutzt der Mensch nur den göttlichen Funken in sich, um einen Schöpfungsakt zustande zu bringen.

Bei unserer Diskussion über die kabbalistische Lehre haben wir immer wieder gesehen, wie stark sie von der Vorstellung der Vereinigung zweier Gegensätze zum Zwecke der Manifestation durchdrungen ist. Vom Proton und Elektron bis zu Mann und Frau werden alle Schöpfungsmysterien von der Kabbala mit dieser stark sexuell orientierten Philosophie erklärt. Für den Kabbalisten lassen sich alle unterschiedlichen Grade der Manifestation auf folgende kabbalistische Grundgleichung reduzieren: »Das Pulsieren von Leben und Tod, das Aleph ist, die latente Existenz, personifiziert im Namen AHJH (Ehjeh), emaniert fortwährend JHWH (Jehovah), mit dem sie sich zum Zwecke der Schöpfung vereint.« Aus kabbalistischer Sicht war der Schöpfungsakt also im Prinzip eine Akt der Liebe. Und da sich das Universum physikalischen Gesetzen zufolge nachweislich in einem ständigen Erneuerungsprozeß befindet, der bis in alle Ewigkeit anhält, können wir mit ziemlicher Sicherheit behaupten, daß Gott oder besser »die Götter« leben, sich besten Wohlbefindens erfreuen und in immerwährender Liebe auf uns herabblicken.

Teil II

Die praktische Kabbala

Wege zu materiellem Reichtum
und spiritueller Evolution

Kapitel 9

Die Thora

Die praktische Kabbala wurde häufig als ein auf der esoterischen Lehre der Juden basierendes magisches System definiert. Die komplizierten Rituale der Kabbalisten und die im Baum des Lebens verkörperten Lehren von den Entsprechungen stellen für viele Kabbala-Interessierte das gesamte Gebäude der praktischen Kabbala dar. Dementsprechend machen sie sich eifrig daran, sich mit den Sphären und Pfaden sowie den zur Beschwörung nötigen Gottes- und Engelsnamen und ihren vielfältigen Entsprechungen vertraut zu machen. Gerüstet mit diesem spärlichen Wissen und der Kenntnis über ein paar Rituale, wie etwa dem Pentagramm-Ritual der Anrufung und der Bannung und anderen magischen Ritualen, die vor allem durch den »Hermetischen Orden des Golden Dawn« und andere magische Gruppen bekannt wurden, stehen sie an der Schwelle zu den Mysterien, um häufig zu weltlichen Zwecken Macht auf sich herabzuziehen. In der Mehrzahl der Fälle sind ihre Anstrengungen zum Scheitern verurteilt. Bisweilen, wenn eine Person die Fähigkeit besitzt, große Energiemengen zu kumulieren, kann sie gewisse Ergebnisse verzeichnen, die jedoch selten von bleibender Wirkung sind. Schlimmer kann es enden, wenn die Person nicht in der Lage ist, die freigesetzte Energie in konstruktive Bahnen zu lenken, denn dann kann sie das Opfer eines verheerenden kosmischen Gegenschlags werden. Diese Erfahrung kann fürchterlich sein, wie ich aus eigener Erfahrung berichten kann.

Wie vermeiden wir diese Fehler? Gibt es einen sicheren Weg zum Praktizieren von kabbalistischer Magie? Die Antwort auf beide Fragen muß lauten: wir müssen weiter in die Tiefe gehen und zu den Grundlagen vorstoßen. Und die Grundlagen der Kabbala finden sich in der Thora. Ohne ein tiefgreifendes Ver-

ständnis der Thora ein kabbalistisches Ritual durchführen zu
wollen, ist, als versuche ein kleines Kind eine Differntialglei-
chung zu lösen, ohne vorher Addieren und Substrahieren gelernt zu haben.

Viele esoterische Schulen und mystische Orden wurden ge-
gründet, um die Menschen in den Mysterien der Kabbala zu
unterweisen. In den meisten dieser Gruppen werden auch
Rituale gelehrt, doch nur ganz wenige weisen darauf hin, wie
wichtig es ist, die Thora als einen Kernpunkt der kabbalistischen Ausbildung eingehend zu studieren; auch auf die
wichtige Rolle des hebräischen Alphabets in der Praxis der
Kabbala weisen nur die wenigsten hin. Der Schwerpunkt wird
ausnahmslos auf die zeremonielle Magie und die sorgfältige
Beachtung der breiten Palette von Regeln hinsichtlich der Kleidung, magischen Gegenstände, Farben, Düfte und verschiedenen Entsprechungen gelegt. Außerdem werden den magischen
Initiationen und den verschiedenen Einweihungsgraden großes
Gewicht beigemessen.

Rituale spielen in der »praktischen Kabbala« eine große
Rolle. Nicht nur das; Rituale stellen auch einen wichtigen Teil
unseres täglichen Lebens dar. Das Aufstehen am Morgen
ist ein Ritual, das wir Tag für Tag wiederholen. Aufstehen,
Zähneputzen, Duschen, Anziehen, Frühstücken, zur Arbeit
gehen. Es handelt sich dabei um ein Ritual, weil wir es jeden
Tag in der gleichen Form nachvollziehen, mit denselben Bewe-
gungsabläufen und denselben Gegenständen für dieselben
Zwecke. Auch eine Hochzeit ist ein Ritual und letztendlich
auch eine Scheidung. Eine Abitursfeier, die Vereidigung eines
Staatsoberhauptes und die Krönung eines Königs sind weitaus
großartigere Rituale, aber trotzdem Rituale. Beim Praktizieren
der Kabbala spielt das Ritual eine vorrangige Rolle. Jedes
Gebet und jede Anrufung wird auf ganz bestimmte Weise und
zu einem ganz bestimmten Zeitpunkt deklamiert. Dies kann
bis in biblische Zeiten zurückverfolgt werden. Die Kapitel
25–30 des 2. Buch Mose (Exodus) enthalten ganz genaue Anweisungen an Moses für den Bau der Bundeslade, den Tisch
für die Schaubrote, den Leuchter, den Altar, die Gewänder der

Priester, das Salböl und Räucherwerk, die bei den verschiedenen Opferzeremonien zu verwenden seien. Nicht nur jede rituelle Handlung, sondern auch das Verhalten des Priesters vor, während und nach der Zeremonie wurde bis ins Kleinste beschrieben.

Rituale sind deshalb für den Kabbalisten äußerst wichtig und gottgegeben. Tatsächlich stellen sie für ihn *Mizwoth*, also religiöse Handlungen dar, die die Thora vorschreibt. Doch für alle, die ernsthaft daran interessiert sind, die Kabbala zu verstehen und zu praktizieren, sollten Rituale das letzte Glied in der Kette des Verständnisses sein. Erst nach einer strengen Grundausbildung, bei der man lernt, seine niederen Instinkte unter Kontrolle zu halten und die Thora mit seinem ganzen Wesen bereitwillig anzunehmen, kann man es wagen, überhaupt daran zu denken, ein Ritual abzuhalten.

Die verschiedenen mystischen Orden und Schulen spielen in dieser Hinsicht eine wichtige Rolle, weil sie ihre Mitglieder in die Geheimnisse der Kabbala einführen, doch oft erweisen sich ihre Ziele als zu hochgesteckt, da sie die grundlegendsten Gebote der kabbalistischen Lehre außer acht lassen. Der wichtigste Grundsatz ist das vollkommene Sichergeben in Gottes Willen. Und gleich danach kommt ein gründliches Verständnis der Thora. Ohne diese beiden Grundsätze kann es keine Kabbala geben.

Die verschiedenen Einweihungsgrade der magischen Orden sind nötig, um den jeweiligen Grad des Fortschritts jeder einzelnen Person sicherzustellen. Doch in Wirklichkeit gibt es in der wahren Kabbala keine magischen Orden, Adepten oder Hierarchien. Es gibt nur vollkommene Liebe und vollkommenes Vertrauen zwischen dem Kabbalisten und Gott. Jedes kabbalistisches Ritual ist ein Akt der Liebe zu Ehren Gottes. Im Gegensatz zu dieser Grundwahrheit sind alle Gewänder, auffälligen Farben und magischen Gegenstände zweitrangig. Wenn wir uns ganz in den Willen Gottes ergeben und unser Wille eins wird mit Seinem, wird jede unserer Handlungen im Grunde göttlich. Was wir wollen, geschieht, denn es ist das, was Gott selbst auch will.

Hat ein Mensch erst einmal diesen Zustand des willentlichen Sichergebens in Gottes Willen erreicht, wird er anfangen, über »andere Ebenen« Unterweisungen in der Kabbala zu erhalten. Das heißt, er »weiß« plötzlich intuitiv, welche Rituale er wann und zu welchem Zweck abhalten soll. Oft wird ihm klar werden, daß ihm manche Dinge materieller Natur verboten sind. Das ist nicht immer einfach zu akzeptieren, aber es ist nötig, sich dem zu fügen, damit die spirituelle Evolution sich fortsetzen kann. Nach einer Weile wird er dann merken, daß sich plötzlich ein klarer Weg vor ihm abzeichnet, ein Weg, von dem er nicht abweichen kann, auch wenn er es versuchen sollte. Mit der Zeit lernt er dann, dieser Führung, die aus seinem Innersten kommt, zu vertrauen, und braucht sich dann nur noch entspannt zurückzulehnen und die ganze Erfahrung zu genießen.

Manchmal wird ein Mensch auch zu einem tatsächlich materiell existierenden Lehrer geführt, der Anweisungen über »innere Ebenen« erhalten hat. Der Lehrer übernimmt dann die Vorbereitung und Einführung, die die Person braucht, bis sie soweit ist, sich selbst ihrer inneren Führung zu überlassen.

Eine der zentralen Lehren der Kabbala ist die Einheit aller Dinge und die Wechselbeziehung zwischen allen Welten und allen Seinsebenen. Alles ist mit allem verbunden und folgt genau umrissenen, aber unergründlichen Gesetzen. Dieser Gedanke wird am besten in dem »Höre Israel« (*Schema Israel*) deutlich, dem Gebet, das von frommen Juden täglich rezitiert wird:

Schema Israel! Adonai Eloheinu, Adonai Echad!
(Höre Israel, der Herr, unser Gott, der Herr ist Eins.)

Diese Einheit Gottes, von der wir ein Teil sind, ist der Schlüssel zum gesamten kabbalistischen Gedankengebäude. Das ist auch der Grund, weshalb Gott durch den Mund des Propheten Jesaja einem rebellischen Israel sagen läßt: »Ich *bin* der Erste, und ich *bin* der Letzte, und außer mir *ist* kein Gott (Jesaja 44,6). *Ist* auch ein Gott außer mir? Es ist kein Fels, ich weiß ja *keinen* (Jesaja 44,8). Dieses Wesen, das eine Million Universen in einem einzigen Lichtpunkt konzentriert, ist sich jedes einzelnen menschlichen Gedankens und jeder Bewegung jedes Atoms in allem Existierenden bewußt. Es ist unwichtig, ob wir ihn in einem Hindu-Schrein, einer islamischen Moschee, einem jüdischen Tempel, einer christlichen Kirche oder auf einer Waldlichtung anbeten. Es ist von geringer Wichtigkeit, ob wir ihn Jehovah, Brahma, Allah, Olofi, Isis und Osiris, Habondia und Cernunnos nennen. Wichtig ist allein, daß wir erkennen, daß *er alles ist, was ist und daß es außer Ihm niemand anderen gibt.* Genau deshalb sind alle magischen Systeme miteinander verknüpft und gibt es in der Magie so etwas wie das Gesetz der Entsprechungen. *Es ist alles ein und dasselbe.*

Es ist gesagt worden, daß das Gesetz der Thora in der Kabbala zu einem Symbol des kosmischen Gesetzes wurde und die Geschichte des jüdischen Volkes zu einem Symbol des kosmischen Prozesses.[34] Dem ist so, weil in der Kabbala Israel als Symbol für die Menschheit angesehen wird. Es heißt in der Kabbala, Moses habe das Gesetz, das ihm am Berge Sinai übergeben wurde, in 70 Sprachen erhalten, die die 70 Völker der Erde verkörperten. Aber dann sei das Wissen in einem einzigen Prozeß und einer einzigen Symbolgruppe konzentriert worden, nämlich den 22 Buchstaben des hebräischen Alphabets. Demnach versinnbildlicht das hebräische Alphabet die gesamte menschliche Rasse.

Thora bedeutet im Hebräischen das Gesetz und ist gleichzeitig der esoterische Name für die ersten fünf Bücher des Alten Testaments, die auch unter dem Namen Pentateuch bekannt sind und der jüdischen Tradition zufolge von Moses verfaßt wurden. Die Thora beginnt mit dem Buch Genesis und endet mit dem Deuteronomium[35]. Der darin enthaltene Text

---

[34] Scholem, Gershom: Zur Kabbala und ihrer Symbolik. Frankfurt: Surhkamp 1992.
[35] In der Luther-Bibel ist stattdessen die Rede vom 1.–5. Buch Mose (Anmerkung der Übersetzerin).

umfaßt nicht nur die Gebote, Gesetze und Strafen, sondern auch die Schöpfungsgeschichte und die Mysterien der Gottheit. Die Kabbalisten weisen darauf hin, daß es kein Zufall sei, daß die Genesis mit dem Wort »Bereschit« (Am Anfang) beginne und das Deuteronomium mit dem Wort »Israel« ende. Denn die ganze Thora läßt sich in einem einfachen Satz konzentrieren: »Am Anfang ... Israel.« Das heißt jedoch, daß Israel, also die Menschheit, in Gottes Vorstellung bereits vor der Schöpfung präexistent war. Ausgehend von dieser These ist es nur ein kleiner Schritt zu der Idee, es könne eine Identifikation zwischen Gott und dem Menschen geben. Denn die ersten drei Worte der Genesis lauten zwar *Bereschit Bara Elohim* (Am Anfang schuf Gott ...), doch ist dies nur der erste Same der Thora. Die ganze Thora fängt mit *Bereschit* an und hört mit *Israel* auf. Die Ersetzung des Namens Elohim im ersten Satz durch den Namen Israel im letzten ist ein Hinweis auf die Göttlichkeit des Menschen.

Laut *Sohar* hat die Thora einen Körper, der aus den Geboten und Vorschriften der Thora besteht, die das Gesetz sind. Dieser Körper der Thora wird *Gufe Thora* genannt. Der Körper ist in Gewänder eingehüllt, die aus Erzählungen irdischen Charakters bestehen, das heißt den Geschichten der Heiligen Schrift. Die Uneingeweihten sehen nur das Gewand und verstehen nicht, was unter dem Gewande ist. Die aber mehr wissen, sehen nicht nur das Gewand, sondern auch den Körper, der darunter ist. Die wahrhaft Weisen aber sehen nur auf die Seele, die der wirkliche Grund der ganzen Thora ist. Erst wenn wir die Seele der Thora unter ihrem äußeren »Körper« ausmachen können, werden wir die Geheimnisse der Kabbala besitzen. Und die Schlüssel zu diesem Wissen sind die 22 Buchstaben des hebräischen Alphabets, mit denen die Thora ursprünglich geschrieben war.

In der Kabbala werden zwei verschiedene Symbolgruppen zur Vermittlung ihres Wissens angewandt. Das ist zum einen der Baum des Lebens mit den 10 Sephiroth und zum anderen das hebräische Alphabet mit seinen 22 Buchstaben. Die 10 Sephiroth stellen eine Beschreibung der göttlichen Attri-

bute und der verborgenen Welt der Gottheit unter 10 verschiedenen Aspekten dar. Die 22 Buchstaben hingegen verkörpern die Matrix der Thora und der Gottesnamen. Doch
wie wir bereits gesehen haben, sind sie weit mehr als das,
nämlich Brennpunkte der Energiekonzentration, auf die ein
ganzes Universum aufbaut. Es ist deshalb für den Möchtegernkabbalisten von höchster Bedeutung, sich mit den 22
Buchstaben und der hebräischen Sprache vertraut zu machen. Sonst werden alle Feinheiten der Gottes- und Engel-
namen und die verborgenen Bedeutungen der Thora für ihn
ein Buch mit sieben Siegeln bleiben. Er kann trotzdem gewisse Kenntnisse erwerben, aber nur über äußere Quellen
und andere Leute und niemals aus sich selbst heraus. Besser
verständlich wird dies am Beispiel der bekannten Analogie
zwischen Schöpfung und Offenbarung. Der Schöpfungsprozeß entfaltet sich in den zehn Sephiroth des Lebensbaums,
die nicht nur Verkörperungen der Gottheit darstellen, sondern auch des Menschen und der Natur. Der Akt der Offenbarung ist nur möglich, wenn man durch das Verständnis
der göttlichen Sprache, wie sie in der Thora zum Ausdruck
kommt, zur Erleuchtung gelangt ist. Durch die Offenbarung
wird dem Kabbalisten der Sinn und Zweck der Schöpfung
und ihre eigentliche Bedeutung klar. Und durch dieses Verständnis, das durch die dritte Sephira Binah symbolisiert
wird, kann der Kabbalist eins werden mit der Gottheit und
selbst zu einem Schöpfer in seiner eigenen mikroskopischen
Welt werden.

Der Kabbala zufolge ist die Welt der Gottheit eine Welt der
Sprache, des Klangs. Das Universum wurde durch Gottes ge-
sprochenes Wort geschaffen. Diese göttliche Sprache, wie sie
in der Thora beschrieben wird, ist ihrem Wesen nach äußerst
magisch. Alle frühen Kabbalisten stimmten in der Ansicht
überein, daß die verschiedenen Abschnitte der Thora von Gott
nicht in der richtigen Reihenfolge übermittelt wurden, denn
wäre das der Fall, könnte jeder, der sie liest, die tollsten Wunder vollbringen. Diese These gründet sich hauptsächlich auf
Hiob, Vers 28,13: »Kein Mensch kennt die Schicht, in der sie

[die Weisheit] liegt.«[36] Damit wird angedeutet, daß die Thora ursprünglich ohne Unterteilung in tatsächliche Wörter an einem Stück geschrieben worden war. Aus diesem Grunde sind auch die in den Synagogen aufbewahrten Thorarollen ohne Zeichensetzung geschrieben, es fehlen also auch die Punkte unter den Buchstaben, die die Vokale andeuten. Dadurch kann eine Gruppe von Buchstaben viele verschiedene Bedeutungen erhalten. Würden alle Wörter in der Thora ohne Trennung und ohne Zeichensetzung aneinandergeschrieben, so würde die Menge der möglichen Bedeutungen ins Unendliche gehen. Der kabbalistische Glaube geht davon aus, daß so gesehen die ganze Thora aus verschiedenen Gottesnamen und bestimmten esoterischen Namen besteht, die als magische Formeln von außerordentlicher Macht verwendet werden können. Die spanischen Kabbalisten entwickelten diese These noch einen Schritt weiter und erklärten, die Thora bestehe nicht nur aus Gottesnamen, sondern sei in ihrer Gesamtheit ein großer Name für die Gottheit.

Wir können also aus diesen Äußerungen erkennen, daß die Thora aufs innigste mit Gottes göttlichem Wesen verwoben ist und daß ihre Ordnung (die nur er kennt) die Ordnung der Schöpfung ist. Diese okkulte Gestalt der Thora wird nicht selten *Thora Keduma* oder Ur-Thora genannt und häufig mit Gottes unendlicher Weisheit gleichgesetzt, die in der zweiten Sephira Chochmah verkörpert ist.

Traditionell wird davon ausgegangen, daß es zwei Formen der Thora gibt, die schriftliche Thora und die mündliche Thora. Unter schriftlicher Thora wird der Text des Pentateuch von der Genesis bis zum Deuteronomium verstanden. Zur mündlich überlieferten Thora gehört das gesamte esoterische Wissen, das von »Mund zu Mund« vom Lehrer an den Schüler weitergegeben wurde. Es heißt, Moses habe am Berge Sinai beide Formen der Thora erhalten, wobei die mündliche Form

---

[36] Diese Stelle wurde aus Gründen der Ähnlichkeit gegenüber der englischen Version der Einheitsübersetzung der Bibel entnommen. Bei Luther heißt es: »Niemand weiß, was sie wert ist.«

die Thora ohne Zeichensetzung und den ununterbrochenen Weisheitsfluß darstellt, der Gottes größtes Geheimnis ist. In der Kabbala entspricht dem geschriebenen Wort die Sephira Tiphereth, die »gebende Sphäre«, während die mündliche Thora mit Malkuth, der Sphäre der Schechina und der Gemeinde Israel (der Menschheit) assoziiert wird. Die beiden Formen der Thora werden auch als schwarzes Feuer auf weißem Feuer bezeichnet, wobei das schwarze Feuer für das Wissen der mündlichen Thora steht, die in der schriftlichen Thora zu der Aufspaltung der göttlichen Buchstaben in Worte geführt hat.

Im *Sohar* wird die Thora als das äußere Gewand der Schechina angesehen, mit dem sie sich bedecken muß, weil der Mensch der Sünde verfallen ist. Diese geschaffene Thora wird auch *Thora de-beriah* genannt, und ihr gehören die von Moses an die Menschen übergebenen Gesetze an. Sie ist eine Thora, die Gebote und Verbote enthält, nicht nur die zehn Gebote, sondern auch die vielen Gesetze und Strafen, die im Buch Levitikus und Deuteronomium enthalten sind. Diese Gewänder der Schechina sind zum Zeichen ihrer Trauer über den Sündenfall des Menschen und ihres Exils von ihrem göttlichen Bräutigam schwarz. Durch seine guten Taten kann der Mensch die Matrona »der düsteren Gewänder ... entledigen und sie mit strahlenden Gewändern schmücken, welche die Mysterien der Thora sind.«[37]

Schon lange vor der Zeit des *Sohar* wurde der Baum des Lebens mit der schriftlichen Thora gleichgesetzt, wogegen der Baum der Erkenntnis von Gut und Böse mit der mündlichen Thora identifiziert wurde. Daraus können wir erneut ablesen, daß zum Verständnis der Mysterien des Lebensbaums das mündlich überlieferte und damit das profundere Wissen unerläßlich ist.

Manifestiert sich Gott, so die Kabbala, so tut er dies über die kreative Kraft der Sephiroth. Doch diese Manifestationen finden in den vier kabbalistischen Welten in verschiedenen Sta-

---

[37] Ra'ja Mehemna, III, 215b; siehe auch Scholem, Gershom: Zur Kabbala und ihrer Symbolik. Frankfurt: Suhrkamp 1992, S. 92.

dien statt. In Aziluth, der Welt der Emanation manifestiert sich die Thora zum ersten Mal in Form der verschiedenen Konsonantenkombinationen, die mit den 22 hebräischen Buchstaben möglich sind. Das ist die erste sprachliche Äußerung der Gottheit. In Beriah, der Welt der Schöpfung, manifestiert sich die Thora als eine Reihe von Gottesnamen, die aus den Kombinationen in Aziluth entstanden sind. In Jezirah, der Welt der Formung, werden die Engelsnamen gebildet, während in Assiah, der Welt der Handlung, die Thora dann in der uns bekannten Gestalt in Erscheinung tritt.

Ich habe mich eine Zeitlang intensiv mit den Mysterien der Thora befaßt, denn sie ist die reichste Quelle kabbalistischen Wissens und der Ausgangspunkt für jeden Kabbalisten. Der Begriff *Debekuth*, der die enge Verbundenheit mit Gott bezeichnet, beschreibt die Haltung des wahren Kabbalisten am besten. Debekuth ist nur durch die strikte Einhaltung des in den ersten fünf Büchern des Alten Testaments enthaltenen Gesetzes möglich. Dieses Gesetz beschränkt sich nicht etwa auf die zehn Gebote, sondern betrifft auch die Beachtung der im Buch Levitikus und Deuteronomium aufgeführten Vorschriften und Strafen. Entsprechend lautet die erste Regel, die von jedem beachtet werden sollte, der die Kabbala mit einem Mindestmaß an Erfolg praktizieren möchte: den Pentateuch von der Genesis bis zum Deuteronomium lesen und eine Liste aller Gebote und Verbote anfertigen, die uns Gott durch Moses übermittelte. Diese Gebote und Verbote sollten dann, soweit sie auf unsere heutige Zeit noch zutreffen, strikt eingehalten werden. Es gibt allerdings Gesetze, wie etwa die Gesetze über die Leibeigenschaft, die heute nicht mehr gelten. Doch wann immer uns ein Gebot, Gesetz oder eine Strafe befehlen, etwas zu tun oder zu unterlassen, müssen wir uns ohne zu zögern daran halten.

Wenn der Kabbalist sich freiwillig und vollständig dem Gesetz unterwirft, wird er den Körper der Thora ihrer äußeren Gewänder der biblischen Erzählung entledigt wahrnehmen. Um die Seele der Thora zu erkennen, muß er allerdings noch einen Schritt weitergehen und die Symbole und Bedeutungen der 22 Buchstaben und wenn möglich die hebräische Sprache erlernen. Das ist nicht so schwierig, wie es scheinen mag, denn es gibt viele ausgezeichnete autodidaktische Methoden, um Hebräisch zu lernen. Die Zeit und Anstrengung sind nicht vergebens, denn was Sie im Gegenzug dafür erhalten werden, wird eine Offenbarung sein.

Kapitel 10

Die Bedeutung des Rituals

In der Kabbala stellen alle rituellen Handlungen eine Versinn-
bildlichung des göttlichen Lebens in ganz bestimmten Symbolen dar. Dieses Leben oder diese kosmische Energie ist es, die
während der verschiedenen Zeremonieschritte angerufen wird.
Gott wird also durch das kabbalistische Ritual, das seine Trans-
formationskraft aus den dynamischen Kräften der Sephiroth bezieht, zu den menschlichen Handlungen hinzugezogen.

Die Kabbalisten sind der Auffassung, daß jede menschliche
Handlung im Reich Gottes ein Echo erzeugt. Der Mensch ist
tatsächlich seines eigenen Glückes Schmied, und er allein entscheidet, was mit ihm und seinesgleichen geschieht. Gott hat
dem Menschen diese Entscheidungsfreiheit gelassen. Was auch
immer ein Mensch tut, erzeugt eine Reaktion in den oberen
Welten und ob diese positiv oder negativ ist, hängt ganz allein
von der Ausgangshandlung des Menschen ab. Das gilt für alle
Handlungen, seien sie nun magisch oder natürlich und bringt
eine ungeheure Verantwortung mit sich: *Wir sind nicht nur
verantwortlich für unser eigenes Leben und die um uns
herum, sondern auch für das Gleichgewicht der kosmischen
Ordnung.* Auch diejenigen, die sich über diese Verantwortung
nicht im klaren sind, werden für ihre Missetaten Rede und
Antwort stehen müssen; und diejenigen, die wie der Kabbalist ihre eigene Macht kennen, werden für ihre Vergehen mit
schwerwiegenden Konsequenzen rechnen müssen. Das ist
auch der Grund, warum der Kabbalist beim Abhalten eines
Rituals sein Hauptaugenmerk darauf richtet, die kosmische
Ordnung zu wahren und sich ganz in den Willen Gottes zu
ergeben.

Isaak Luria, auch Ari genannt, der, wie bereits weiter vorne
bemerkt, einer der größten Kabbalisten aller Zeiten war, maß

dem Ritual als Mittel zur Wiederherstellung der kosmischen Ordnung einen hohen Stellenwert bei. In Lurias System gibt es drei große Symbole: zum einen *Zimzum* oder die Selbstbeschränkung Gottes, zum anderen *Schebira* oder der Bruch der Gefäße und zum dritten *Tikkun* oder die Restauration der kosmischen Ordnung aller Dinge.

Die Idee des *Zimzum* stammte ursprünglich nicht von Luria, sondern war bereits früher in verschiedenen alten Traktaten aufgetaucht, aber erst in seinem System wurde die Komplexität des Gedankens klar und verständlich. Die Theorie des *Zimzum* geht davon aus, daß die Schöpfung Gottes nicht auf eine Emanation Gottes zurückzuführen sei, sondern auf seinen Rückzug in sich selbst. Durch das Zurückziehen Gottes auf sich selbst wird eine Art Urraum oder Pleroma geschaffen, in dem die richtenden Gewalten Gottes konzentriert sind. Vor dem *Zimzum* waren die richtenden Gewalten in unendlicher Harmonie mit den Kräften der Gnade vereinigt, doch bei dem Rückzug wurden sie getrennt und gelangten in das Pleroma. Da die richtenden Gewalten bestimmte böse Tendenzen einschließen, sehen manche Kabbalisten den Prozeß des *Zimzum* als eine Form der Läuterung Gottes von den Elementen des Bösen an. Andere sehen darin eine freie Liebestat, mit der Gott seine Substanz zum Zwecke der Schöpfung verströmt. Und tatsächlich scheint der Zweck der getrennten Freisetzung der richtenden Gewalten von den Kräften der Gnade in ihrem rein schöpferischen Charakter zu liegen, denn zur Schöpfung ist perfektes Richten unerläßlich, unberührt von dem milderenden Einfluß der Kräfte der Gnade. Hätte Gott die Welt mit einer Kombination aus den Kräften des Richtens und der Gnade erschaffen, wäre es nicht die Welt geworden, wie wir sie kennen. Der Löwe würde dann die Antilope aus Mitleid nicht jagen und deshalb an Hunger sterben und damit auch alle anderen Raubtiere zum Aussterben verurteilen, die von seinen Jagdkünsten zum Überleben abhängig sind. Wir würden keine anderen Lebewesen essen und würden uns aus Mitleid mit dem Apfelbaum nicht einmal erlauben, einen Apfel zu essen. Doch wie es ist, entsteht durch die Wechselbeziehungen zwischen den Lebensformen auf unserem Planeten ein perfektes Gleichgewicht in der Natur. Der Löwe tötet seine Beute nur, wenn er hungrig ist. Nur der Mensch tötet zum Vergnügen. Der Löwe befindet sich in Einklang mit den unveränderlichen kosmischen Gesetzen und richtet perfekt. Nicht so der Mensch.

Nach dem Prozeß des *Zimzum* sind die in jenen Urraum oder Pleroma ausgeschiedenen, richtenden Gewalten mit den Resten des unendlichen Lichts der Gottheit vermischt. »Und das Ineinander- und Gegeneinanderarbeiten dieser beiden Elemente, zu denen nun noch in weiterem Akt ein Strahl aus Gottes Wesen tritt, der in den Urraum zurückfällt, bestimmt die Natur der sich bildenden Gestaltungen.«[38] Dieser Strahl göttlichen Lichts ist das Ain Soph Or der kabbalistischen Tradition. Die Kombination aus diesen drei Elementen ist im Lurianischen System der eine lebendige Gott: nicht die Gesamtheit von Gottes Wesen, seine Immanenz, die uns immer verborgen bleiben wird, sondern seine freiwillige Manifestation in die erschaffene Welt.

Dieser eine lebendige Gott ist *Adam Kadmon*, der aus den zehn Sephiroth des Lebensbaums gebildet wird. Alle Archetypen des Seins sind innerhalb der Grenzen dieses göttlichen Körpers entstanden. Doch die aus dem ständigen Zurückziehen von *Zimzum* und dem gleichermaßen ewigen Einströmen des Ain Soph Aurs in das Pleroma entstehende Spannung beeinflußt alle verschiedenen Stufen des Seins. Als das Licht durch das Pleroma hindurchbrach und nach unten strömte, wurde es in Gefäße mit geringeren Mischungen der göttlichen Substanz aufgeteilt. An diesem Punkt ergossen sich große Lichtfluten aus den Augen des Adam Kadmons. Das war das Schöpfungselement, das in die unteren Gefäße aufgenommen werden sollte. Doch das Licht, das aus den Augen Adam Kadmons strömte, war zu stark, und die Gefäße zerbrachen unter seinem Aufprall. Das ist die Idee von *Schebira*, dem Bruch der Gefäße.

---

[38] Scholem, Gershom: Zur Kabbala und ihrer Symbolik. Frankfurt: Suhrkamp 1992, S. 149.

280 Funken aus dem Feuer des »Gerichts«, die härtesten und schwersten, vermischten sich mit den Schalen der zerbrochenen Gefäße, stürzten nach unten und wurden so zu den Mächten des Bösen, auch Kelippoth genannt. Das restliche Licht wurde vom Anprall an die Gefäße reflektiert und kehrte in die Augen Adam Kadmons zurück. Von jenem Urereignis an befindet sich alles Sein in einem Zustand des Exils und bedarf der Rückführung in seinen Ausgangszustand. Der Teil Gottes, der von der Urquelle durch die *Schebira* abgespalten wurde, ist die Matrona, die Schechina, und deshalb wird gesagt, daß sie sich im Exil von ihrem göttlichen Bräutigam befinde. Der Grund für diesen Bruch in Gott wird von vielen Kabbalisten in einer Ausscheidung der dämonischen Kräfte aus den ursprünglichen Gewalten des Gerichts gesehen, die für die Schöpfung und ein vollkommenes Gleichgewicht in Gottes göttlichem Wesen nötig ist.

Die herabgefallenen Funken müssen nun gereinigt und zur göttlichen Quelle zurückgebracht werden. Dieser Akt der Restitution wird unter dem Begriff *Tikkun* verstanden. Dazu brachen neue, heilende Lichter aus der Stirn des Adam Kadmons heraus, und es bildeten sich neue Konfigurationen der Sephirothwelten. Um die Wiederherstellung zu erleichtern, wurden fünf Gesichter des Adam Kadmon geschaffen, *Parzufim* genannt. Das erste ist das des *Arich*, des »Langmütigen«, das zweite das des Vaters, das dritte das der Mutter, das vierte das des *Seir Anpin* oder »Kurzmütigen« und das fünfte das der weiblichen Ergänzung *Seir Anpins*, der Schechina. Die Beziehung zwischen diesen beiden letzten *Parzufim* stellt die im *Sohar* beschriebene Vereinigung des männlichen und weiblichen Aspekts der Gottheit dar.

Alles, was in der Welt der *Parzufim* vorgeht, wiederholt sich in ausgeprägterer Form in allen unteren Welten. Die daraus entstehenden Wechselbeziehungen und Auswirkungen beschleunigen den Prozeß des *Tikkun*. Doch das Licht wird immer trüber, je weiter es hinunterfällt, und in der letzten Welt, Assiah, vermischt es sich mit den kelippothischen Kräften. Um die Reste des göttlichen Lichts aus dieser dämonischen Ver-

strickung zu befreien und die Kelippoth selbst zu läutern, was
wiederum die Befreiung der Schechina aus ihrem erzwungenen
Exil zur Folge hätte, wurde der Mensch geschaffen. Ihm war
es vorbehalten, durch seine vollkommenen Taten die Lichtfunken zu befreien und den Prozeß des *Tikkun* zur Vollendung zu
bringen. Doch Adam, der erste Mensch, hat bei seiner Mission
versagt. Und seine Sünde trieb die Funken noch tiefer in die
Kelippoth hinein und verstärkte das Exil der Schechina. Deshalb wird Adam in der Genesis selbst ins Exil geschickt und
aus dem Paradies vertrieben. Auch seine göttliche Seele zer-
brach am Ausmaß seines Versagens, und seine Seelenfunken
sanken hinab zu jenen, die bereits unter der Macht der Kelippoth standen. Die Welt, in der wir leben, und die Naturgesetze, die darin gelten, sind der Schauplatz des Exils von
Adams Seele. Aus dieser kabbalistischen Sichtweise ist unsere
Welt die Welt der Kelippoth. Jedes Vergehen, das vom Menschen begangen wird, verstärkt das Exil der Schechina und des
göttlichen Lichts, während jede gute Tat dazu beiträgt, ein
paar Funken zu befreien und zu ihrer Quelle zurückzuführen.
Aus diesem Grunde wurde dem Menschen die Thora gegeben,
nämlich um ihm bei dem Restaurationsprozeß, dem *Tikkun*,
als Instrument zu dienen. Das ist das Ziel der Erlösung. Jeder
Mensch muß beim Prozeß des *Tikkun* mitwirken, der nicht
nur eine Wiederherstellung der Schöpfung darstellt, sondern
sie zu ihrer ursprünglichen Vollendung zurückführt.

Hat der Mensch einmal den Sinn und die Bedeutung von
Tikkun begriffen, sollte sein gesamtes Tun auf dieses Ziel aus-
gerichtet sein. Dies gilt besonders für Rituale, deren mystische
Intention und Meditation die Kabbalisten *Kawwana* nennen.
Ein Ritual ohne *Kawwana* zu vollziehen, ist als habe man
einen Leib ohne Seele; die Intention wird verzerrt, und das
Ergebnis ist nicht göttlichen Ursprungs.

Die *Kawwana* kann also als ein mystisches Instrument
angesehen werden, durch das jede rituelle Handlung in ein
Mysterium transformiert wird, das der Eingeweihte vollzieht.
In der Meditation wird die *Kawwana* zur Transformation des
menschlichen Willens und zur Einswerdung mit dem gött-

lichen Willen verwendet. Im rituellen Gebet werden häufig eine Reihe von Schritten befolgt, die den Aufstieg der *Kawwana* von den untersten Bereichen bis zu den höchsten Höhen ermöglichen sollen.

Durch die *Kawwana* wird die Einheit aller Dinge und Wiederherstellung der kosmischen Ordnung vollendet. Doch genauso wichtig ist die Elimination der in den Kelippoth konzentrierten bösen Kräfte, die ebenfalls durch Rituale erzielt werden kann. Dieser Aspekt, den der Ari *Berur* nennt, läßt also erkennen, daß die Thora auch darauf ausgerichtet ist, die »Schalen« zurückzudrängen und unter Kontrolle zu bringen, und ein paar göttliche Lichtfunken daraus zu befreien. Dazu müssen die Kelippoth allerdings nicht zerstört werden – das wäre erst im messianischen Zeitalter wirklich möglich.

In der Kabbala hat das Ritual damit einen vierfachen Zweck: erstens die Erlangung eines harmonischen Gleichgewichts zwischen den Gewalten des Gerichts und der Gnade; zweitens die Förderung der Vereinigung der männlichen und weiblichen Aspekte der Gottheit; drittens die Erlösung der Schechina aus ihrem Exil und viertens die Abwehr oder Bewältigung der kelippothischen Kräfte.

Für den Kabbalisten sind es all diese Ziele, die der Mensch bei seinem Tun stets anstreben sollte, entweder durch magische Handlungen oder durch sein alltägliches Verhalten. Sogar das Essen und der Sexualverkehr werden vom Kabbalisten als Mittel zur Erlangung von Tikkun gesehen. Die Thora selbst fordert den Menschen dazu auf, seine Mahlzeiten im Angesicht von Gottes Altar einzunehmen, was diese natürliche Handlung sofort zu einer rituellen macht. Und der Geschlechtsverkehr wird von orthodoxen Juden am Abend des Sabbath als mystische Vereinigung mit der Schechina vollzogen.

Die Kabbala fordert uns sogar zur Meditation über die Gottheit oder einen seiner Aspekte bei unserer täglichen Arbeit auf. Es wird berichtet, der Patriarch Henoch habe beim Annähen des Oberleders an die Schuhsohle über die Vereinigung der unteren und oberen Welten meditiert. Da er von Beruf Schuster war, habe er diese Handlung viele Jahre lang unzählige Male wiederholt. Schließlich habe das zu seiner Transformation in den Erzengel Metatron geführt, eines seiner häufigsten Meditationsobjekte.

Andererseits führt der Akt des rituellen Betens den Menschen zur vollkommenen Vereinigung mit der Gottheit. Im lurianischen Gebetssystem beendet der Kabbalist sein Morgengebet, indem er sich auf den Boden wirft und sich vollständig dem Willen Gottes überläßt. Durch diese *Kawwana* erhält ein Eingeweihter höherer Grade die Macht, sich in die Tiefen der Kelippoth hinabzubegeben, um ein paar der darin eingeschlossenen Lichtfunken zu befreien. Doch die Kabbalisten warnen vor dieser Handlung, die nur von einem Eingeweihten auf der höchsten Stufe oder *Zaddik* vollzogen werden sollte, denn einem Unerfahrenen könnte es geschehen, daß er von den Kelippoth nicht mehr zurückkehren kann und darin gefangen bleibt bis zur messianischen Erlösung. Im Licht dieser Lehre stellt das Gebet also einen Akt dar, in dem sich der Mensch selbst als Opfer für Gott darbringt.

Aus all dem Gesagten wird also klar, daß das kabbalistische Ritual niemals zur eigenen Befriedigung abgehalten wird. Die Absicht dahinter ist, zum vollkommenen Einklang mit Gottes Willen zu gelangen und sich Seiner göttlichen Weisheit zu unterstellen. Der Grund für diese *Kawwana* ist *Tikkun*, die vollständige Wiederherstellung der kosmischen Einheit. Doch durch das Einswerden mit Gott und die vollkommene Hingabe an Ihn, erfüllt der Kabbalist auch seine eigenen Wünschen; denn da sein Wille mit dem Willen Gottes übereinstimmt, ist das, was er will, auch das, was Gott will. Ein kabbalistisches Ritual ohne diese Intentionen zu vollziehen ist eine Perversion der Seelenenergien. Deshalb warnen die Kabbalisten vor dem Einsatz kabbalistischen Wissens zu eigennützigen Zwecken. Die genaue Beachtung der Thora und die Verwendung von Ritualen zur Vereingung mit Gott können für den Eingeweihten weitaus größer Dinge vollbringen und sind sehr viel sicherer.

Die wichtigste Kraftquelle für rituelle Zwecke ist in der Kabbala der Baum des Lebens. Wie wir bereits gesehen haben, ist es zur Erhaltung der inneren Harmonie und der kosmischen Ordnung von größter Bedeutung, den Baum im Gleichgewicht zu halten. Diese Balance wird durch das perfekte Gleichgewicht zwischen der Säule der Gnade und der Säule des Gerichts erzielt. Diese Säulen werden von den Kabbalisten mit den Säulen des Tempels Salomos verglichen, die nach den genauen Anweisungen Gottes gebaut wurden. Jede Säule war 18 Ellen hoch (etwa 11 m) und 4 Finger dick, und beide waren mit Kupfer überzogen. »Und er richtete die Säulen auf vor der Vorhalle des Tempels; die er zur rechten Hand setzte, nannte er Jachin, und die er zur linken Hand setzte nannte er Boas« (1. Könige 7,21). Der Prophet Jeremia weist weiterhin darauf hin, daß die Säulen innen *hohl* waren (Jeremia 52,21). Dieser Hinweis kann aus kabbalistischer Sicht keinesfalls übersehen werden, denn das bedeutet, daß durch die Säulen die göttliche Energie floß, die der Grundbaustein für Salomos Macht war.

In den Schriftensammlungen wird die mittlere Säule – die Säule der Milde oder des Gleichgewichts – nicht erwähnt, da sie kein Gegenstück in der physischen Welt besitzt. Sie bedeutet *Bewußtsein,* und ihre Struktur findet sich in der eigenen Psyche des Kabbalisten. Wenn im Kabbalisten Jachin und Boas (Gnade und Gericht) ausgeglichen sind, *wird er selbst* zur mittleren Säule. Das ist auch der Grund, weshalb jegliche Arbeit mit dem Baum in Form der paarweisen Gegenüberstellung von entgegengesetzten Sphären erfolgen muß. Erst dadurch wird ein Gleichgewicht zwischen den Säulen hergestellt.

Zur erfolgreichen Arbeit mit dem Baum müssen von dem Praktizierenden riesige Energiemengen freigesetzt werden. Dazu gibt es verschiedene Methoden: Entspannung, Meditation und Atemtechniken leisten ganz hervorragende Dienste zu diesem Zweck, besonders wenn sie kombiniert angewandt werden. Doch zur Energiefreisetzung aus der Psyche eignen sich auch Konzentration und rituelle Tänze, und viele moderne Rhythmen sind zur Erreichung dieses Ziels äußerst wirksam. Beabsichtigt wird damit, den Verstand und das Nervensystem zu schwächen und überzuerregen, um die nötigen

Kräfte freizusetzen. Das bedeutet, daß weiche, romantische
Musik für diese Arbeit nicht geeignet ist. Die Musik muß
schwingend, lebendig und voller Klang und Kraft sein. Interessanterweise eignet sich manche Rockmusik aufgrund ihres
»fetzigen« Rhythmus ausgezeichnet zum Aufbauen von Energie. Wahrscheinlich liegt das daran, daß der Rhythmus durch
verschiedenen Trommelrhythmen erzeugt wird, die sich immer
wieder wiederholen und hypnotisierend wirken. Außerdem
sprechen sie wie zu Urzeiten die niedrigsten Instinkte in der
menschlichen Seele an, und die daraus entstehende Erregung
hat äußerst erotischen Charakter. Das ist darauf zurückzuführen, daß Sexualität einer der Kernpunkte jedes Menschen ist, und diese Sexualität ist einfach der Wunsch, sich mit
dem All zu vereinen. Jede Art von Musik mit einem gleich-
mäßigen Trommelrhythmus im Hintergrund eignet sich dazu,
diesen Zustand nervöser Erregung hervorzurufen und damit
einen psychischen Energiefluß auszulösen.

Während sich die Energien langsam aufbauen und immer
stärker werden, konzentriert sich der Kabbalist auf ihre Freisetzung und »sieht« sie aus seinem Innern herausströmen und
in Form von Feuerwirbeln um ihn herumtanzen. Zu diesem
Zeitpunkt, wenn also die Energien aufgebaut und konzentriert
sind, beginnt der Kabbalist dann mit seiner Arbeit am Baum.
Dazu kann er einfach seinen Willen ausrichten und seinen
Wunsch auf der dafür zuständigen Sphäre visualisieren und
gleichzeitig stets mit Bedacht das Gleichgewicht mit der entgegengesetzten Sphäre suchen; oder er kann sich ein komplexe-
res Ritual ausdenken, bei dem er mit gedanklichen Formen
oder den Kräften arbeitet, die traditionell mit den Sphären
assoziiert werden.

Visualisierungstechniken und große Konzentrationskraft
sind nötig, um gedankliche Formen in der Vorstellung entstehen zu lassen. Bisweilen steht die Verwendung von Gedankenformen in der Kabbala in einem engen Zusammenhang mit
dem Begriff des Golem, einer magischen Gestalt der jüdisch-
kabbalistischen Volkssage. Der Golem, der ein Symbol für die
unerlöste Seele Israels ist, besteht aus Ton – ganz ähnlich wie

Adam, der kabbalistischen Quellen zufolge der erste Golem war. Dieser Tonfigur wird dann durch magische Kraftworte Leben eingehaucht, die aus den 231 aus Jezirah abgeleiteten Kombinationen des hebräischen Alphabets bestehen. Es gibt verschiedene Abhandlungen, in denen ganz genaue Anweisungen zur Erschaffung eines Golems gegeben werden, aber es wird stets betont, daß das Experiment äußerst heikel und gefährlich sei, da man sich damit anmaße, die Erschaffung Adams durch Gott nachzuahmen.

Zur Erschaffung von gedanklichen Formen braucht man keinen Ton, sie sind jedoch astrale Entsprechungen des Golems. Das heißt, der Kabbalist konzentriert seine Energien auf eine bestimmte Form und haucht ihr bewußt Leben ein. Dieser schöpferische Prozeß wird im allgemeinen dazu benutzt, um dem Willen des Kabbalisten Ausdruck zu verleihen. Es gibt verschiedene Methoden, um auf kabbalistische Art und Weise Gedankenformen entstehen zu lassen; aber wie bereits erwähnt, ist das Ganze zu gefährlich, um leichthin in Angriff genommen zu werden, und man sollte deshalb davon Abstand halten.

Die Kräfte der Sphären des Lebensbaums werden durch das Sprechen der Gottesnamen, der Namen der Erzengel und der Engelsordnung (siehe Tafel 3, Teil I) angerufen. Kabbalisten wagen die heiligen Namen erst nach Fasten, Reinigung und ausreichender Energiekonzentration auszusprechen. Bei den meisten kabbalistischen Ritualen stellt das Deklamieren der Gottesnamen den Höhepunkt der Zeremonie dar, denn durch ihre Kraft wird der Wille des Kabbalisten Wirklichkeit werden. Die Namen sollten mit viel Kraft und Autorität ausgesprochen werden, während man sich gleichzeitig, so stark es geht, auf das angestrebte Ziel konzentriert.

Es wurde viel über die Bedeutung des »Deklamierens« der Gottesnamen geschrieben, die nicht unterschätzt werden darf. Einfachheitshalber kann das »Deklamieren« der Namen jedoch auch durch langsames und sorgfältiges Aussprechen jedes Namens mit lauter, sonorer Stimme ersetzt werden. Das geht am besten, wenn man jeden Namen in Silben unterteilt, und

jede Silbe mit resonanter Stimme ausspricht, indem man
die Konsonanten betont und die Vokale akzentuiert. So
würde etwa der Name des Erzengels Rafael, der zu Tipheret
gehört, folgendermaßen ausgesprochen werden: RRRAAA-
FAA–EELLL. Beim Aussprechen des Namens sollte der
Kabbalist den großen Erzengel in gelbe Gewänder (die Farbe
von Tiphereth in Beriah) mit violetten Besätzen gehüllt visualisieren (Violett ist die Komplementärfarbe von Gelb). Gleichermaßen wird mit dem Namen des Erzengels Haniel verfahren,
der über Netzach herrscht und folgendermaßen ausgesprochen
werden sollte: HAAAH–NNIIH–EELLL. Haniel sollte
man sich in grüne Gewänder mit roten Aufschlägen gehüllt
vorstellen. Für die Visualisierung wird die Farbskala von
Beriah benutzt, denn das ist die Welt, in der ein Großteil der
kabbalisten Arbeit stattfindet (siehe Tafel 4, Teil I).

Die Ordnung der göttlichen Namen sollte folgendermaßen
aussehen: zuerst sollte der Gottesname rezitiert werden und
dann der Name des Erzengels und der Engelsordnung. Die
Namen der Erzengel und Engel kommen erst später, da sie es
sind, die für die Ausführung der Anordnungen von seiten der
göttlichen Macht zuständig sind, die über die jeweilige Sphäre
herrscht.

Man sollte sich dabei stets im klaren darüber sein, daß
kabbalistische Arbeit immer in der Astralwelt stattfindet, dem
Reich der Vorstellungskraft. Die Astralwelt besteht aus Astrallicht, das die formbare Energie ist, aus der die kabbalisten Bilder erschaffen werden. Alles, was in der materiellen Welt
geschieht, bestand zuvor in der Astralwelt als Form. Deshalb
sollte man seine Vorstellungskraft stets gut im Griff haben,
denn jeder abgleitende Gedanke ist in der Astralwelt so etwas
wie Baumaterial, und es kann sein, daß wir uns, ohne es
zu merken, mit einer Menge potentiell destruktiven Schwin-
gungen umgeben, wenn wir nicht geeignete Vorkehrungen
treffen.

Die Arbeit, die der Kabbalist im Astrallicht vollbringt, ist
der Keim, aus dem die Verwirklichung seiner Hoffnungen in
der physischen Welt herauswachsen wird. Es ist der Entwurf

der Ereignisse, die später eintreten werden, um seine Arbeit mit dem Baum des Lebens zu konsolidieren. Das bedeutet wiederum, daß die Schöpfung auf zwei verschiedenen Ebenen stattfindet, zuerst in der Welt der Vorstellung und dann in der Welt der Materie. Als Gott die Welt erschuf, tat er dies ebenfalls auf diesen beiden Ebenen. Die Schöpfung, die im ersten Kapitel der Genesis beschrieben wird, findet im Geist Gottes statt, und die zweite Schöpfungsversion, die in Kapitel 2 der Genesis beschrieben wird, findet erst in der Welt der Materie statt. Das heißt also, daß sich Gott die Erschaffung des Universums erst einmal »vorstellte« und dann dazu überging, sie auf der physischen Ebene zu verwirklichen.

Da das Astrallicht formbar ist und sich in ständiger Bewegung befindet, geschieht das, was in der materiellen Welt als das Ergebnis der Arbeit mit dem Baum passiert, nicht immer genau so, wie es der Kabbalist visualisiert hat. Das kann auf Energieschwankungen des Lichts nach Beendigung der Arbeit zurückgeführt werden; deshalb ist es sehr wichtig, daß die Visualisierung des gewünschten Ereignisses im Geist des praktizierenden Kabbalisten ganz stabil ist. Das gibt ihr eine größere Beständigkeit und erleichtert die Materialisierung ihres physischen Gegenstücks. Das Ritual sollte außerdem durch eine körperliche Handlung »geerdet« werden, wie etwa durch das Essen eines Stück Brots, das während der Zeremonie geweiht wird, oder das Trinken eines ebenfalls geweihten Glas Weins.

Es gibt viele Rituale in der Praxis der kabbalistischen Magie, doch der erfahrene Kabbalist weiß: je einfacher das Ritual, desto effektiver sind meist die Ergebnisse. Denn durch ein Übermaß an rituellen Formen werden die vom Kabbalisten aufgebauten Energien erschöpft und die schöpferische Kraft in der Astralwelt geschwächt. Deshalb sollten Rituale auf ein Minimum an Komplexität reduziert werden. Außerdem sollte großer Wert auf die Reinigung gelegt werden, denn sie ist die beste Schutzmaßnahme, die vor der Zeremonie ergriffen werden kann. Schutzmaßnahmen sind deshalb nötig, weil es unvermeidlich ist, daß die während der Ritualarbeit freigesetzten

Energien eine Menge negativer Wesenheiten anziehen, die versuchen, sich davon zu nähren. Die besten Methoden, diese negativen Kräfte fernzuhalten, sind Fasten und Reinigung. Das heißt aber auch, mindestens 24 Stunden vor der Zeremonie keine unreinen und destruktiven Gedanken zu haben, keinen Kontakt mit irgendwelcher toten Materie und keine sexuellen Aktivitäten. Yoga-Übungen sind äußerst hilfreich, um diesen Zustand der Askese und religiösen Inbrunst herbeizuführen, der bei der Ausübung kabbalistischer Magie eine so zentrale Rolle spielt. Im Gegensatz zur allgemeinen Annahme ist Yoga kein Konzept, das der kabbalistischen Gedankenwelt ganz fremd wäre, denn es wurde bereits im dreizehnten Jahrhundert in die Kabbala eingeführt, und zwar vorrangig von dem kabbalistischen Meister Abraham Abulafia.

Ein anderer häufig vom Kabbalisten angewandter Schutzmechanismus ist die Visualisierung eines Lichtkreises um sich und seinen Arbeitsplatz herum. Direkt außerhalb des Lichtkreises werden die vier großen Erzengel visualisiert, die an den Kardinalpunkten der vier Himmelsrichtungen stehen. Der Erzengel Rafael (gelbe Gewänder mit violetten Besätzen) steht im östliche Viertel, der Erzengel Michael (grüne Gewänder mit roten Besätzen) im Süden, der Erzengel Gabriel (blaue Gewänder mit orangefarbenen Aufschlägen) im Westen und der Erzengel Uriel (zitronengelbe, olivgrüne, braune und schwarze Gewänder) steht im Norden. Sowohl den Kreis als auch die Kräfte der Erzengel sollte man in seiner Vorstellung nach der Beendigung der Ritualarbeit langsam verblassen lassen. Doch das sind zweitrangige Schutzmechanismen. Die wichtigsten sind wie bereits erwähnt: Fasten und Reinigung. Nur diese bieten während des Rituals Sicherheit und gewährleisten ein erfolgreiches Ergebnis der magischen Arbeit.

Kapitel 11

Der Baum des Lebens

Die erste Hauptklasse der manifestierten Wirklichkeit ist die noumenale oder spirituelle Ebene. Sie wird *Schamaim* oder der Himmel genannt und ist eine rein gedankliche Ebene, die die Ausgangsbasis für die verschiedenen phänomenalen Energien bildet. Die zweite Klasse manifestierter Wirklichkeit ist die phänomenale Ebene der objektiven Welt. Sie wird *Aretz* oder Erde genannt und stellt die gesamte materielle Ebene dar.

Zu *Schamaim* gehören die ersten drei Welten der Kabbalisten: Aziluth, Beriah und Jezirah. Die erste Triade des Baumes, also Kether, Chochmah und Binah, werden zusammen *Neschamah* oder die Weltenseele genannt, die ein Vehikel zur Selbstverwirklichung darstellt, in der die Erfahrung der Einheit mit der Gottheit verwirklicht wird. Kether entspricht außerdem *Jechida*, der undifferenzierten Energie, der reinen Gedankenkraft, und gehört der Ebene von Aziluth an.

Chochmah, die zweite Sphäre entspricht *Chaja*, dem Willen des Selbst oder Aktivitätspotential. Binah, die dritte Sphäre entspricht *Neschamah* selbst und verkörpert die Attribute der Seele des Selbst und ihre Handlungs- und Realisierungsfähigkeiten. *Chaja* und *Neschamah* gehören der Beriah-Ebene an.

Die Sphären vier bis neun hingegen gehören zu Jezirah und werden in den oberen und unteren *Ruach* (Seelenkategorien) unterteilt. Chesed (die vierte Sphäre), Geburah (die fünfte Sphäre) und Tiphereth (die sechste Sphäre) gehören dem oberen Ruach an, dem Medium der rationalen, moralischen und intuitiven Fähigkeiten. Chesed verkörpert die Einheit aller Dinge durch Synthese, Geburah die Differenzierung aller Dinge durch Analyse und Tiphereth, das der »Gabe des Sehens« des Selbst entspricht, ist das alle Gegensätze ausgleichende Prinzip.

Zum unteren Ruach zählen Netzach (die siebte Sphäre),
Hod (die achte Sphäre) und Jesod (die neunte Sphäre). Er ist
das Medium der intellektuellen und künstlerischen Fähigkeiten. Netzach repräsentiert die harmonische Wechselbeziehung
zwischen den Formen, Hod die Trennung von den äußeren
Formen und Jesod stellt die Sphäre der bewußtseinsbeeinflus-
senden Dualität dar.

Aretz entspricht einerseits Assiah, der vierten kabbalistischen Welt, und andererseits Malkuth (der zehnten Sphäre).
Diese Ebene unterteilt sich in *Nefesch*, das elektromagnetische
Vehikel der physischen Lebenskraft, der Emotionen und Empfindungen, und *Guf*, den grobstofflichen, physischen Körper.

Alle Phasen der Differenzierung und Manifestation, die in
Schamaim während des progressiven Fortschreitens in den
ersten drei Welten stattfinden, werden schließlich in Aretz, der
Erde, materialisiert, also in der vierten und letzten Welt, nämlich Assiah. Diese Welt fällt mit der Sphäre Malkuth zusammen, die wiederum aus Nefesch und Guf besteht. Wie wir
bereits gesehen haben, steht Guf für den materiellen Körper.
Nefesch hingegen ist das Vehikel, mit dem wir Emotionen und
Empfindungen erleben. Es handelt sich also um einen subtile-
ren »Körper«, der auf subatomarem Niveau aus elektromagnetischen Kräften organisiert ist, deren Energie den »nied-
rigen« physischen Körper, also Guf, mit Leben erfüllen. Man
kann sich Nefesch auch als den Astralkörper oder das
Medium der Wahrnehmung und des Bewußtseins vorstellen.

Der untere Ruach wird durch sinnliche und emotionale
Bindungen motiviert. Ihre Reaktion und ihr Verhältnis zur
Moral wird von äußeren Stimuli und Konditionierungen beeinflußt. Nicht weniger als 95 % der geistigen Aktivitäten
eines Durchschnittsmenschen sind konditionierte Reflexe, womit sich das irrationale und unlogische Verhalten vieler Menschen erklären läßt. Hier befinden wir uns im Bereich von
Jesod, der durch kritiklose Imitation und automatische Ge-
dankenreflexe charakterisiert ist. Traditionelle Werte und
althergebrachte Sitten und Gebräuche gehören zu den kondi-
tionierten Reflexen Jesods. Im Gegensatz dazu tendiert Hod

dazu, Dinge nach ihrer äußeren Form zu trennen, etwa nach Rasse, Religion, Geschlecht und anderen materiellen Gesichtspunkten. In vieler Hinsicht ist Hod die Verantwortung für die Aufspaltung der verschiedenen Wissensgebiete in künstliche Untergruppen zuzuschreiben. Netzach hingegen stellt die Harmonisierung der Formen und die Gefühlsnatur des Menschen dar. Bei Überwiegen des positiven Aspekts steht Jesod für Phantasie, Hod für Intelligenz und Netzach für die Gefühle und Empfindungen.

Der obere Ruach handelt aus Vernunft und Logik heraus. Der Mensch, der auf dieser Ebene funktioniert, wird durch seinen Einblick in die Individualität des Lebens motiviert, sowie durch dessen prinzipielle Einheit mit dem All. Die Initiation in den oberen Ruach wird auch das »Zerreißen des Schleiers Parochet« genannt, dem äußerlichen Aspekt der Dinge. Den Initiierten geht es nämlich mehr um die innere, tiefere Bedeutung der Dinge und um spirituelle Werte als um materielle Erwägungen. Die von Chesed veranschaulichten Emotionen sind bar jeden egoistischen Interesses und haben ihren Ursprung in der reinen Liebe. Auf der anderen Seite ist Geburah der Intellekt, der frei von Diskrimination ist; deshalb kann er unbeeinflußt richten. Tiphereth, das harmonische Wechselspiel zwischen Chesed und Geburah ist ein Symbol der Einheit aller Dinge.

Die höchsten Eingeweihten des oberen Ruach sind die Propheten und Weisen der Welt, die in der Lage sind, das Wissen der Welt zu begreifen, und kein Interesse mehr an materiellen Dingen haben. Wenn sie diesen Punkt erreichen, sind sie bereit für die letzte Initiation, nämlich »das Überqueren des Abyssus«, wenn sie das Verständnis der Sphäre Binah erlangen und die »Entkonditionierung« der Seele erfahren. Das ist die Stufe der Selbstverwirklichung, das Nirwana der Vedanta.

Ein Teil der kabbalistischen Selbstverwirklichung ist die Identifizierung mit dem Ain Soph, das dem Selbst entspricht. Dieses Selbst ist nicht der bewußte Teil der Persönlichkeit (das bekannte, alltägliche Ego), sondern ein göttlicher Funke des unendlichen Lichts, der ein unendliches Potential besitzt und

voller Lebenskraft ist. Das aus dem Ain Soph emanierte Selbst
ist der persönliche Gott des Menschen und der wahre Kern
seines Wesens. Wenn wir uns nach innen wenden, um innere
Kraft und Stärke zu schöpfen, wenden wir uns an dieses
Selbst, denn das Selbst ist unsere direkte Verbindung mit Gott.
Es ist das Selbst, zu dem wir beten; es ist das Selbst, das wir
anrufen und an das wir uns in Zeiten der Not in Gedanken
wenden. Jeder kabbalistische Ritus richtet sich auf der Suche
nach der Vereinigung mit Gott an dieses innere Selbst. Zur
Verwirklichung dieser Synthese muß deshalb die erste kabbalistische Handlung stets das Sichergeben in den göttlichen Willen sein und das Akzeptieren aller Veränderungen, die dies in
unserem Leben möglicherweise verlangt, ohne Rücksicht auf
die Auswirkungen auf unsere menschlichen Erwartungen. Erst
dann können wir es wagen, eigene Veränderungen in Angriff
zu nehmen, weil wir dann sicher sein können, daß unsere Veränderungen auch Teil des göttliche Planes sind.

Das unveränderlichste der universellen Gesetze ist das Gesetz der Veränderung. Alles befindet sich in ständiger Bewegung, und Bewegung ist Veränderung. Von der Bewegung der
atomaren Teilchen bis zum Wechsel der Gezeiten muß alles,
was *ist*, sich ständig verändern, damit die Schöpfung weitergehen kann. Deshalb muß das Leben auch dem Tod weichen und
auf den Tod Wiedergeburt folgen. Das ist eine äußerst wichtige Erwägung für die praktische Kabbala; deshalb muß man
in den höheren Welten das erstehen lassen, was man in der
Welt der Materie verwirklichen will. Alles, was in der materiellen Welt existiert, fing einmal als gedanklicher Keim an. Gedanken sind damit der Nährboden für alle erschaffenen Dinge.

Die erste und wichtigste Arbeit am Baum besteht in der
Selbsteinschätzung und dem Selbstverständnis. Dazu meditiert
man am besten auf der Sphäre Tiphereth, dem ausgleichenden
Prinzip zwischen der Synthese von Chesed und der Analyse
von Geburah. Ein einfaches Ritual zu diesem Zweck wird in
Kapitel 14 beschreiben.

Bevor wir auf die praktische Arbeit mit dem Baum zu sprechen kommen können, müssen wir uns mit dem Lebensbaum

und seinen Entsprechungen erst ganz vertraut machen. Bisweilen wird der Baum des Lebens mit einem riesigen Aktenschrank verglichen, in dem man alles Existierende finden kann. Es ist gut, bei der Arbeit mit dem Baum dieses Bild im Hinterkopf zu behalten. In den Tafeln 3–5 des ersten Teils wurden bereits einige Entsprechungen aufgeführt, die Farbskalen, Engelsnamen, Symbole, magischen Bilder, Planeten und die Tugenden und Laster, die mit den verschiedenen Sephiroth assoziiert werden. In den Tafeln 6 und 7 werden weitere Entsprechungen genannt, die besonders für die Durchführung von Ritualen von Bedeutung sind.

Bevor der Kabbalist ein Ritual plant, muß er sich erst einmal entscheiden, mit welcher der Sphären er arbeiten will (wobei er nicht vergessen darf, daß man mit den Sphären stets paarweise arbeiten muß). Dann findet er mit Hilfe eines Kompasses die Himmelsrichtung, der die Sphäre angehört (siehe Tafel 7 und 8), und errichtet seinen Altar im entsprechenden Teil des Raumes. Danach beginnt er mit seinem Ritual.

Die Bedeutung des Lebensbaums und seiner Entsprechungen kann nicht genügend unterstrichen werden. Gleich bedeutend ist allerdings auch das volle Verständnis der verschiedenen Komponenten des Baumes, Neschamah, oberer und unterer Ruach, Nefesch und Guf. Das ermöglicht es, die geplante Arbeit und die beste Vorgehensweise im richtigen Verhältnis zu sehen.

Wie bereits in Teil I erwähnt, besitzt der Baum ein Spiegelbild, in dem sich die Kräfte der Kelippoth konzentrieren. Diese »Schalen« sind die Speicher aller negativen und destruktiven Taten, die stets im Hintergund jedes magischen Rituals lauern. Jeder Fehler oder jede Fehlberechnung von seiten des Kabbalisten führt zur Freisetzung von negativen Energien, die häufig alle Schutzmechanismen außer Kraft setzen, die bei der Vorbereitung des Rituals eingesetzt wurden. Die kelippothischen Kräfte warten nur darauf, über den hilflosen Magier, der einen Fehler begeht, »herzufallen«. Was bei so unvorsichtigen Handlungen herauskommen kann, ist manchmal erschreckend. Das gilt für jedes Ritual, egal wie einfach es ist und mit welch

reiner Absicht es geplant war. Aus diesem Grund ist es von
größter Wichtigkeit, jede Zeremonie mit äußerster Sorgfalt zu
planen und dabei besonders auf solche Dinge wie Entsprechungen, Planetenstunden, Himmelsrichtungen und Mondzyklen zu achten.

Es ist wichtig, nochmals darauf hinzuweisen, daß kabbalistische Magie immer nur zu positiven Zwecken praktiziert
werden sollte. Negative Absichten welcher Art auch immer
fallen in den Bereich der »Schwarzen Magie« und können für
den Möchtegernkabbalisten äußerst gefährlich werden, beson-

Tafel 6: Andere Entsprechungen des Lebensbaums

Sphäre	Pflanze	Tier	Duft	Stein
1. Kether	Mandelblüte	–	Ambra	Diamant
2. Chochmah	Amarant	Mensch	Moschus	Rubin, Türkis
3. Binah	Zypresse, Mohnblume	Frau	Myrrhe, Zibet	Saphir
4. Chesed	Olive, Klee	Einhorn	Zeder	Amethyst
5. Geburah	Eiche	Basilisk	Tabak	Rubin
6. Tiphereth	Akazie, Lorbeer, Weinrebe	Löwe	Weih- rauch	Topaz
7. Netzach	Rose	Luchs	Benzoe, Rose	Smaragd
8. Hod	Moly	Herm- aphrodit	Storax	Opal
9. Jesod	Alraune	Elefant	Jasmin	Quartz
10. Malkuth	Lilie, Efeu	Sphinx	Kretischer Diptam	Berg- kristall

Tafel 7: Elemente und Metalle im Baum des Lebens

Sphäre	*Element*	*Metall*
1. Kether	Wurzel der Luft	–
2. Chochmah	Wurzel des Feuers	–
3. Binah	Wurzel des Wassers	Blei
4. Chesed	Wasser	Zinn
5. Geburah	Feuer	Eisen
6. Tiphereth	Luft	Gold
7. Netzach	Feuer	Kupfer
8. Hod	Wasser	Quecksilber
9. Jesod	Luft	Silber
10. Malkuth	Erde	Stein, Glimmer

Tafel 8: Die Elemente und die Himmelsrichtungen

Luft	Osten	Rafael	Gelb und Purpurfarben
Feuer	Süden	Michael	Grün und Rot
Wasser	Westen	Gabriel	Blau und Orange
Erde	Norden	Uriel	Zitronengelb, Olivgrün, Rostrot und Schwarz

ders wenn ihm bei der Durchführung der Zeremonie ein Fehler unterläuft. Wie gesagt, können bei einem Fehler sogar einfache und positive Rituale in ein Desaster ausarten. Ein negatives, schlecht vollzogenes Ritual kann in einer Tragödie oder gar dem physischen Tod enden.

Kabbalistische Rituale werden normalerweise auf der Ebene von Beriah, der schöpferischen Welt, abgehalten, in der der Same der Formgebung zum ersten Mal entsteht. Alle Dinge, die anhand geeigneter Meditation auf dieser Ebene visualisiert werden, manifestieren sich in der materiellen Welt, wenn das Ritual korrekt ausgeführt wurde. Als Farbskala wird in Beriah die Königinnen-Skala verwendet (siehe Tafel 4, S. 129).

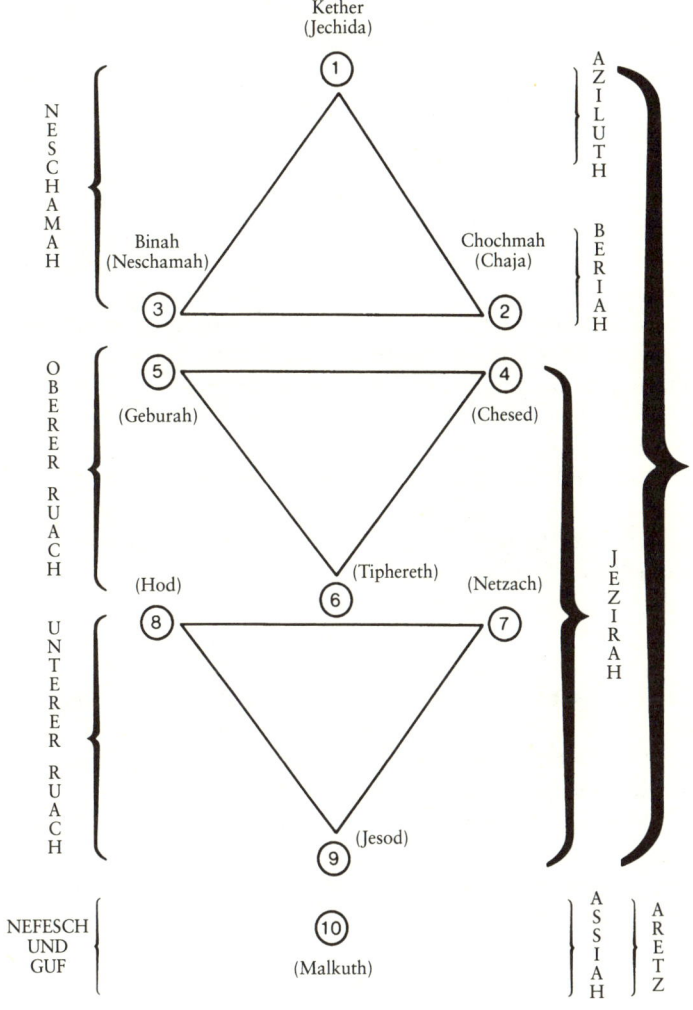

Abbildung 8: Entsprechungen im Baum des Lebens

Kapitel 12

Invokation und Evokation

In der praktischen Magie werden die Begriffe Invokation und Evokation häufig verwechselt, doch tatsächlich bedeuten sie zwei ganz verschiedene Dinge. Eine Invokation kann sowohl ein Gebet oder eine demütige Bitte an eine ganz bestimmte Gottheit oder das Herabrufen von Macht oder schützenden Kräften sein. Die Evokation geht einen Schritt weiter und *beschwört* diese Kräfte, sich dem Magier in materieller Form zu offenbaren. Bei der Invokation wird die Kraft und die sie verkörpernde Energie also nur angerufen und dazu aufgefordert, uns bei unseren magischen Handlungen zu helfen, während bei der Evokation der Kraft befohlen wird, sich in sichtbarer Form zu offenbaren.

Invokation

Die gängigste Form der Invokation ist das Gebet. Für den Kabbalisten ist das Gebet der einfachste und direkteste Weg, die Gottheit zu erreichen. *Doch ein Gebet ohne Gefühl ist nutzlos.* Deshalb bestehen die Kabbalisten so sehr darauf, daß der Mensch vor dem Beten erst einmal heftige Gefühle in sich entfachen muß. »Dein Wort ist Feuer« ist der Satz, an den Sie beim Beten stets denken sollten. Die Chassidim, Anhänger einer jüdischen Sekte, die in kabbalistischen Praktiken äußerst versiert sind, bringen beim Beten nicht nur starke Gefühle zum Ausdruck, sondern bewegen sich auch noch dabei. Ruhiges, statisches Beten ist nicht sehr wirkungsvoll. Die Chassidim schaukeln deshalb beim Beten ständig vor und zurück und schreien ihre Liebe und Zuneigung zu Gott mit großer Leidenschaft heraus. Diese Kombination aus leidenschaftlichem Gefühl und ständiger Bewegung aktiviert die Energien, die sie beim Beten freisetzen, und katapultiert sie auf das gewünschte Ziel zu. Es gibt Zeiten, da kann ein Mensch körperlich völlig ruhig bleiben, während seine Seele seinem Schöpfer in stiller Andacht huldigt. Aber nur jene, die bereits eins sind mit Gott, sind zu einem solchen Gebet inneren Feuers und äußerer Ruhe in der Lage.

Die beim Gebet erlangte Vereinigung mit Gott weist starke Ähnlichkeiten mit der sexuellen Vereinigung auf. Denn wie wir bereits gesehen haben, schwingen bei der Kabbala tiefe sexuelle Untertöne mit. Nach Ansicht der Meisterkabbalisten ist Beten die Vereinigung mit der göttlichen Präsenz, der Schechina, und ebenso wie sich zwei Menschen zu Beginn des Liebesakts vor- und zurückbewegen, soll der Mensch am Anfang des Gebets mit seinem Körper rhythmisch vor- und zurückschaukeln. Hat er jedoch den Höhepunkt der Vereinigung mit der Präsenz erreicht, soll er innehalten und seinen Körper nicht mehr bewegen.

Beim Beten sollte man stets frohgemut sein. Nie sollte man unter Tränen beten, wenn man traurig ist, denn darin spiegeln sich Zweifel und mangelnder Glauben wieder. Die Konzentration beim Beten sollte nie durch negative und ablenkende Gedanken gestört werden. Ganz im Gegenteil: Sollten diese Gedanken als von den Schalen der Kelippoth gefangene Lichtfunken angesehen werden, die man der Schechina in tiefster Hingabe darbieten sollte, damit sie sie zu ihrem göttlichen Gemahl zurückbringen und aus der Finsternis erlösen kann.

Während Sie betend vor dem Schöpfer stehen, sollten Sie nur sich ganz allein spüren. Auf der ganzen Welt gibt es nur Gott und Sie. Dann kann es keine Ablenkungen geben. Nichts kann dieses Gebet stören.

Von den chassidischen Kabbalisten werden im allgemeinen zwei Arten von Gebetszuständen unterschieden: zum einen *Katnut*, der »niedere« oder normale Zustand, in dem man im allgemeinen zu beten anfängt, und zum anderen *Gadlut*, der »höhere« oder erweiterte Zustand mystischen Bewußtseins. Im Zustand von Katnut kann große Liebe zu Gott zum Ausdruck kommen, doch für gewöhnlich in Form eines einfachen

Gebets, in dem man sich Gott überläßt und seinen Willen annimmt. In Gadlut transzendiert man Zeit und Raum und erreicht einen Zustand, in dem das Leben selbst allen Sinn verloren hat.

Der erste Schritt auf dem Wege zu Gadlut ist die vorbehaltslose, vollkommene Versenkung des gesamten Selbst in den Akt der Anbetung. Der Körper muß gemeinsam mit der Seele ganz in das Gebet vertieft sein: Rhythmische Körperbewegungen, gelegentliches lautes Aufschreien, Konzentration auf die gesprochenen und geschriebenen Worte des Gebets sind alles Hilfen zur vollkommenen Versenkung der bewußten Persönlichkeit in den Akt der Anbetung. Das Gebet muß darüber hinaus stets von der Liebe zu Gott und der Gottesfurcht erfüllt sein, die die »Flügel« sind, die das Gebet zu Gott emportragen. Während also die Liebe und Ehrfurcht die Worte nach oben tragen, werden die Buchstaben von ihren Verbalmustern befreit und führen die Seele aus der »Welt der Sprache« in die »Welt der Gedanken«. Zuerst sind die Energien auf die Worte konzentriert, dann werden die Worte aufgelöst und nichts bleibt erhalten außer dem leeren Gefäß, das bereit ist, das Licht von oben zu empfangen. Die »Welt der Sprache« wird mit der Schechina identifiziert, der Präsenz Gottes in Malkuth, der Herrlichkeit Gottes, die der gesamten Schöpfung innewohnt und sie erfüllt. Die »Welt der Gedanken« wird mit Chochmah gleichgesetzt. Deshalb ist auch der Aufstieg des Betenden vom Sprechen zum abstrakten Denken eine Reise, die ihn von den untersten Bereichen bis in die höchsten Gefilde des göttlichen Lichts führt.

Aus kabbalistischer Sicht ist das beste Gebet das in hebräischer Sprache gesprochene. Auch wenn man nicht weiß, wie die Wörter richtig ausgesprochen werden oder sich ihrer genauen Bedeutung nicht hundertprozentig bewußt ist, ist die Kraft der Wörter trotzdem so groß, daß sie zwangsläufig zu den höheren Gefilden emporgetragen werden, vorausgesetzt sie werden mit wahrer Liebe und Hingabe gesprochen. Die Meisterkabbalisten sagen zum Beispiel, einer der die Gebetsworte mit großer Hingabe lese, könne bisweilen das Licht in

den Buchstaben sehen, auch wenn er die Bedeutung der Wörter, die er da liest, nicht versteht. Ein solches Gebet besitzt
große Macht. Das ist vergleichbar mit einem Vater, der ein
kleines Kind hat, das er über alle Maßen liebt. Obwohl das
Kind gerade erst Sprechen gelernt hat, bereitet es dem Vater
größte Freude, seinen Worten zu lauschen, die er einwandfrei
versteht, obwohl sie nicht richtig ausgesprochen sind. Die
chassidischen Meister erzählen die Geschichte von einem einfachen Mann, der oft zu Gott sprach und sagte: »Herr der
Welt! Du weißt, daß ich nicht studiert habe, daß ich nicht einmal die Wörter in deinen heiligen Büchern lesen kann. Deshalb werde ich dir die Buchstaben des Alphabets aufsagen,
und dann kannst du dir daraus die Wörter meines Gebets
selbst formen.« Und er sagte dann einen nach dem anderen die
Buchstaben des Alphabets auf: »Aleph, Beth, Gimel, ...« Diese
Geschichte unterstreicht die Tugenden der Einfachheit und die
schöpferischen Kräfte der Buchstaben, die, wie wir gesehen
haben, die Bausteine von allem sind, was ist.

Das wichtigste und dynamischste aller Gebete zu der Gottheit findet sich in Psalm 51,17:

»Herr, tu meine Lippen auf, daß mein Mund deinen Ruhm
verkünde ...«

Dieses Gebet ist so kraftvoll, daß sich laut Kabbalisten die Präsenz Gottes auf den Betenden herabsenkt, wenn es gesprochen
wird. Dann ist es die Präsenz selbst, die dessen Stimme führt.
Sie ist es, die die Worte durch seinen Munde spricht. Es ist deshalb das Eröffnungsgebet, das vor allen anderen gesprochen
werden sollte. Ihm sollten dann noch andere Verse aus demselben Psalm und anderen Quellen (u. a. Jesaja 6,3) folgen:

»Entsündige mich mit Ysop, daß ich rein werde;
wasche mich, daß ich schneeweiß werde ...
Heilig bist Du und heilig ist Dein Name
und alle die heilig sind, sollen Dich dreimal am Tage
preisen, Sela.

Heilig, Heilig, Heilig ist der Herr der Heerscharen,
erfüllt ist die Welt von seiner Herrlichkeit ...«

Das ist das wirksamste aller Gebete an die Gottheit, und es
sollte allen anderen vorausgehen. Idealerweise sollte es in
Hebräisch gesprochen werden, und diejenigen, die an der
hebräischen Version interessiert sind, können es in jedem der
gängigen jüdischen Gebetbücher finden. In diesen Gebet-
büchern sind normalerweise auf der linken Seite traditionelle
Gebete abgedruckt, die auf der rechten Seite in ihrer hebräischen Entsprechung aufgeführt sind. Es ist nicht nötig, daß
Sie Hebräisch fließend oder auch nur gebrochen sprechen oder
schreiben können. Es reicht aus, wenn Sie die verschiedenen
Buchstaben erkennen und sie einzeln aussprechen. Wenn auch
das noch schwierig für Sie ist, reicht es auch aus, wenn Sie das
Gebet in Ihrer Sprache sprechen und sich dabei auf die hebräische Version konzentrieren, ohne die Buchstaben auszusprechen. Kabbalisten behaupten, daß das andächtige Sprechen
dieses Gebets als erste Tat am Morgen direkt nach dem Auf-
wachen, also noch vor dem Duschen oder Zähneputzen, den
Menschen der Gottheit nahebringe und ihm viele Segnungen
zuteil werden lasse. Das Gebet sollte stets im Stehen gesprochen werden. Anschließend sollte man sich auf den Boden
niederknien und die Erde küssen.

Im Idealfall sollte man Gott nie um einen ganz bestimmten
Gefallen bitten. Beten ist ein Akt der Liebe. Zuerst drückt man
Gott gegenüber seinen Dank für alle Wohltaten aus, die er uns
hat zuteil werden lassen, bittet um Vergebung für seine Sünden
und Schwächen, bittet um die Kraft, sie überwinden zu können, und die Weisheit, das Gesetz, die Thora, verstehen zu
können. Wird noch ein besonderer Wunsch geäußert, so fügt
man dem hinzu: »Ich wäre äußerst glücklich und dankbar,
wenn Du mich erleuchten und mir zeigen könntest, wie ich das
erreichen kann, was ich mir so sehr wünsche.« Die einzige Art
und Weise, wie wir Gott darum bitten können, etwas für uns
zu tun, besteht in der bedingungslosen, vollkommenen Hingabe unseres Willen an ihn. Das ist wichtig, weil Gott dem

Menschen den freien Willen geschenkt hat und deshalb nicht in weltliche Angelegenheiten eingreifen wird. Um das zu tun, müßte Er den freien Willen des Menschen überwinden, und der Mensch wäre dann gezwugen, sich nach dem Willen Gottes zu verhalten. Doch der Mensch wurde als freies Wesen geschaffen, und alles, was er entscheidet, ist einzig und allein seine Entscheidung. Seinen Willen und seine Entscheidungsfreiheit dem Schöpfer zu unterstellen ist die größte Liebestat, aber nichts, das einfach auf die leichte Schulter genommen werden sollte. Zuerst muß man bereit sein, alle Entscheidungen Gottes auch anzunehmen und jederzeit bedingungslos mit seinem Willen eins zu sein. Es ist eine totale Hingabe der Seele und des Willens, die vollkommen verstanden und zu jedem Zeitpunkt eingehalten werden muß. Bis diese Entscheidung getroffen wird, sollte das ideale Gebet sich an die weiter oben angeführten Zeilen halten.

Das Gebet ist nur die einfachste von vielen Formen der Invokation. Praktisch sind alle magischen Handlungen auf irgendeine Art und Weise Invokationen. Doch wenn wir uns im Gebet bittend an Gott wenden, sind wir uns auch bewußt, daß unser Gebet nicht beantwortet werden kann. Manchmal ist das, was wir wollen, einfach nicht möglich oder nicht leicht für uns zu erreichen. Wir müssen beim Beten stets daran denken, daß immer die Gesetze des Universums beachtet werden müssen. Auch wenn anscheinend »Wunder« geschehen, geschehen sie nur, weil sie die perfekte Struktur des Universums nicht stören. Unter anderen Grundvoraussetzungen kann dasselbe »Wunder« möglicherweise nicht stattfinden. Ich erinnere mich, daß ich einmal einen Mann getroffen habe, der erklärte, er glaube nicht an Gott, weil er es zugelassen hätte, daß seine Mutter ganz jung starb. Der Mann hatte zu Gott gebetet, er solle seine Mutter retten, die an einer sehr seltenen Form von Gehirnkrebs zu sterben drohte, und hatte Gott versprochen, er werde stets gläubig und gut sein, wenn Gott nur seine Mutter am Leben ließe. Als seine Mutter starb, wurde er wütend auf Gott und schrie: »Dich gibt es überhaupt nicht! Ich glaube nicht an dich. Wenn du wirklich Gott wärst, hättest du mein

Gebet erhört und meine Mutter gerettet.« Es war dem Mann
nie in den Sinn gekommen, daß er genau durch diese Worte
einen sehr starken Glauben an die Existenz Gott zum Ausdruck brachte. Er rebellierte einfach gegen Gott wegen des
Todes seiner Mutter, etwas, das aufgrund des Wesens ihrer
Krankheit unvermeidlich war, wenn das Naturgesetz weiterhin
Gültigkeit haben sollte. Seine Wut und sein Schmerz waren
verständlich und auch Teil einer natürlichen Reaktion. Wir
sollten uns also beim Beten stets der Gesetze der Wahrscheinlichkeit und Möglichkeit bewußt sein und nicht um Dinge bitten, die ganz und gar unmöglich oder gegen die Naturgesetze
sind.

In der Magie legen wir unser Schicksal nicht länger in Gottes Hände. Wir nehmen die Dinge selbst in die Hand und stellen unseren eigenen Willen in den Vordergrund. Wir benutzen
immer noch dieselben Energien wie beim Beten, aber diesmal
channeln wir die Energien selbst. Das ist des Menschen gutes
Recht, denn er wurde als freies Wesen geschaffen und mit
einem eigenen Willen ausgestattet. Der Vorteil des Gebets
besteht darin, daß wir beim Beten keine Gesetze irgendwelcher
Art brechen, was beim Praktizieren von Magie schon passieren kann. Das ist auch der Grund, warum Magie so oft nicht
wirkt. Ich persönlich bin der Meinung, daß die wichtigste Vor-
aussetzung für die Magie die korrekte Einhaltung des Gesetzes
ist, also auch der Thora in Form der zehn Gebote und der
Naturgesetze. Ich würde deshalb jedem, der vorhat, kabbalistische Magie zu praktizieren, empfehlen, sich mit den physikalischen Gesetzen vertraut zu machen. Dazu sollte er sich ein
kleines Büchlein in einfacher Sprache kaufen, in dem die wichtigsten Naturgesetze beschrieben sind, wie etwa das Gesetz der
Schwerkraft, der Impulssatz, der Trägheitssatz, die Lehre von
den Kohäsions- und Adhäsionskräften und so weiter. Auch ein
gutes Verständnis der Grundlagen der Atomphysik, einschließlich Atomarteilchen und Elektromagnetismus, wäre wün-
schenswert. Im ersten Teil dieses Buches haben wir die Parallelen zwischen Wissenschaft und Kabbala hinsichtlich der Entstehung des Universums aufgezeigt. Wenn man versucht, den

natürlichen Lauf der Dinge zu verändern, sollte man sich zumindest über die Natur der Dinge im klaren sein, die man da zu ändern versucht. Dann weiß man wenigstens, was man erfolgreich *und* sicher vollbringen kann oder auch nicht.

Diese Ermahnung mag manchen unnötig erscheinen, aber in Wirklichkeit ist es ein guter, vernünftiger Rat. Denn Magie handelt ja nicht zuletzt von den Veränderungen in der materiellen Welt. Da ist nichts »Übernatürliches« dabei. Ganz im Gegenteil: Alle Kräfte, mit denen wir in der Magie arbeiten, sind äußerst real und ganz natürlich. Es ist deshalb wichtig, daß wir verstehen, was wir da tun. Und da die Veränderungen, die wir zu erreichen hoffen, zuerst im Bereich des Verstandes stattfinden, sollte wir auch die Grundlagen unserer geistigen Natur zu begreifen versuchen. Ein kleines Handbuch über allgemeine Psychologie kann uns die nötige Information hierzu liefern und gute Dienste leisten.

Kennen wir erst einmal die Grundstruktur der Natur des Universums und die wichtigsten Komponenten unseres Verstands, haben wir den Punkt erreicht, an dem wir uns an die Magie machen können. Als erstes sollten wir uns stets vor Augen halten, daß alle Kräfte, mit denen wir es zu tun haben, seien es nun Engelskräfte oder andere, ein intrinsischer Bestandteil unseres eigenen Verstandes ist. Welche Energien auch immer wir bei einem Ritual freisetzen, sie kommen alle aus uns selbst heraus. Wir sind der wichtigste Kanal, durch den diese universellen Kräfte manifestiert werden. Wenn die Energien herausströmen, lenken wir sie in die Richtung, in die wir sie haben wollen. All das findet im Bereich des Geistes statt, dem Ort also, an dem die gesamte Magie abläuft.

Es ist schon viel über das Fasten und die Reinigung vor einem magischen Ritual geschrieben worden. Die Bedeutung des Fastens und der Reinigung kann nicht klar genug unterstrichen werden. Bei jeder Zeremonie werden von dem Praktizierenden riesige Energiemengen freigesetzt und Bündel negativer Kräfte sammeln sich um ihn herum, in der Hoffnung, wenigstens dieses Mal die Energien anzapfen zu können, von denen sie sich nähren. Es ist deshalb für den Möchtegernmagier von höchstem Interesse, sich selbst mit geeigneten Methoden der Selbstreinigung zu stärken. Vor jeder größeren Handlung ist es deshalb ratsam, mindestens 24 Stunden zu fasten, sich in sexueller Enthaltsamkeit zu üben, aber auch keine Wut oder andere starke Gefühle zu empfinden. Meditation und kontrolliertes Atmen vor der Zeremonie sind ebenfalls hilfreich. In Kapitel 11 und 12 werden Beispiele für kabbalistische Invokationsriten mit genauen Anweisungen zu ihrer Durchführung gegeben.

Evokation

Wie bereits erwähnt, geht es bei der Praxis der magischen Evokation um das tatsächliche Herbeirufen der »Geister« oder der Energiekonzentrationen zur Materialisation. Es gibt unzählige Schriften mit Anweisungen zur Geisterbeschwörung, von denen die meisten auf das Mittelalter zurückgehen. Dazu gehören die berühmt-berüchtigten Grimoiren und die verschiedenen »Goetie«-Bücher. Die wichtigsten davon sind: *Clavicula Salomonis*, *Legemeton* (der kleine Schlüssel Salomons), *Grimorium Verum*, *Grand Grimoire*, *Grimorium des Papstes Honorius*, *Almadel Salomonis* und *Die heilige Magie des Abramelin*. In jüngerer Zeit verfaßte der deutsche Kabbalist Franz Bardon mehrere Bücher über die Praxis der Magie, von denen sich eines hauptsächlich mit Evokation beschäftigt und den Titel *Die Praxis der magischen Evokation*[39] trägt.

Viele der hier aufgeführten »Zauberbücher« befassen sich in erster Linie mit der Beschwörung von bösen Geistern, die die Kabbalisten des Mittelalters aus irgendwelchen unerfindlichen Gründen mehr zu interessieren schienen. Die darin gegebenen Anweisungen reichten von der Vorbereitung der Gewänder und der magischen Instrumente, wie Tinten, Federn, Pergament zur Niederschrift eines Pakts, den besten Zeiten für Invokationen etc. bis zu den Namen und Siegeln der Geister. Größten-

---

[39] Bardon, Franz: Die Praxis der magischen Evokation. Freiburg: Verlag Hermann Bauer, 1992.

teils sind sie äußerst kurios und faszinierend, wurden uns jedoch in ziemlich verwässerter Form durch viele grobe Abweichungen und Fehler in der Schreibweise der »barbarischen Namen der Evokation« überliefert. Aus diesem Grunde wird auch davon ausgegangen, daß die Wirksamkeit der verschiedenen Formeln in den meisten Fällen verlorenging.

Viele Leute zweifeln am Erfolg von Evokationsriten, da sie einfach nicht glauben können, daß spirituelle Kräfte materielle Form annehmen können. Ich kann Ihnen aus eigener Erfahrung versichern, daß es möglich ist. Wie wir aus dem Physikunterricht wissen, besteht die Materie aus Energie. Es liegt völlig im Bereich des Möglichen und des Natürlichen, daß sich Energie plötzlich vor unseren Augen materialisiert. An einem kalten Wintertag wird unser Atem, der normalerweise unsichtbar ist, plötzlich kondensiert und damit materialisiert und für uns sichtbar. Ist es extrem kalt, kann unser Atem in Sekundenschnelle zu kleinen Eisklümpchen erstarren. Das ist nur ein einfaches Beispiel für die physikalische Änderung des Aggregatzustands der Materie von gasförmig zu fest, wie wir es in der Schule gelernt haben. Bei den durch Invokation und Evokation angerufenen »spirituellen Kräften« in der Magie handelt es sich ebenfalls um Energie und damit auch um eine Form von Materie. Da sie unsichtbar sind, können wir von der Annahme ausgehen, daß sie von Natur aus gasförmig sind. Doch wir wissen auch, daß Gas zu einer sichtbaren Form verfestigt werden kann, deshalb liegt es auch für eine spirituelle Kraft im Bereich des Möglichen, eine feste Form anzunehmen. Die Form und Gestalt, die sie annimmt, wurde wiederum bereits über viele Jahrhunderte hinweg durch Visualisierungen längst vergangener Magier festgelegt. Die Macht des menschlichen Geistes ist äußerst eindrucksvoll, und eine mentale Kraft dazu zu bringen, sich zu materialisieren, ist nur eine seiner großen Fähigkeiten. Vor einigen Jahren, als ich im Rahmen einer zweijährigen Tätigkeit bei den Vereinten Nationen in Wien lebte, hatte ich Gelegenheit dazu, dies selbst auszuprobieren. Zu jener Zeit experimentierte ich mit verschiedenen magischen Systemen herum. Besonders interessierte ich

mich für die rituelle Magie, und bis zu jenem Zeitpunkt war
ich mit meiner magischen Arbeit ziemlich erfolgreich gewesen.
Eines Tages stieß ich auf ein Evokationsritual mit dem Namen
»Der Ritus der Königin Hagiel«. Es wurden detaillierte Anweisungen zur Heraufbeschwörung von Hagiel gegeben, die
die Intelligenz von Venus (Netzach) darstellt, wenn der Planet
in das Tierkreiszeichen Stier und Waage eintritt. In der An-
leitung war die Rede von einem Gewand aus blauem Satin,
das mit einem grünen oder rosafarbenen Gürtel getragen werden sollte, einer Lampe aus Kupfer und sieben Stückchen grünen Glases (alles Venus-Attribute), sowie Räucherwerk mit
einer Zimtnote. Auf ein Stück Pergament sollte das Venusqua-
drat mit seinen traditionellen 49 Quadraten gezeichnet werden, und das Zeichen und Siegel Hagiels auf ein anderes Stück
Pergament in der Form eines Heptagons. Auf den Boden
außerhalb des magischen Kreises war ein Dreieck zu malen,
das Hagiels Zeichen enthielt. Alles in allem war es ein ziemlich
einfaches Ritual von großer Schönheit, und ich war fasziniert
von der Idee, den Versuch zu unternehmen, mit dem Geist
Kontakt aufzunehmen, von dem behauptet wird, er sei sehr
freundlich und wohltätig. Bald hatte ich nahezu alles für den
Ritus beisammen, allerdings konnte ich in ganz Wien einfach
keine sieben Stückchen grünes Glas in Form eines Siebenecks
für die Lampe auftreiben; auch an das Kupfer war äußerst
schwer heranzukommen. Richtiges Pergament zum Beschreiben zu finden, war sowieso ein Ding der Unmöglichkeit. Also
beschloß ich zu improvisieren. Anstatt der Lampe benutzte ich
sieben grüne Kerzen und anstelle des Pergaments normales
Papier.

Dem Ritual zufolge sollte man Hagiel siebenmal anrufen
und dabei siebenmal um den Kreis herumlaufen. Als ich mit
der Invokation anfing, hatte ich das bestimmte Gefühl, daß
ich nicht allein war. Der Raum schien sich mit einer
unbeschreiblichen Präsenz zu füllen, und ich schaute immer
wieder zu dem äußeren Dreieck hinüber und erwartete jeden
Augenblick eine Materialisation. Plötzlich fing jemand an,
auf dem Boden über dem Dreieck irgendetwas hinzuwerfen,

das wie schwere Steine klang. Während diese Gewichte auf den Boden herunterkrachten, fing die Decke über dem Dreieck an, sich zu krümmen und zu bewegen. Ich war sicher, sie würde jeden Moment einbrechen. Doch genauso plötzlich, wie der Lärm begonnen hatte, hörte er auch wieder auf. Doch gleich danach war eine schaurige Melodie zu hören, die jemand im Stockwerk über mir vor sich hin pfiff. Das Pfeifen bewegte sich zweimal um den Kreis herum und hörte dann ebenfalls auf. Was die ganze Geschichte so unheimlich machte, war die Tatsache, daß ich im obersten Stock des Hauses wohnte und daß sich über meiner Wohnung nur ein leerer Speicher befand, der seit Jahren mit einem Vorhängeschloß fest verschlossen war. Niemand außer dem Hausbesitzer konnte auf den Dachboden gelangen, und der befand sich zu jener Zeit gerade außerhalb von Wien. Trotz des furchterregenden Erlebnisses gelang es mir, den Ritus ohne weitere größere Zwischenfälle zu Ende zu führen. Sobald alles vorüber war, rannte ich hinaus und kletterte zum Dachboden hinauf, um die Tür zu überprüfen; doch das Vorhängeschloß war nicht nur fest verschlossen, sondern auch mit Spinnweben überzogen. Durch diese Tür war bestimmt niemand hineingelangt. Als ich in das Zimmer zurückkam, in dem ich das Ritual abgehalten hatte, schaute ich mir die Decke näher an, die ich sich krümmen und nahezu einbrechen sehen hatte. Sie war völlig intakt. Zum Abschluß der Erfahrung träumte ich in der folgenden Nacht auch noch von Hagiel. Ich sah sie genauso, wie sie in dem Ritual beschrieben gewesen war, als eine wunderschöne, hellhäutige Frau mit roten Haaren und blauen Augen, die von der Taille aufwärts nackt war und ein blaues Satinhemd mit einem rosafarbenen Gürtel trug. Sie wirkte recht freundlich und liebenswürdig und erklärte mir, daß sie am Tag zuvor nicht hätte zu mir kommen können, da der Ritus unvollständig war. Sie konnte sich nur in einem grünen Dunstschleier manifestieren. Darin bestand also der Zweck der grünen Lampe. Doch sie beantwortete alle meine Fragen ziemlich bereitwillig und gab mir darüber hinaus noch Tips, um die ich nicht gebeten hatte.

Mein Erlebnis mit Hagiel war nur eine von vielen Begegnungen mit materialisierten Kräften. Ich weiß deshalb aus Erfahrung, daß Evokationsrituale nur dann erfolgversprechend sind, wenn sie richtig durchgeführt werden. Doch ich muß alle Anfänger nochmals vor dieser Praxis warnen. Jeder Fehler oder jede Auslassung in einem Ritual kann äußerst erschreckende Phänomene auslösen, wie meine Erfahrung mit Hagiel gezeigt hat. Evokationsrituale sollten nur von wirklich erfahrenen Magiern durchgeführt werden und auch dann noch mit äußerster Vorsicht.

Kapitel 13

Kabbalistische Riten

Die Kabbalisten haben schon immer auf die enge Wechselbeziehung zwischen allen Welten und allen Seinsebenen hingewiesen. Alles ist mit allem verbunden, und diese gegenseitige
Durchdringung aller Dinge folgt ganz exakten unergründlichen Gesetzen. Darüber hinaus existieren alle Geschöpfe
nach den Archetypen (*Dugma*) der zehn Sephiroth. Diese Welt
der Archetypen wird häufig auch *Merkaba* oder der Thron-
wagen Gottes genannt, und jedes Detail des Rituals der Thora
hängt mit einem ganz bestimmten Teil der Merkaba zusammen. Jedes Gebot (*Mizwa*) der Thora hat ein hohes Prinzip
und einen geheimen Grund. Und so wie Gott eine Einheit ist,
bilden auch alle Gebote zusammen eine dynamische Kraft,
eben die des unendlichen göttlichen Lebens. Die Thora als die
Gesamtheit dieser Gebote ist in dieser Welt Gottes, dem
Pleroma der zehn Sephiroth, verankert. Noch wichtiger ist
jedoch, daß Gott nicht irgend etwas jenseits der Thora ist, und
die Thora auch nicht etwas außerhalb von Gott, denn er selbst
ist die Thora. Deshalb spielt also die Einhaltung der Gebote in
der kabbalistischen Vorstellung eine so wichtige Rolle.

Die frühen rabbinischen Rituale waren eng verknüpft mit
der Erfüllung des göttlichen Getzes und standen außerdem in
einem sehr engen Zusammenhang mit der Natur. Der erste
von den sechs Teilen der *Mischna*, der ersten Kodifizierung des
jüdischen Religionsgesetzes und Rituals, befaßt sich im wesentlichen mit den Geboten in bezug auf eine agrarische Gesellschaft. Diese im Alten Testament festgelegten *Mizwoth* enthalten Bestimmungen über Ernte und Nachlese, über die Erst-
linge und das Sabbathjahr und die Aussaat von Gewächsen
verschiedener Gattungen. Diesen Bestimmungen zufolge durfte
man zum Beispiel die Früchte der ersten Ernte nicht pflücken,

sondern mußte sie auf den Bäumen und an den Reben verrotten lassen. Fremde konnten davon essen, aber nicht ihre Besitzer, denn die ersten Früchte gehörten Gott. Dasselbe galt für das erstgeborene Tier in jeder Herde, das Gott nach einer angemessenen Zeit zum Opfer dargebracht werden mußte. Tatsächlich gehören laut Thora alle Erstgeborenen Gott, also auch Menschen, denn alles, was »den Schoß öffnet«, ist Ihm geweiht.

Eine andere Stelle der Mizwoth handelt vom Sabbathjahr. Dieser Bestimmung zufolge waren alle sieben Jahre alle Schulden zu vergeben und die Sklaven freizulassen. Dieser Teil der Thora findet auch in unserer modernen Gesellschaft noch manchmal Anwendung.

Im Mittelalter ging dann die Verbindung zur Natur langsam verloren. Da die Bestimmungen der Thora nur im Heiligen Land galten, wo sie sich auf die Landwirtschaft bezogen, nahmen die Juden im Exil von ihnen Abstand. An die Stelle des Naturritus trat der Geschichtsritus, also ein historisches Ritual der Erinnerung, das sich vorwiegend um die verschiedenen Feste des jüdischen Kalenders drehte. Es ist gesagt worden, die Rituale des rabbinischen Judentums bewirkten nichts und verwandelten nichts. Dies gilt jedoch nicht für die kabbalistischen Rituale, bei denen die Verwandlung geradezu im Mittelpunkt steht. Manche dieser Rituale sind sehr alt und reichen noch auf die Mystiker zurück, die den Kabbalisten des 13. Jahrhunderts vorangingen. Hauptsächlich handelt es sich dabei um spezielle Initiationsrituale.

In der kabbalistischen Tradition geht es bei einem Initiationsritus hauptsächlich um die Übergabe des Gottesnamens vom Meister zum Schüler. Laut Eleasar von Worms, einem berühmten Kabbalisten des 13. Jahrhunderts, verläuft die Initiation sinngemäß folgendermaßen: man überliefert den Namen nur den Auserwählten, die nicht leicht in Zorn geraten, demütig und gottesfürchtig sind und die Gebote ihres Schöpfers vollziehen, und man überliefert ihn nur über dem Wasser. Bevor der Meister ihn seinem Schüler lehrt, sollen beide in 40 Maß fließenden Wassers untertauchen und baden,

sodann weiße Gewänder anziehen und an dem Tage der Beleh-
rung fasten. Dann sollen beide bis zu den Knöcheln im Wasser
stehen, worauf der Meister ein Gebet spricht, das mit den
Worten schließt: »Die Stimme Gottes ist über den Wassern!
Gelobt seist Du, Herr, der sein Geheimnis denen, die ihn
fürchten, offenbart, Er, der Mysterienkundige.«[40] Dann sollen
beide ihre Augen auf das Wasser richten und Psalmenverse
sprechen, die Gott über den Wassern preisen. Dabei überliefert
offenbar der Meister denjenigen Geheimnamen Gottes, den
der Schüler hören darf, worauf beide wieder in das Haus des
Meisters zurückgehen und noch einmal über einem Gefäß mit
Wasser das Dankgebet sprechen.

Die richtige Aussprache der geheimen Gottesnamen spielt
in der kabbalistischen Magie eine wichtige Rolle. Doch die
alten Kabbalisten wiesen stets mit Bedacht darauf hin, daß die
Invokation des Gottesnamens Gott nicht etwa dazu verpflich-
tet, den Willen des Anrufenden auch zu erfüllen. Er kann also
durch das Anrufen seines Namens zu nichts gezwungen werden. Es ist einfach so, daß der Name selbst die Macht besitzt,
die Wünsche desjenigen zu erfüllen, der ihn ausspricht. Gehen
wir bis ins 7. Jahrhundert zurück, so finden wir, daß die kraft-
vollsten Gottesnamen damals folgende waren: El, Eloe, Selios
oder Ramathel, Ejiel, Adonai, Jah, Tetragrammaton, Schaddai
und Elohim. Doch natürlich war und ist der mächtigste aller
Namen das Tetragrammaton JHWH. Wie wir in Kapitel 1 gesehen haben, besitzt es zwölf Formen, die durch Umstellung
der Buchstaben entstehen. Obwohl die Buchstaben den »Körper« des Namens bilden, kann die richtige Aussprache auch
durch die korrekte Setzung der Vokalpunkte unter den richtigen Konsonanten erzielt werden. Der Name kann auf tausend
verschiedene Arten ausgesprochen werden. Hier nur einige
von den Kabbalisten benutzte Formen: Jehovah, Jahweh,
Jahavha, Javah und Jeheveh. Die allgemeine Unsicherheit hinsichtlich der Vokalisierung dieser Namen und die verschiede-

---

[40] Scholem, Gershom: *Zur Kabbala und ihrer Symbolik.* Frankfurt:
Suhrkamp 1992, S. 182.

nen Aussprachetraditionen machen es unmöglich, die richtige
Form der Aussprache mit Sicherheit herauszufinden. Dieses
Wissen kann nur mündlich vom Meister zum Schüler überlie-
fert werden, doch heutzutage gibt es nur noch ganz wenige
Kabbalisten, die den heiligen Namen kennen.

Es gibt allerdings noch andere Gottesnamen, die leichter
zu handhaben sind, da den Kabbalisten ihre Aussprache bekannt ist. Dies sind vor allem der Name der 22 Buchstaben
und der Name der 42 Buchstaben. Die Aussprache des ersten
Namens lautet *Anaktam Pastam Paspasim Dionisim.* Dieser
Name tauchte zum ersten Mal im *Sepher Rasiel* auf, der Eleasar von Worms zugeschrieben wird. Schon bald nach seinem
Auftauchen erfreute er sich bei Beschwörungen größter Be-
liebtheit, da er als äußerst wirkungsvoll galt. Im 17. Jahrhundert wurde er dann in das Ritual der Synagoge aufgenommen,
und zwar im Rahmen eines Gebets, das dem priesterlichen
Segen hinzugefügt wurde. Die Aussprache des zweiten
Namens lautet abgekürzt aus seinem ersten und letzten Teil
Abigatz Schakwasit. Dieser Name ist scheinbar äußerst wirkungsvoll, wenn es um die Heilung von Kranken, Zerstörung
von Feinden und Erlangung von Macht über andere geht.
Doch die Kabbalisten warnen vor seinem Gebrauch in un-
reinem Zustand, da er in diesem Falle den Tod des Anrufers
zur Folge haben könnte.

Das Sprechen der verschiedenen Gottesnamen über dem
Wasser stellt einen Teil der Reinigungsriten dar, deren Bedeutung von den Kabbalisten ständig betont wird. In ihren Augen
ist Unreinheit gleich Gottlosigkeit, und Wasser gilt als das
Mittel zur Reiniung von dem Bösen schlechthin. Das von
Johannes dem Täufer eingeführte Taufritual gründet sich auf
denselben kabbalistischen Glauben.

Ein anderer Ritus, bei dem es ebenfalls um den Gottesnamen geht, ist das sogenannte »Anziehen des Namens«. Für
dieses Ritual braucht der Kabbalist ein Stück reines Hirschper-
gament, aus dem ein ärmelloses Kleid nach der Art eines
Brustschilds des Hohen Priesters geschnitten wird. Diese
Tunika bedeckt Schulter und Brust bis zum Nabel und fällt an

der Seite bis zu den Lenden herab. Außerdem soll mit jenem
Kleid noch ein Hut verbunden werden. Dieses magische
Gewand wird dann mit einigen geheimen Namen Gottes be-
schriftet. Dann soll der Adept sieben Tage fasten, nichts Essen,
was tierischen Ursprungs ist, auch keine Milch, Eier und keinen Fisch. Er soll nichts Unreines berühren und keinen Geschlechtsverkehr haben. Nach sieben Tagen soll er dann in der
Nacht ans Wasser gehen und den oder die Namen, die auf seinem Kleid geschrieben sind, über dem Wasser anrufen. Nimmt
er in der Luft über dem Wasser eine grüne Gestalt wahr, so ist
das ein Zeichen dafür, daß er noch unrein ist und dieselbe Vorbereitung noch weitere sieben Tage wiederholt werden muß,
von Almosen und Wohltätigkeit begleitet. Nimmt er aber die
Gestalt über dem Wasser in einem hellen Rot wahr, so ist das
ein Zeichen, daß er rein ist, den Namen anzuziehen. Daraufhin soll er bis an die Lenden ins Wasser gehen und das Kleid
mit dem Gottesnamen anziehen. Dieses Ritual soll dem Adepten unwiderstehliche Kraft verleihen.

Andere kabbalistische Riten von großer Bedeutung basieren
auf der heiligen »Hochzeit« zwischen den Sphären Tiphereth
und Malkuth, die den männlichen und weiblichen Aspekt der
Gottheit verkörpern. Die Schechina oder der weibliche Aspekt
des Gottes wird mit dem Volk Israel identifiziert. Das Wochenfest, das 50 Tage nach dem Passah-Fest gefeiert wird, stellt in
Wirklichkeit ein heiliges Hochzeitsfest zum Gedenken an den
Bund zwischen Gott und Israel dar. Anfang des 16. Jahrhunderts wurde dafür ein genau vorgeschriebenes Ritual eingeführt, das sich auf eine Passage über die Hochzeit zwischen
dem männlichen und weiblichen Aspekt Gottes aus dem *Sohar*
gründet. Die ganze Nacht vor dem heiligen Hochzeitsfest me-
ditierten die Kabbalisten, sangen Lieder und lasen ausgewählte Passagen aus allen Büchern der Bibel, aus allen Abhandlungen der Mischna und den Teilen des *Sohar*, die im
Zusammenhang mit dieser Zeremonie stehen. Dieser Ritus
wurde sehr beliebt und wird auch heute noch praktiziert. Die
Vorstellung von einer tatsächlichen Hochzeit wurde soweit
getrieben, daß manche Kabbalisten einen offiziellen Ehe-

vertrag vorlasen, in dem die Ehe zwischen dem »göttlichen Bräutigam« und der »Jungfrau Israel« bestätigt wurde.

Der Sabbath-Abend selbst wird als die Nacht der sexuellen Vereinigung der Schechina mit ihrem Gemahl angesehen und viele Gelehrte sehen den Sabbathabend als *den* Tag der Kabbala schlechthin an. Es ist die Zeit, zu der das Licht der oberen Welt in die materielle Welt einbricht, wo es bis zur nächsten Woche weiterscheint, aber immer schwächer wird, bis dann am nächsten Sabbath das Licht erneut aufgeht. Die Kabbalisten sind der Meinung, der Sabbathabend sei die ideale Nacht für die sexuelle Vereinigung zwischen Mann und Frau, da sie dann unter dem Segen der Vereinigung der Schechina mit ihrem göttlichen Gemahl stehe. Am Freitagnachmittag wird oft mit größter Andacht das Hohelied rezitiert, das traditionell im Zusammenhang mit dem unauflöslichen Bund zwischen Gott und Israel gesehen wird. Das Hohelied ist besonders in Liebesritualen überaus wirkungsvoll. Ein weitverbreiteter Ritus, bei dem die 8 Verse des Lieds verwendet werden, verlangt, mit den Füssen bis zu den Knöcheln im Wasser jeden Freitag jeweils um Mitternacht einen Vers zu sprechen. Vor dem Ritual sollte die Person 24 Stunden gefastet haben und mit einem aus Myrten und Rosen gewundenen Kranz gekrönt werden. In ihrer rechten Hand soll sie beim Hersagen des Gebets eine angezündete weiße Kerze halten.

Die Trennung der Schechina von ihrem Herrn und ihre Not im Exil stellen die Grundlage für ein anderes bekanntes kabbalistisches Ritual dar. Den Kabbalisten zufolge werden die Abendstunden bis Mitternacht von den strengen, richtenden Gewalten beherrscht. Nach Mitternacht werden diese Kräfte dann gebrochen und Hoffnung und Frieden können wieder in die Welt einkehren. Doch die Mitternachtsstunde selbst ist die Zeit größten Leids der Schechina, da sich die Mächte der Dunkelheit dann gerade auf ihrem Höhepunkt befinden. Es wurde daher von den Kabbalisten des Mittelalters ein Ritus erfunden, bei dem es darauf ankommt, der Schechina einen Teil ihres Leids abzunehmen. Bei diesem Ritual steht der Kabbalist um Mitternacht auf, kleidet sich an, geht zur Türe und zieht in der

Nähe des Türpfostens die Schuhe aus und verhüllt sein Haupt. Weinend holt er Asche vom Herd und streut sie sich auf die Stirn, legt sich dann auf den Boden und reibt sich die Augen mit dem Staub, den er dort findet. Daraufhin trägt er eine bestimmte Liturgie vor, die sich aus Psalm 137 und 79 sowie dem letzten Kapitel der Klagelieder zusammensetzt. Auch die Nicht-Eingeweihten sollen nach Meinung der Kabbalisten diesen Ritus vollziehen, denn die Zeit von Mitternacht bis zum Morgen ist die Gnadenzeit, und durch seine Identifizierung mit dem Leid der Schechina wird deshalb ein Strahl dieser Gnade auf ihn fallen.

Ein weiteres Beispiel für ein Ritual zu Ehren der Schechina wird von den Kabbalisten am Tage vor dem Neumondstag, wenn der Mond am dunkelsten ist, vollzogen. Diesen Tag, der *Jom Kippur Katan* oder »kleiner Versöhnungstag« genannt wird, empfehlen die Kabbalisten als Tag des Fastens und der Buße. Die Schechina, die selbst als der »Heilige Mond« bezeichnet wird, wurde aufgrund der Sünden der Menschheit ihres Lichts beraubt, was durch die Verringerung der Kräfte des Mondes während der abnehmenden Phase veranschaulicht wird. Durch Fasten und Buße in dieser Zeit kann etwas von dem Licht der Schechina auf sie zurückgeworfen werden. Der folgende Tag, also der Neumondstag selbst, ist ein besonderer Festtag, an dem von den Kabbalisten und in allen Synagogen die *Hallel* oder Loblieder für Gott gesungen werden. An diesem Tag ist das Fasten verboten. Ein sehr schönes und gleichzeitig sehr einfaches Ritual für den Neumondstag ist das Anzünden von sieben Kerzen, wodurch an die sieben Tieropfer erinnert werden soll, die Gott in früheren Zeiten an diesem Tage dargebracht wurden. Auf den Altar sollte ein mit klarem Wasser gefülltes Glas gestellt und Psalm 113 und 118 über dem Wasser gesprochen werden. Nach Abschluß des Rituals sollte im Namen Gottes ein kleines Glas Wein getrunken werden, mit dem man Ihn für die Erschaffung des Universums preist und Ihm für alle seine Wohltaten dankt. Etwas Räucherwerk und Musik, die eine Verbindung zum Mond herstellen, wie Debussys *Claire de Lune* oder Beethovens *Mondschein-*

Sonate sind zwar nicht traditionell, aber trotzdem liebens-
werte Gaben für Gott.

Ich möchte hier noch einmal ausdrücklich darauf hinwei-
sen, daß die Verwendung von Psalmen in den kabbalistischen
Ritualen von ungeheurer Wirkung ist. Dies gilt besonders für
Psalm 22, 23, 8, 51, 45 und 91. Jeder Psalm wird nach der
Überlieferung für ganz bestimmte Zwecke verwendet, die
beim Durchlesen des Textes ersichtlich werden. Wie bereits
früher angeführt, ist ein gutes Verständnis und Beachten der
Thora beim Praktizieren der Kabbala absolut unerläßlich.
Dem würde ich gerne noch hinzufügen, daß alle Bücher des
Alten Testaments Quellen großer Kraft sind, insbesondere gilt
dies für die Propheten, die Psalmen, das Hohelied, den Predi-
ger Salomo und die Sprüche. Der Prophet Jesaja ist sehr wirkungsvoll in Ritualen der Liebe und positiven Taten. Der Prophet Jeremia eignet sie ausgezeichnet zur Ritualarbeit in
Zusammenhang mit Beherrschung und dem Überwinden von
Schwierigkeiten. Wichtig ist jedoch, daß Sie selbst herausfinden lernen, worin Kraft steckt und wie Sie sie am besten
verwenden können. Die Suche nach dieser Kraft ist an sich
schon eine kabbalistische Übung zur Förderung des spirituellen Wachstums.

Kapitel 14

Kabbalistische Magie

Viele Bücher sind über die »westliche Tradition« der kabbalistischen Magie geschrieben worden. Dazu zählen in erster Linie die Werke der modernen Magier Aleister Crowley, Dion Fortune, Israel Regardie und vielen anderen, von denen die meisten Mitglieder des Hermetischen Ordens des Golden Dawn waren. Ihre Arbeiten waren in hohem Maße von den Kabbalisten der Jahrhundertwende beeinflußt, nämlich Eliphas Lévi, Stanislas de Guaita, Gérard Encausse (Papus), Wynn Westcott, MacGregor Mathers und nicht zuletzt Arthur Edward Waite, der zweifellos der Gelehrteste von ihnen allen war. Trotz seiner bombastischen und extrem anmaßenden Art kann seine Gelehrsamkeit in Sachen Kabbala nicht bestritten werden. Zwar tat Waite die zeremonielle Magie als »kindisch und schwachsinnig« ab, aber andererseits erkannte er das magische Potential der Gottesnamen und ihrer numerischen Umsetzung an. Trotz seiner Ablehnung magischer Praktiken bleibt Waites *Holy Kabbala* eines der ausführlichsten und umfassendsten Werke, die je von einem christlichen Kabbalisten verfaßt wurden. Jedem, der sich für die Geschichte und die Traditionen der Kabbala interessiert, sei dieses Buch dringend empfohlen.

Waite ist vor allem deshalb von Bedeutung, weil er ganz richtig hervorhebt, daß es sich bei der modernen zeremoniellen Magie nicht um reine Kabbala handelt, sondern eher um eine Mischung aus verschiedenen Systemen, und zwar der Gnostik, Astrologie, Alchemie, indischer und ägyptischer Mystik *und* der Kabbala. Und obwohl kabbalistische Elemente in der sogenannten westlichen Magietradition eine große Rolle spielen, gäbe es sicher auch dann eine westliche Tradition, wenn es die Kabbala nicht gäbe.

Wichtig dabei ist, daß wir begreifen, daß sich unter dem ganzen prächtigen Glanz des kabbalistischen Gedankenguts die einfache, unverstellte Wahrheit seines eigentlichen jüdischen Ursprungs verbirgt. Wenn wir die Kabbala verstehen und kabbalistische Magie praktizieren wollen, müssen wir uns zunächst mit der Tatsache auseinandersetzen, daß wir es hier mit esoterischer Judaistik zu tun haben. Die rein kabbalistische Magie verwendet ein paar Elemente der modernen Zeremonialmagie, aber eben nur ein paar. Der Großteil ihrer praktischen Aspekte geht auf die Bibel und talmudischen Quellen zurück, und bei den kabbalistischen Riten steht immer die Liebe zu Gott und die Befolgung seines Gesetzes im Mittelpunkt. Das wirkungsvollste der kabbalistischen Grimoiren ist ganz ohne Zweifel der *Siddur* oder das *Jüdische Gebetbuch*. Die Gebete im *Siddur* folgen kabbalistischen Richtlinien, und man braucht kein Jude zu sein, um ihn erfolgreich anwenden zu können. Denn nicht zuletzt ist Israel ein Symbol für die Menschheit, und wir sind die Fremden vor seinem Tor, die Fremden, die, wie Gott selbst sagt, eines Tages die Thora erben werden. Die Christen unter uns sollten ihre jüdischen Wurzeln suchen, denn Jesus war ein Jude, und nach seinen Werken zu urteilen auch äußerst bewandert in kabbalistischen Techniken.

Die Wahrheit ist, daß man Judaismus nicht von der Kabbala und Kabbala nicht vom Judaismus trennen kann. Beide sind aufs engste miteinander verknüpft, und wir müssen zwar keine Juden sein, um die Kabbala zu praktizieren, aber wir sollten uns wenigstens dieses inneren Zusammenhangs immer bewußt sein.

Der *Siddur* ist ein Vehikel der Kabbala, denn die Kabbala ist hauptsächlich Gebet, ein Akt der Liebe und des Ergebens in den Willen Gottes. Die höchste kabbalistische Magie besteht in dem Sichfügen in den Willen Gottes, denn an diesem Punkt erreicht der Mensch seine höchsten Ziele. Da sein Wille und der Wille Gottes eins sind, ist das, was er will auch das, was Gott will. Nichts kann ihm versagt bleiben. Doch damit es zu solch einer Verschmelzung des menschlichen und des gött-

lichen Willens überhaupt kommen kann, muß man sich selbst-
losen Sinnes darein schicken, ohne weltliche Ambitionen damit zu verfolgen. Die Absicht dahinter muß sein: Gott möge
mit unserem Willen machen, was er wolle, seinen Willen durch
uns geschehen zu lassen. Eine vollkommene Verschmelzung ist
nur möglich, wenn die Absicht rein und die Liebe absolut ist.
Das ist nicht einfach und erfordert viel Beten und Läuterung,
doch es ist das höchste Ziel des Kabbalisten. In der Magie
spricht man in diesem Zusammenhang von der Vollendung
des großen Werks und dem Gespräch mit dem heiligen Schutz-
engel.

Beim langsamen Erklimmen der Leiter des Lichts, also der
Kabbala, stellt die erste Stufe möglicherweise die Identifizierung mit der Natur dar. Denn die Natur ist in Malkuth, und
Malkuth ist die Sphäre der Schechina. Die Natur lieben heißt
demnach *sie* lieben. Hier sollten wir also mit unserer magischen Arbeit beginnen. Der Kabbalist strebt immer danach, in
der Natur aufzugehen, ihre Milliarden von Stimmen zu verstehen: Im Meer, im Wind, in den Vögeln und den Wäldern, den
Bergen und jedem Geschöpf, das auf der Erde wandelt, in der
Lava des Vulkans und in der Gischt des Wasserfalls sucht und
findet er das Göttliche. Durch Liebe und Verständnis ver-
schmelzt er mit der Seele der Blumen und wird eins mit der
Natur. Durch stille Betrachtung tritt er in den Tempel der
Natur ein, die ihm ihre Geheimnisse offenbart. Malkuth ist
der erste Schritt in der Magie und vielleicht der wichtigste. Ist
dieses Fundament gut gelegt, wird die übrige Arbeit bedeutend
einfacher.

Hier also die Elemente der praktischen Kabbala oder der
kabbalistischen Magie: erstens sollte man versuchen, sich mit
der Natur zu identifizieren. Es gibt mehrere Möglichkeiten,
dies zu tun. Halten Sie jedesmal, wenn Sie sich in einem Park
oder Wald befinden, einen Moment lang inne, und lassen Sie
Ihre Liebe zu den Bäumen und Pflanzen hinfließen; lassen Sie
beim Gehen Ihre Hände leicht über die Büsche oder Bäume am
Wegesrand streichen; wenn Sie Vögel zwitschern hören oder
sehen, so bleiben Sie einen Augenblick stehen, und liebkosen

Sie sie in Gedanken; sehen Sie eine Blume, halten Sie an und riechen Sie ihren feinen Duft, bewundern Sie ihre Schönheit und die schöpferische Kunstfertigkeit, die dieses Wunder möglich gemacht hat. Halten Sie bei dem größten und dicksten Baum an, den Sie finden können, lehnen Sie sich dagegen und umarmen Sie ihn und bitten ihn im Stillen, Ihnen etwas von seiner Kraft abzugeben; befinden Sie sich am Meer, so gehen Sie einmal an einem Tag hin, wenn niemand unterwegs ist. Setzen Sie sich mit dem Gesicht zu den Wellen nahe an die Wasserlinie und lassen Sie Ihre Gedanken voller Liebe zum Meer hinausschweifen. Wenn Sie sich dabei stark konzentrieren, werden Sie merken, wie das Meer, da es die empfänglichste aller Naturgewalten ist, das Wasser langsam zu Ihnen hochsteigen läßt, bis es Sie erreicht hat. Wenn das Wasser Ihre Füße naß gemacht hat, stehen Sie auf, breiten Ihre Arme aus, als wollten Sie das Meer umarmen, und lassen Sie Ihre Liebe zu ihm hinfließen. Drehen Sie sich dann um und gehen Sie rasch weg. Ebenfalls sehr wirkungsvoll als Form der Identifizierung mit der Natur ist das einsame Meditieren auf einem Hügel. Da die Kabbalisten glauben, daß Gott sich an allen »hohen Orten« aufhält, sollten Sie vor der Meditation 24 Stunden fasten, keinen Geschlechtsverkehrs haben, absolut sauber sein und möglichst weiße Kleidung tragen. Oben auf dem Hügel sollten Sie sich den höchsten Punkt suchen und mit dem Meditieren beginnen. Lassen Sie zunächst Ihre Gedanken zur Ruhe kommen, und atmen Sie ein paar Minuten lang ruhig und regelmäßig. Das geht am besten, wenn Sie tief durch die Nase einatmen und dabei auf Vier zählen, den Atem vier Schläge lang anhalten und dann wieder auf Vier ausatmen. Sie sollten dazu in einer entspannten Yogahaltung mit aufrechtem Rücken und geschlossenen Augen sitzen. Wenn Ihre Gedanken ganz ruhig geworden sind, lassen Sie sich zum Universum hinausfließen, und umschließen Sie mit Ihrer Liebe alles Seiende. Empfinden Sie Dankbarkeit für die Luft, die Sie atmen, für die Schönheiten der Erde und für das Leben um Sie herum. Aber spüren Sie auch den Schmerz der verschmutzten Gewässer, der geplünderten Wälder, der bedrohten Tier- und Pflanzenarten

und das Leid der Menschheit. Nach einer Weile fühlen Sie
sich, als schlüge Ihr Herz im gleichen Rhythmus wie der
Pulsschlag der Natur, als wären Sie eins mit allem um sich
herum.

Das sind nur ein paar Beispiele, wie Sie mit der Natur eins
werden könnnen. Natürlich können Sie sich auch eigene Techniken dazu ausdenken, und vielleicht wirken diese ja bei Ihnen
am besten. Versuchen Sie auch, Kontakt mit den Tieren herzustellen. Denken Sie dabei immer daran, ein Tier nicht zu
berühren, wenn es das selbst nicht ausdrücklich will. Sie müssen seine Intimsphäre respektieren, genauso wie Sie wollen,
daß man die Ihrige respektiert. Die beste Art und Weise mit
einem Tier in Kontakt zu kommen, ist über die Gedanken.
Lassen Sie Ihre Gedanken in Liebe und Freundschaft zu dem
Tier hinwandern, bitten Sie es im Stillen ruhig und friedlich zu
Ihnen herzukommen. Am Anfang wird Ihnen das nicht ge-
lingen, doch mit der Zeit werden Sie merken, wie das Tier zu
Ihnen schaut und dann langsam auf Sie zukommt. Versuchen
Sie nicht, es zu berühren, bis Sie spüren, daß es sich in Ihrer
Gegenwart vollkommen wohl fühlt und Ihr Freund sein
möchte. Strecken Sie dann Ihre Hand aus, und wenn das Tier
Kontakt möchte, wird es den ersten Schritt dazu tun. Erst
dann sollten Sie es berühren oder streicheln. Seien Sie ganz
entspannt und ruhig, wenn Sie ein Tier berühren oder Kontakt
mit ihm aufnehmen. Es kann jede kleinste Gefühlsregung von
Ihnen spüren.

Das zweite Element in der kabbalistischen Magie ist die
Reinigung. Vor jedem Ritual, so einfach es auch sein mag,
sollten Sie sich ausgiebig waschen oder baden und dann saubere, möglichst weiße Kleidung anziehen. Man kann sich eine
einfache Tunika herstellen, indem man ein langes Stück Stoff
nimmt und in der Mitte für den Kopf ein Loch herausschnei-
det. Diese improvisierte Tunika hängt lose herunter und ist an
beiden Seiten offen. Sie können sie mit einem einfachen Band
um die Taille zusammenbinden. Das Band sollte entweder
weiß oder von der Farbe der Sephira sein, mit der Sie arbeiten.
Nachdem Sie sich angekleidet haben, sollten Sie Schläfen,

Stirn und Nacken mit heiligem Öl betupfen. Dieses Öl können Sie herstellen, indem Sie in einem kleinen Tongefäß eine halbe Tasse reines Olivenöl mit einer Prise Salz und einer Handvoll zerstoßener Myrrhe und Zimt vermischen. Ist die Mischung fertig, bewegen Sie sie durch den Rauch von Myrrhe und Weihrauch und rezitieren dazu den 23. Psalm. Das Öl ist nun gereinigt. Nehmen Sie nur ganz wenig zum Betupfen, und heben Sie den Rest für zukünftige Gelegenheiten auf. Außerdem gehört zur Reinigungszeremonie dazu, drei Tage vor dem Ritual keinen Geschlechtsverkehr mehr zu haben und keine tierische Nahrung, auch keine Milch und keine Eier, zu sich zu nehmen. 24 Stunden vor dem Ritual sollte man dann mit dem richtigen Fasten beginnen und nur noch Wasser und Säfte trinken. Wenn Sie eine Tunika tragen, sollten Sie darauf achten, keine unterschiedlichen Materialien zu vermischen. Ist ihr Gewand aus Baumwolle, sollte das Band ebenfalls aus Baumwolle oder einem seiner Derivate sein. Ist die Tunika aus Nylon oder Satin, sollte das Band aus demselben Material sein. Mischen Sie nie Baumwolle und Seide oder Satin und Wolle oder sonstige verschiedene Gewebe. Das sind alles Thora-Vorschriften.

Das dritte Element, das wir in Betracht ziehen müssen, ist die Zeit, die in der Magie der Lauf der Gezeiten genannt wird. In der westlichen Tradition werden verschiedene Zeiteinflüsse bei der Vorbereitung eines Rituals beachtet. Dies sind zum einen die Jahreszeiten, die das Jahr in vier Quartale aufteilen, und zwar durch die Wintersonnwende, die Herbst-Tagundnachtgleiche, die Sommersonnwende und die Frühlings-Tagundnachtgleiche. Dann gibt es den Rhythmus und die Zeiten des Tattwa, die mit den fünf Elementen Akascha (Äther), Vayu (Wasser), Tejas oder Agni (Feuer), Apas (Wasser) und Prithivi (Erde) zusammenhängen. Jede Tattwa-Periode dauert etwa 24 Minuten. Als drittes wären die Mondzyklen zu nennen, das Zunehmen des Monds (von Neumond bis Vollmond) und das Abnehmen des Monds (von Vollmond bis Neumond). Jede Mondphase dauert etwa 14 Tage. Der letzte Zeitfaktor, der mitberücksichtigt werden sollte, sind die Planetenstunden, also die Position der sieben Planeten Sonne, Venus, Merkur, Mond, Saturn, Jupiter und Mars auf ihrer konstanten Umlaufbahn. Die Ordnung der Planeten ändert sich nie. Tafel 9 entnehmen Sie bitte die Tage und Stunden des Planeteneinflusses.

Von den vier Jahreszeitenwechseln sollte die Wintersonnwende laut westlicher Tradition für magische Zwecke vermieden werden. Das gilt jedoch nicht für die Kabbala, die ein ewiges Konzept der Vereinigung mit dem All darstellt. Deshalb brauchen die jahreszeitlichen Wechsel in der Kabbala nicht beachtet zu werden. Andererseits sind die Tattwa-Zeiten mit ihrem 24minütigen Rhythmus zu kurz für rituelle Zwecke. Also bleiben nur noch die Mondphasen und Planetenstunden übrig. Da es sich bei der Astrologie um eine alte chaldäische Wissenschaft handelt, müssen die ersten Kabbalisten damit vertraut gewesen sein. Mondfeiern, wie die bereits beschriebenen Neumondriten, sind in der Kabbala ebenso üblich wie die Berücksichtigung der Planeteneinflüsse. Deshalb sollte bei der kabbalistischen Magie stets darauf geachtet werden, welcher Mondaspekt und welche Planetenstunde für ein bestimmtes Ritual günstig erscheinen. Da es sich bei den kabbalistischen Riten um etwas Positives, Schöpferisches handelt, sollten sie nur während der zunehmenden Mondphase abgehalten werden, also in der Zeit zwischen Neumond und Vollmond. Welche Planetenstunde und welcher Tag besonders günstig sind, hängt von der Sphäre im Baum des Lebens ab, mit der wir arbeiten wollen und von dem, was wir mit dem Ritual erreichen wollen. In Tafel 10 finden Sie die Planeten zu jeder Sphäre und die menschlichen Vorhaben, die unter ihrem Einfluß stehen.

Die ersten drei Sphären werden nicht für magische Zwecke benutzt, außer wenn es um spirituelle Ziele geht. Die letzte Sphäre verkörpert den Magier selbst und wird nur als Ausgangspunkt für seine magische Arbeit verwendet.

Das vierte wichtige Element, das bei der kabbalistischen Magie zu beachten ist, betrifft den Altar und die magischen Utensilien. Idealerweise sollte der Altar aus leichtem Holz sein und folgende Maße haben: Länge 1,50 m, Breite 1,50 m und

Tafel 9: Die Planetenstunden

Die Planetenstunden von Mitternacht bis Mitternacht

Tagesstunden (von 0.00 bis 12.00 Uhr mittags)

	Sonntag	Montag	Dienstag	Mittwoch	Donnerstag	Freitag	Samstag
1.	Sonne	Mond	Mars	Merkur	Jupiter	Venus	Saturn
2.	Venus	Saturn	Sonne	Mond	Mars	Merkur	Jupiter
3.	Merkur	Jupiter	Venus	Saturn	Sonne	Mond	Mars
4.	Mond	Mars	Merkur	Jupiter	Venus	Saturn	Sonne
5.	Saturn	Sonne	Mond	Mars	Merkur	Jupiter	Venus
6.	Jupiter	Venus	Saturn	Sonne	Mond	Mars	Merkur
7.	Mars	Merkur	Jupiter	Venus	Saturn	Sonne	Mond
8.	Sonne	Mond	Mars	Merkur	Jupiter	Venus	Saturn
9.	Venus	Saturn	Sonne	Mond	Mars	Merkur	Jupiter
10.	Merkur	Jupiter	Venus	Saturn	Sonne	Mond	Mars
11.	Mond	Mars	Merkur	Jupiter	Venus	Saturn	Sonne
12.	Saturn	Sonne	Mond	Mars	Merkur	Jupiter	Venus

Nachtstunden (von 13.00 bis 24.00 Uhr)

	Sonntag	Montag	Dienstag	Mittwoch	Donnerstag	Freitag	Samstag
13.	Jupiter	Venus	Saturn	Sonne	Mond	Mars	Merkur
14.	Mars	Merkur	Jupiter	Venus	Saturn	Sonne	Mond
15.	Sonne	Mond	Mars	Merkur	Jupiter	Venus	Saturn
16.	Venus	Saturn	Sonne	Mond	Mars	Merkur	Jupiter
17.	Merkur	Jupiter	Venus	Saturn	Sonne	Mond	Mars
18.	Mond	Mars	Merkur	Jupiter	Venus	Saturn	Sonne
19.	Saturn	Sonne	Mond	Mars	Merkur	Jupiter	Venus
20.	Jupiter	Venus	Saturn	Sonne	Mond	Mars	Merkur
21.	Mars	Merkur	Jupiter	Venus	Saturn	Sonne	Mond
22.	Sonne	Mond	Mars	Merkur	Jupiter	Venus	Saturn
23.	Venus	Saturn	Sonne	Mond	Mars	Merkur	Jupiter
24.	Merkur	Jupiter	Venus	Saturn	Sonne	Mond	Mars

Höhe 90 cm. Er sollte, wenn möglich, einen verschließbaren Teil, etwa eine Schublade, besitzen, in dem der Magier sein Zubehör aufbewahren kann, wenn er es gerade nicht braucht. Kann dieser Altar nicht in dieser Form gebaut werden, tut es auch jeder neue Tisch, der allerdings nur zu diesem Zweck benutzt werden sollte. Das magische Instrumentarium sollte aus einem Weihrauchfaß aus Messing, einem Messingkelch, einem kleinen Messingteller und einer größeren Messingschale bestehen; dazu kommen noch zehn kleine Kerzenleuchter. Bei jedem Ritual sollten sich nur die Gegenstände auf dem Alter befinden, die auch tatsächlich gebraucht werden. Sie sollten nach Osten ausgerichtet sein, wo die Sonne aufgeht. Der Altar sollte mit einem weißen Tuch bedeckt sein.

Der Messingkelch ist für den Wein, das kleine Messingtellerchen für das Brotopfer und die Messingschale für das Wasser. Für alle Rituale, bei denen nicht mit dem Baum des Lebens gearbeitet wird, sollten diese drei Gefäße, das Weihrauchfaß und zwei Kerzenständer auf dem Altar bereitstehen (siehe Abbildung 9).

1. Kerzenständer
2. Kelch
3. Kerzenständer
4. Kleiner Messingteller
5. Weihrauchfaß
6. Messingschale

Abbildung 9: Altar

Tafel 10: Der Baum des Lebens
und die Ziele des Menschen

Sphäre	*Planet*	*Ziel*
1. Kether	–	–
2. Chochmah	Zodiak	–
3. Binah	Saturn	–
4. Chesed	Jupiter	Vorgesetzte, Leistung, Karriere
5. Geburah	Mars	Krieg, Feinde, Gerichtsverhandlungen, Kontrolle über andere
6. Tiphereth	Sonne	Einssein mit sich selbst, Geld, Erfolg in allen Dingen
7. Netzach	Venus	Liebe, Kunst, Vergnügen, Musik, Theater
8. Hod	Merkur	Papiere, Schreiben, Bücher, Verträge, Geschäfte
9. Jesod	Mond	Briefe, Reisen, Frauen
10. Malkuth	Erde	

Die Rituale

In der kabbalistischen Magie gibt es zwei Arten von Ritualen. Das sind zum einen die Rituale, bei denen es um Beten und Invokation geht, und zum anderen jene, bei denen mit den Sphären des Lebensbaums gearbeitet wird. Bei beiden Ritualformen muß sich der Magier zuerst einer Reinigung unterziehen und sich dann mit dem heiligen Salböl betupfen. Nach Möglichkeit sollte er weiße Gewänder tragen. Außerdem sollte er sorgfältig die Mondphase und die Planetenstunde beachten, die für sein ganz spezielles Ziel günstig erscheinen.

Vor Beginn des Rituals sollte er die Schale mit Wasser füllen und zur Reinigung etwas Salz hineinstreuen. Das Weihrauchfaß sollte mit dem Räucherstoff gefüllt sein, der zu der jeweiligen Sphäre oder planetarischen Kraft gehört, unter deren Einfluß sein angestrebtes Ziel steht. Dann sprenkelt der Magier das Salzwasser in einem Kreis um den Altar, indem er im Osten anfängt und im Uhrzeigersinn um den Altar in der Mitte des Kreises herumläuft. Danach sollte er dasselbe nochmals mit dem Weihrauchfaß tun. Jetzt kann er mit seiner eigentlichen Arbeit beginnen.

Gebets- und Invokationsriten

Für diesen Ritualtyp sollte der Altar wie in Abbildung 9 vorbereitet werden. Der Kelch sollte halb mit einem kräftigen, süßen Rotwein gefüllt sein. Auf dem Tellerchen sollte ein kleines Brötchen liegen. Das Brötchen sollte möglichst aus Challah sein, das in jeder koscheren Bäckerei erhältlich ist. Gibt es kein Challah, kann es durch ein einfaches Brötchen ersetzt werden. Die bei diesem Ritus zu verwendenden Düfte sind Myrrhe und Weihrauch. Zu beiden Seiten des Kelchs sollte je eine weiße Kerze stehen, die jedoch zunächst nicht angezündet wird. Dann wendet sich der Magier mit dem Gesicht dem Altar zu und spricht folgendes Gebet:

»Oh Adonai, tu meine Lippen auf,
daß mein Mund Deinen Ruhm verkünde.
Entsündige mich mit Ysop, daß ich rein werde;
wasche mich, daß ich schneeweiß werde.
Heilig bist Du, und heilig ist Dein Name,
und alle die heilig sind, sollen Dich dreimal am Tage preisen, Sela.
Heilig, Heilig, Heilig ist der Herr der Heerscharen,
erfüllt ist die Welt von seiner Herrlichkeit. Halleluja.«

Daraufhin küßt er den Altar und fährt dann mit der Schema fort:

»Höre Israel, der Herr, unser Gott, der Herr ist Eins. Geseg-
net sei die Herrlichkeit seines Reiches von Ewigkeit zu
Ewigkeit.«

Dann zündet er die Kerzen an und spricht:

»Mögen die Kerzen, die ich jetzt anzünde, in Liebe und
Frieden auf mich scheinen.«

Er legt seine Hand leicht auf den Kelch und sagt:

»Danke Gott, für die Trauben, die Du wachsen ließest und
aus denen der Wein für unsere Feier gemacht ist.«

Dann berührt er mit der Hand leicht das Brot und spricht:

»Danke Gott, für den Segen des Brotes, unsere Nahrung.
Segne, oh Vater, diese einfachen Gaben mit Deiner Segens-
fülle, daß ich in Deiner Herrlichkeit frohlocken kann. Und
segne diesen Augenblick, damit ich gedeihen und frohen
Herzens sein möge, wie es vom Augenblick meiner Erschaffung an Deine Absicht war.«

Daraufhin spricht er die Gebete oder Invokationen, die er für
die Erreichung seiner jeweiligen Ziele ausgewählt und vorbereitet hat. Dann ißt er langsam das Brot und bittet bei jedem
Bissen um besonderen Segen und Erfüllung seiner Wünsche.
Danach trinkt er frohgemut den Wein in der Gewißheit, daß
sich seine Wünsche erfüllen werden. Zuletzt läßt er die Kerzen
ganz herunterbrennen, reinigt die restlichen Utensilien und
schließt sie wieder weg.

Ausgewählte Gebete und Invokationen

Es gibt viele ausgewählte Gebete, die man für ganz bestimmte
Zwecke verwendet. Dazu gehören vor allem die Psalmen, das
Hohelied und verschiedene andere Teile der Heiligen Schrift.

Es folgen einige Beispiele dieser Bibelauszüge und ihre traditionelle Verwendung:

1. zur Gunstgewinnung – 1. Mose 46,17 (Genesis) und 4. Mose 26,46 (Numeri) sowie Hoheslied 6,4–9;
2. zur Erweckung der Liebe – Hoheslied 1,3;
3. für Erfolg – 1. Mose 39,2 (Genesis) und 2. Mose 15,11 (Exodus);
4. für beruflichen Erfolg – 1. Mose 31,42 und 44,12 (Genesis);
5. in schwierigen Zeiten – Hoheslied 2,14 und 5,2;
6. gegen Feinde – 2. Mose 15,5, 15,6, 15,9, 15,19 (Exodus) und Jesaja 10,14;
7. zur Heilung von Unfruchtbarkeit – 5. Mose 7,12 (Deuteronomium);
8. zur Abwehr von Magie – 2. Mose 22,17 (Exodus), Jesaja 41,24 und 3. Mose 1,1 (Levitikus);
9. zur Erhaltung des Friedens zwischen Liebenden – Hoheslied 8,5;
10. bei Einzug in ein neues Heim – 1. Mose 37,1 und 47,27 (Genesis).

Die Worte dieser Gebete werden zusammen mit der damit verbundenen Absicht über dem mit Wein gefüllten Kelch gesprochen. Wenn der Wein am Ende des Rituals getrunken wird, wird so die Kraft der Worte in den Körper aufgenommen, der dann den Wunsch nach außen projiziert und wahr werden läßt. Andere Riten, die bereits zum gegenwärtigen Zeitpunkt durchgeführt werden können, sind das Neumondritual, das in allen Einzelheiten im Siddur beschrieben ist, und die Verwendung der Psalmen 45 und 46 zu Heiratszwecken. Bei diesem Ritus müssen die beiden Psalmen über einem Tongefäß mit Salböl und einem kleinen Kuchen gesprochen werden. Nach Beendigung des Rituals tupft man sich etwas Öl an die Schläfen und die verschiedenen Pulspunkte und bietet dann den Kuchen zusammen mit anderen Erfrischungen der Person an, die man sich als Ehepartner wünscht.

Vielleicht einer der außergewöhnlichsten kabbalistischen

Riten ist der Ritus des Erzengels Michael, den man nur einmal im Jahr, nämlich an seinem eigenen Geburtstag, abhalten kann. Für dieses Ritual benötigt man einen roten Handtuchstreifen, den man in das Salzwasser taucht und sich auf die Augen legt. Das Ganze wird solange wiederholt, bis das Salzwasser in der Schale aufgebraucht ist.

Dabei ruft man Michael im Namen von Elohim Zebaoth an und bittet ihn, in bezug auf die Absicht des Magiers gnädig zu sein. Nachdem das Wasser verdampft ist, steckt man den Stoffstreifen zusammen mit einem Brief an Michael, in dem die Wünsche des Magiers noch einmal aufgeführt werden, in einen Umschlag, adressiert diesen Brief an *Michael Arch* und schickt ihn an irgendeine fiktive Adresse in dem Land, das genau auf dem umgekehrten Längen- und Breitengrad liegt als das Land, in dem der Magier geboren wurde. Dann schickt man den Brief per Einschreiben ab, um sicherzugehen, daß er auch wieder zurückkommt. Sobald der Brief an seinem Bestimmungsort ankommt, wird Michael die Botschaft übermittelt, die unverzüglich ausgeführt wird. Doch erst wenn der Brief zum Magier zurückkommt, wird er das erfolgreiche Ergebnis des Rituals sehen. Jeder Person, die ich kenne und die dieses Ritual ordnungsgemäß ausgeführt hat, wurden ihre Wünsche erfüllt. Als ich selbst diese Ritual vor einigen Jahren ausprobierte, hatte ich keinen Erfolg, da ich den Brief aus Versehen nach Karatschi in Pakistan schickte. Da die umgekehrten Längen- und Breitengrade von meinem Geburtsort, Puerto Rico, direkt mitten im Indischen Ozean lagen, hatte ich angenommen, daß Karatschi die nächste Stadt sei, an die ich meinen Brief schicken könnte. Ich hatte gar nicht an die kleinen Inselgruppen mitten im Indischen Ozean gedacht. Der nächste Ort, an den ich meinen Brief hätte schicken sollen, wäre Mauritius gewesen. Michael hat meinen Brief zwar nicht erhalten, aber er hat mir trotzdem eine Botschaft übermittelt. Die Botschaft war eine Postkarte aus Mauritius von der Person, die ich beeinflussen wollte, und die sicher immer noch nicht weiß, was sie damals bewog, aus ihrem Geburtsland Norwegen eine Schiffsreise in den Indischen Ozean zu unternehmen. Mein

Wunsch ging nicht vollständig in Erfüllung wegen dieses einen Fehlers, aber wenigstens weiß ich, wo ich den Brief nächstes Mal hinschicken muß.

Riten mit dem Baum des Lebens

Das beste Ritual im Zusammenhang mit den Sphären des Lebensbaums ist zweifellos jenes, welches sich der einzelne Kabbalist selbst ausdenkt. Für diese Art von Ritual benötigen wir nur das Weihrauchfaß auf dem Altar, das mit dem zu der jeweiligen Sephira gehörigen Duftstoff gefüllt ist. Auch einige mit der betreffenden Sephira in Verbindung stehende Symbole sollten sich auf dem Altar befinden (siehe Tabellen mit den Entsprechungen). Mein persönliches Lebensbaumritual ist ganz einfach, aber trotzdem immer äußerst erfolgreich.

Als wichtigsten Punkt muß man bei der Ritualarbeit im Lebensbaum beachten, daß man immer mit Paaren von Sephiroth arbeitet. Will man mit Netzach arbeiten, heißt das, daß auch Hod mit ins Ritual hereingenommen werden muß. Arbeiten wir mit Geburah, muß auch Chesed miteinbezogen werden. Nur mit den Sephiroth auf der mittleren Säule kann man einzeln arbeiten. Denn sie stellen den Energiespeicher der Sphären über ihnen und um sie herum dar, was sie in sich selbst völlig ausgeglichen macht.

Bei dem speziellen Ritus, denn ich verwende, erstelle ich auf dem Altar ein Schema des Lebensbaums mit Hilfe von neun der zehn Kerzenleuchter, die zum magischen Gerät gehören. Die Kerzenständer werden an der jeweiligen Position der Sephiroth aufgestellt und mit Kerzen versehen, die der Farbe jeder einzelnen Sephira nach der Farbskala in Beriah entsprechen. Nach den üblichen Vorbereitungen müssen riesige Energiemengen aufgebaut werden, und zwar durch rhythmisches Atem, intensive Konzentration oder andere Techniken, die der Magier erfolgreich findet.

Die neun Kerzenständer nehmen die Stelle der ersten neun Sephiroth von Kether bis Jesod ein. Für Malkuth benutze ich einen Kelch mit Wein. Während die Energie sich aufzubauen

beginnt, deklamiere ich angefangen bei Kether die Gottes-
namen, die Namen der Erzengel und der Engelsordnungen.
Dann zünde ich die erste Kerze an. Während die Flamme von
Kether an Stärke zunimmt, nehme ich ihre Energien mit tie-
fem, einsaugenden Atem auf. Dann halte ich den Atem an und
lasse die Energie auf die nächste Sephira, mit der im Ritual gearbeitet werden soll, überfließen und zünde die entsprechnde
Kerze an. Will man bei dem Ritual beispielsweise mit der
Sphäre Chesed arbeiten, konzentriert man die ausströmende
Energie dort und äußert beim Ausatmen die Absicht, die man
mit dem Ritual verfolgt. Dann wird die Energie mit dem nächsten Atemzug rasch an Geburah weitergegeben, von dort zu
Tiphereth und von Tiphereth zu Jesod. In Jesod äußert *und*
visualisiert man die Absicht. Dann sammelt man die Energien
in einem weiteren tiefen Atemzug und läßt sie in den Wein
fließen, der Malkuth verkörpert. Sobald die Energien auf Malkuth übergeflossen sind, trinkt man den Wein mit dem energi-
schen Willen aus, daß alles Angestrebte auch verwirklicht werden wird. Beim Herunterholen der Energie von einer Sphäre
zur nächsten werden jedesmal die entsprechenden Kerzen angezündet. Hat man den Wein ausgetrunken, läßt man die Kerzen einfach abbrennen.

Die in diesem Ritus deklamierten Namen entsprechen
jeweils der verwendeten Sphäre. Beim Einströmenlassen der
Energie in die Kerze, die die Sphäre verkörpert, werden die
heiligen Namen jeder Sphäre aufgesagt.

Der in Kapitel 3 als erste und wichtigste Arbeit mit dem
Baum erwähnte Ritus der Selbsteinschätzung und des Selbst-
verständnisses kann auch nach dem eben beschriebene Schema
vollzogen werden. In diesem Ritual sucht der Kabbalist das
Gleichgewicht zwischen der Synthese von Chesed und der
Analyse von Geburah. Dies gelingt am besten durch Medita-
tion über Tiphereth, dem ausgleichenden Prinzip zwischen
Chesed und Geburah.

Das Ritual beginnt damit, daß man die gesteigerten Energien auf die Sphäre Kether konzentriert, die heiligen Namen
deklamiert und die entsprechende Kerze anzündet. Die Ener-

gien werden dann wieder mit Hilfe der entsprechenden Namen und durch Anzünden der dazugehörigen Kerze zu Tiphereth herabgezogen. Der Kabbalist geht dann dazu über, sich beim Meditieren über die Qualitäten der Sphäre in Tiphereth hineinzuprojizieren. Dabei sollte er spüren, wie er mit dem strahlenden Frieden und der glänzenden Schönheit dieser Sephira mitschwingt. Gleichzeitig sollte er gleich viel Kraft von Geburah und Chesed abziehen und sich als williges Gefäß für die Energien dieser beiden Sephiroth zeigen. Er sollte versuchen, diesen Zustand der Empfänglichkeit beizubehalten, und spüren, wie die Gnade und Liebe von Chesed sich langsam mit der strengen, richtenden Gerechtigkeit von Geburah vermischt und verschmilzt, bis er zu einem vollkommenen Verständnis beider Sephiroth gelangt. Das ist auch das Selbstverständnis, das er sucht. Das Endergebnis dieses Rituals sollte große Stabilität und Mitgefühl mit anderen Menschen sein, abgeschwächt durch einen starken Gerechtigkeitssinn und Fairness. Wenn die Energien in Tiphereth sich zu verflüchtigen beginnen, werden sie unter Rezitieren der Namen und Anzünden der entsprechenden Kerze zu Jesod weitergeleitet. Daraufhin werden sie in dem Weinkelch geerdet, der Malkuth symbolisiert. Der Wein wird getrunken, und die freigesetzten Energien werden damit wieder in das Selbst zurückgeführt.

Dasselbe Ritual kann für viele Gelegenheiten benutzt werden. Man braucht nur je nach dem gewünschten Ziel die Sephira ändern, mit der man arbeiten will. In Tabelle 11 werden die entsprechenden Sphären für die spezifische Arbeit im Baum aufgeführt.

Unter Verwendung der Entsprechungstabellen und mit etwas kabbalistischem Know-how lassen sich unendlich viele Rituale erstellen. Je persönlicher das Ritual, desto besser sind die Chancen auf Erfolg. Versuchen Sie um jeden Preis komplizierte Rituale mit besonderen Anrufungen und feierlichen Reden zu vermeiden, bei denen eine nicht enden wollende Folge von Messern, Schwertern, Zauberstäben, Lamen, Pentakeln und Hexagrammen, blinkenden Tafeln und anderen Utensilien verwendet wird. Bei komplexen Ritualen wird nicht etwa

Tafel 11: Die Sephiroth und die Arbeit mit dem Baum

Sephira	Zugehörige Themen	Farbe in Beriah
Kether Chochmah Binah	Keine materielle Arbeit wird mit diesen Sphären vorgenommen	
Chesed (mit Geburah)	Wachstum, Reisen, Bank- angelegenheiten, Schulden, Glücksspiel, Überfluß	Blau
Geburah (mit Chesed)	Gefahren, Operationen, Bauvorhaben, Zerstörung, Krieg	Rot
Tiphereth (allein)	Erfolg, Geld, Macht, Vor- gesetzte, Verstandeskraft	Gelb
Netzach (mit Hod)	Liebe, Leidenschaft, Frauen, Künste, Musik, Genuß, Vergnügen	Smaragdgrün
Hod (mit Netzach)	Papiere, geschäftliche Angelegenheiten, Verträge	Orange
Jesod (allein)	Affären mit Frauen, die Mutter, Veränderungen, Umzüge, kurze Reisen	Violett
Malkuth	Hier werden die Energien gesammelt.	

mehr Energie erzeugt, sondern mehr Energie abgezogen. Ein einfaches Ritual mit den richtigen Entsprechungen und vor allem einem starken Wille und Entschlossenheit sowie dem unerschütterlichen Glauben an Gott schlägt nur selten fehl.

Der beste Rat, den ich allen geben kann, die sich ernsthaft für das Praktizieren der Kabbala interessieren, lautet: Befolgen Sie das Gesetz, die Thora, und versuchen Sie sich mit den

Kräften der Natur zu identifzieren, bevor Sie irgend etwas Dauerhaftes mit der Kabbala versuchen. Das Gesetz einhalten bedeutet nicht nur die Befolgung der zehn Gebote, sondern aller Gebote, Verbote und Vorschriften, die im Pentateuch, den ersten fünf Büchern der Bibel, aufgeführt werden und auf die heutige Zeit anwendbar sind. Beispielsweise sind bestimmte Fleischsorten, wie Schweinefleisch und alles, was daraus hergestellt wird, verboten. Aber auch Muscheln, Hummer, Krabben und andere Krustentiere, Kaninchen etc. Es gehört auch zur Einhaltung der Thora, diese Fleischsorten nicht zu essen. Oder haben Sie vielleicht einen Obstbaum, dann essen Sie nicht von seinen ersten Früchten. Schuldet Ihnen jemand mehr als sieben Jahre lang Geld, dann erlassen Sie ihm seine Schulden. Arbeiten Sie nicht am Samstag, wenn Sie Jude sind und nicht am Sonntag, wenn Sie Christ sind. All dies sind Vorschiften, die eingehalten werden müssen, wenn Sie Gottes Segen wollen. Die Beachtung dieser Gebote macht Sie weder unempfindlich gegen Unglück noch bringt sie Ihnen mit Sicherheit einen Sechser im Lotto ein. Was damit bewirkt wird, ist eine Erweiterung Ihres spirituellen Bewußtseins und eine Annäherung an den Gott in Ihnen selbst. Mit der Zeit wird der Abstand zwischen Ihm und Ihnen immer geringer werden, und eines Tages werden Sie dann Ihrem Schöpfer von Angesicht zu Angesicht gegenüberstehen. Und das ist es, was die Kabbala wirklich ist, nämlich Synthese, Vereinigung – und vor allem ein Akt der Liebe.

Teil III

Die Kabbala der Erkenntnis

Gott und Sex, die Struktur der Psyche,
Entsprechungen und die Einheit aller Dinge

Kapitel 15

Sex und das Göttliche

Der Geschlechtstrieb im Menschen ist nicht einfach nur ein Fortpflanzungstrieb zur Erhaltung der menschlichen Rasse, noch ist die sexuelle Lust nur ein »kluger« Anreiz, der sich durch die Evolution herausgebildet hat, um den Menschen zur Paarung zu animieren. Alle Tiere auf diesem Planeten paaren sich zur Fortpflanzung, doch nur der Mensch paart sich nach Belieben. Alle niederen Tiergattungen, einschließlich der Affen, haben Paarungszeiten, in denen das Weibchen für die sexuellen Avancen des Männchens empfänglich ist. Wenn das Weibchen nicht im »Östrus« oder der »Brunst« ist, das heißt, biologisch bereit, befruchtet zu werden, ist weder sie noch das Männchen an einer Paarung interessiert. Was hingegen die Gattung Mensch betrifft, so sind die Frauen während ihrer fruchtbaren Tage zwar sexuell empfänglicher, aber sie sind auch sonst, wenn sie nicht gerade im »Östrus« sind und nicht befruchtet werden können, an sexuellen Begegnungen interessiert. Und was die Männer betrifft, so zeigen sie sich sexuell interessiert, egal ob die Frau sich gerade in ihrem fruchtbaren Zyklus befindet oder nicht. Sexuelle Lust ist ebenfalls eine Besonderheit des menschlichen Lebens, denn sie ist unabhängig davon, ob eine Person in der Lage ist, Nachkommen zu zeugen oder nicht.

Die Biologen sind verblüfft über die Fähigkeit des Menschen, sexuelle Aktivitäten genießen zu können, auch wenn es keine offensichtlichen natürlichen Vorteile mit sich bringt, wie etwa eine gleichzeitige Befruchtung. Alles, was die Natur hervorbringt, hat normalerweise einen Sinn, eine Daseinsberechtigung. Die Lieder der Vögel, die in unseren Ohren so wohlklingen, sind in Wirklichkeit Warnsignale für andere Vögel, nicht in das Territorium des Sängers einzudringen. Die leuchtenden Farben und süßen Düfte der Blumen sollen Vögel und Insekten anziehen, die für ihre Bestäubung zuständig sind. Es gibt einen Grund dafür, weshalb Elefanten Stoßzähne und Löwen Mähnen haben. Es gibt einen Grund dafür, warum das Gras grün ist und weshalb der Ozean Gezeiten unterworfen ist. Aber es gibt keinen Grund dafür – zumindest keinen offensichtlichen – warum ausgerechnet der Mensch von allen existierenden Gattungen auf Erden sich nach Belieben paaren sollte. Zumindest gibt es keinen evolutionsbedingten Grund dafür.

Alle Kreaturen, auch die niederer Gattungen, neigen dazu, mit ihrem jeweiligen Paarungspartner zärtlich zu spielen und ihn zu liebkosen. Fische, Vögel, Insekten und Säugetiere umwerben bisweilen ihre Partner mit äußerst komplexen Ritualen, bevor sie sich mit ihnen paaren. Manche Affengattungen lausen und streicheln sich hingebungsvoll vor und nach der Paarung. Dieser Urtrieb, den die Biologen als notwendiges Vorspiel vor der tatsächlichen Paarung ansehen, wird beim Menschen zu dem überwältigenden Gefühl, das wir Liebe nennen. In den niederen Lebensformen findet sie sich als leiser Hauch des Göttlichen, der in der gesamten Schöpfung in der Vereinigung des Männchens mit dem Weibchen der verschiedensten Gattungen zum Ausdruck kommt. Da die Menschen jedoch nach Gottes Ebenbild geschaffen wurden, wird der Sexualtrieb zu mehr als nur dem Fortpflanzungstrieb. Es ist ein göttliches Attribut, in dem die direkte Verbindung zu der Gottheit zutage tritt.

Für die Kabbalisten ist Gott sowohl männlich als auch weiblich. Wie wir bereits weiter vorne bei der Diskussion über diese beiden Aspekte der Gottheit gesehen haben, führte die Vereinigung der männlichen und der weiblichen Manifestation letztendlich zur Erschaffung des Universums. Doch obwohl Gott zwei Aspekte hat, ist die Einheit zwischen ihnen so stark und immerwährend, daß die Kabbalisten sie immer noch als Einheit sehen. Deshalb heißt es in der Schema:

Höre Israel, der Herr, unser Gott, der Herr ist EINS.

Infolge von Adams Sündenfall ging der weibliche Aspekt Gottes, die Schechina, ins Exil, weg von ihrem göttlichen Bräutigam. Der Ort ihres Exils ist unsere materielle Welt, und es ist uns vorbehalten, durch unsere guten Taten ihre Rückkehr zu ihrem Herrn zu beschleunigen. Einmal in der Woche, am Sabbath, findet eine erneute Vereinigung der Schechina mit ihrem Bräutigam statt. Diese heilige Hochzeit oder *coniunctio* wird am Freitagabend um Mitternacht vollzogen. Aus diesem Grunde pflegen viele gläubige Juden gerade zu diesem Zeitpunkt ihre eheliche Verbindung, da sie glauben, daß diese Vereinigungen unter dem Segen der Schechina stehen, die selbst in höchster Freude über die Vereinigung mit ihrem Herrn frohlockt. Was sich in jenem *hieros gamos* oder *Siwwuga Kadischa*, wie der Sohar ihn nennt, vollzieht, ist vor allem die Verbindung der beiden Sephiroth Tiphereth (der heilige Bräutigam) und Malkuth (der Schechina). Tiphereth ist die Sphäre, die den männlichen Aspekt der Gottheit verkörpert, weil sie sich direkt unterhalb von Kether auf der mittleren Säule befindet und ein Sammelgefäß für die Kräfte der ersten fünf Sephiroth darstellt. Tiphereth wird auch Seir Anpin, das kleine Antlitz, und Melech, der König, genannt. Sie ist die höchste ausgleichende Kraft im Baum des Lebens, und ihre Energien strahlen auf alle anderen Sephiroth des Baumes ab. Sie ist die einzige Sephira, die Verbindungspfade zu allen anderen Sephiroth außer zu Malkuth hat, das ein Symbol der materiellen Welt und die Verkörperung der Schechina darstellt.

Der Energiefluß von Tiphereth zu Malkuth ist durch die neunte Sephirah, Jesod, unterbrochen, die den göttlichen Fluß auffängt und Malkuth der lebensspendenden Strahlen beraubt. Dadurch wird eine Art Eklipse von Tiphereths Licht verursacht, die Malkuth in Finsternis und Verwirrung läßt. Deshalb wird Tiphereth astrologisch gesehen mit der Sonne, Jesod mit dem Mond und Malkuth mit der Erde assoziiert (siehe Tabelle 5). Immer wenn sich der Mond zwischen die Sonne und die Erde schiebt, kommt es zu einer Eklipse oder Sonnenfinsternis. Im Baum des Lebens, und damit sowohl in der Welt als auch im Universum, ist das Licht Tiphereths, also die Energie des männlichen Aspekts in Gott, immer in der Eklipse, das heißt, verfinstert. Das ist auch der Grund, weshalb Malkuth, die Schechina, sich im Exil befindet und weshalb die Welt in Aufruhr ist.

Die das Licht auffangende Sephira Jesod ist die geistige Sphäre der Astralwelt, und der Kabbalist arbeitet in Jesod, um Veränderungen in der materiellen Welt zu bewirken. Doch Jesods Licht ist nicht rein. Es wird von Tiphereth reflektiert und durch die Kräfte von Netzach und Hod weiter abgeschwächt. Netzach wird auch Beständigkeit genannt, und obwohl ihre Tugend Selbstlosigkeit ist, ist ihr Laster die Lust. Ihre Qualitäten schwanken zwischen Illusion und Wirklichkeit. Hod hingegen hat als Tugend die Wahrheit und als Laster die Unehrlichkeit. Es ist ein Symbol für Vorsicht, aber auch für Pessimismus, für Flinkheit, doch auch für Schwäche. Die kombinierten Kräfte von Netzach und Hod, die nicht mehr so rein und stark sind wie die Tiphereths, trüben ihr Licht bei dessen Durchgang zu Jesod.

Im Mikrokosmos des Menschen entsprechen Netzach die Lenden, Hüften und Beine und Hod die Geschlechtsorgane. Netzach und Hod sind damit die Samen, die Vorstufen des lebenserhaltenden Sexualinstinkts. Auf der anderen Seite ist Jesod das treibende Prinzip zwischen Tiphereth und Malkuth, doch aufgrund ihres sexuellen Charakters ist diese Vereinigung weit davon entfernt, perfekt zu sein, denn sie wird durch Jesod gefördert, dem Gefäß, in das die Elemente von Netzach und Hod einfließen. Das daraus hervorgehende Licht ist nicht das reine kosmische Licht von Tiphereth. Das Licht, das auf die Schechina strahlt, ist also reflektiertes Licht, Mondlicht, und kein Sonnenlicht, deshalb grämt sie sich so sehr. Erst im messianischen Zeitalter, wenn alle in den Kelippoth gefangenen Funken endlich erlöst werden und Gottes wahres und vollkommenes Licht auf alle Sephiroth gleichermaßen scheint, wird die Schechina endlich auf immer mit ihrem göttlichen Bräutigam vereint sein. Bis es soweit ist, vollzieht sie die Vereinigung mit ihm am Sabbath.

In der Mitte des 16. Jahrhunderts entwickelten die Kabba-

listen in Safed ein äußerst eindrucksvolles Ritual, in dessen
Mittelpunkt die heilige Hochzeit oder *Siwwuga Kadischa*
stand. Bei diesem Ritual wurde jede jüdische Frau, die den
Sabbath beging, mit der Schechina gleichgesetzt. Die Zeremonie begann am Freitagnachmittag, also schon lange vor dem
Sabbath. Die Kabbalisten in Safed und Jerusalem kleideten
sich für diese Ritual in weiße oder helle Kleider, jedenfalls in
keine roten oder schwarzen, denn das wären die Farben von
Geburah und Binah, die die strengen richtenden und beschrän-
kenden Gewalten verkörpern. So gekleidet begaben sie sich
also aufs freie Feld hinaus, um die göttliche Braut zu treffen.
Das Feld wurde damit zum heiligen Apfelfeld zu ihren Ehren,
denn Äpfel waren ihr geheiligt. Beim Hinausziehen auf das
Feld sangen sie Hymnen und Psalmen freudiger Erregung, wie
Psalm 29 und 95 bis 99. Eine dieser Hymnen wird bis zum
heutigen Tag in den Synagogen am Sabbath gesungen. Sie
beginnt mit folgenden Worten:

> Geh, mein Geliebter, der Braut entgegen,
> das Antlitz des Sabbath laßt uns empfangen ...

Nach und nach hörten die Prozessionen aufs Feld hinaus auf
und wurden durch Feiern in den Synagogen ersetzt. Erhalten
blieb bis heute der Brauch, sich beim letzten Vers der Hymne
nach Westen umzudrehen und sich vor der ankommenden
Braut zu verneigen. Dieser Brauch wird auch in den modernen
Synagogen noch eingehalten. In alter Zeit sang man die Psalmen mit geschlossenen Augen, denn im Sohar wird die Schechina als »die schöne Jungfrau, die keine Augen hat«, bezeichnet, die sie sich im Exil ausgeweint hat.

Das Hohelied, das nicht nur ein Symbol für die Vereinigung
des heiligen Bräutigams und der Schechina, sondern auch der
Gottheit mit der Jungfrau Israel darstellt, wurde ebenfalls zu
jener Zeit gesungen. Danach wurden die traditionellen Sab-
bath-Gebete gesprochen.

Das Ritual auf dem freien Feld wurde anschließend zu
Hause fortgesetzt. Die ganze Familie begrüßte den Bräutigam

und seine Braut mit zwei Myrtenbüscheln und weiteren Gebeten, vor allem mit einer Rezitation des 31. Kapitels der
Sprüche Salomos. Bevor man mit dem Essen anfing, lud der
Herr des Hauses die göttlichen Eheleute ein, daran teilzuneh-
men und sprach dann das Mysterium des Mahls mit ausdrück-
lichen Worten aus, das heißt, er erklärte die Bedeutung der
»geheimen Handlung« zwischen dem Seir Anpin – dem Bräutigam – und der Schechina. Isaak Luria, der ohne Zweifel der
größte der Safed-Kabbalisten war, schrieb eine berühmte
Hymne, die diese geheime Handlung beschreibt:

Ich singe in Hymnen
vom Gang zu den Toren
des Feldes der Äpfel
die heilig sind.

Wir rüsten ihr jetzt
einen neuen Tisch,
einen schönen Leuchter,
der zu Häupten uns strahlt.

Zwischen rechts und links
kommt die Braut daher
im heiligen Schmucke
und Festgewändern.

Ihr Gatte umarmt sie
in ihrem Grunde,
schenkt ihr Erfüllung
preßt aus alle Kräfte.

Qualen und Schreie
sind aufgehoben.
Nun neue Gesichter
und Seelen und Geister.

Er bringt ihr Freude
in zwiefachem Maß,
Lichter erstrahlen
und Segensströme.

Brautführer, tretet hin
und rüstet die Braut,
vielartige Speisen
und allerlei Fische.

Seelen zu zeugen
und neue Geister
auf den zweiunddreißig Pfaden
und drei Zweigen.

Sie hat siebzig Kronen,
aber über ihr der König,
das alles gekrönt sei
im Heiligen der Heiligen.

In ihr sind alle Welten
geformt und verschlossen,
doch vom »Alten der Tage«
her strahlen sie alle.

Ich ordne nach Süden
den mystischen Leuchter,
dem Tisch mit den Broten
geb' im Norden ich Raum.

Mit dem Weine im Becher
und Myrtenzweigen,
den bräutlich Verlobten,
den Schwachen zur Stärkung.

Wir flechten ihnen Kronen
aus kostbaren Worten,

zur Krönung der siebzig
auf fünfzig Toren.

Die Schechina sei umringt
von sechs Sabbath-Broten
nach jeder Seite
dem Oberen verbunden.

Geschwächt und verworfen
die unreinen Kräfte,
die Dämonen, die dräuen,
sind nun gefesselt.[41]

Für den fähigen Kabbalisten ist die gesamte Hymne überaus
reich an kabbalistischer Symbolik. Der heilige Schmuck und
die Festgewänder der Schechina sind die Gebete der Auserwählten. Der »Grund«, auf den in der Hymne angespielt
wird, ist die Sephira Jesod, die, wie wir bereits gesehen haben,
die Sphäre der Sexualität und der Geschlechtsorgane darstellt.
Fische werden der Schechina angeboten, weil es sich dabei um
Fruchtbarkeitssymbole handelt. Die 32 Pfade und die drei
Zweige sind die 22 Pfade, die die Sephiroth miteinander verbinden, und die zehn Sephiroth selbst, sowie die drei Säulen
im Baum des Lebens. Die Welten geformt und verschlossen in
ihr sind die vier Welten der Schöpfung. Der Tisch mit den Broten wird im Norden aufgestellt, weil das das Viertel der Erde
ist, in dem alle materiellen Dinge verwirklicht werden. Die
bräutlich Verlobten sind schwach wie alle Liebenden, nachdem sie sich geliebt haben. Die Schechina ist von sechs Broten
umringt in der Hoffnung, die nächsten sechs Tage möge genügend Essen und Wohlstand im Hause sein. Und ganz zum
Schluß spielt Luria auf die Dämonen an, die nun gefesselt sind.
Das sind natürlich die Kräfte der Kelippoth, die durch den
erneuerten Schöpfungsstrom in Bann gehalten werden.

---

[41] Siehe Scholem, Gershom: Zur Kabbala und ihrer Symbolik.
Frankfurt: © Suhrkamp 1992, S. 190–92.

Es ist klar, daß die geheime Handlung des heiligen Bräutigams und seiner Schechina der Geschlechtsakt ist, aber natürlich auf einer kosmischen Ebene. Aus dieser göttlichen Vereinigung gehen neue, vollkommene »Seelen und Geister« hervor
und zweifellos auch neue Sterne, Sonnensysteme und ganze
Universen. Die Schöpfung geht also weiter, wenn auch nicht
genauso wie vorher. Denn während Gott am Anfang das Universum in sechs Tagen schuf und am siebten ausruhte, sieht es
aus kabbalistischer Sicht heute so aus, als erschaffe er am siebten Tag und ruhe sich die folgenden sechs Tage aus.

Der Sabbath hat – sowohl für die Juden als auch für die
Kabbalisten – eine doppelte Bedeutung. An diesem Tag gedenken wir zum einen des Tages der Ruhe bei der Erschaffung der
Welt und zum anderen der erneuerten Vereinigung der Gottheit, die einen kontinuierlichen Schöpfungsstrom zur Folge
hat. Am Sabbath wird die Schechina durch das Licht ihres
Gatten gestärkt, und die ganze Welt befindet sich durch ihre
Vereinigung in einem Zustand der Gnade. Im Laufe der darauffolgenden Woche wird das Licht dann wieder schwächer,
bis es am nächsten Sabbath wieder erneuert wird. So groß ist
die Liebe Gottes für seine Schechina und die Welt, die sie umfaßt, daß er den Sabbath eingeführt hat als eine Zeit der Hoffnung und Erneuerung ihr zuliebe und uns zuliebe; deshalb ist
das Heilighalten des Sabbath für den Kabbalisten so wichtig.
Tatsächlich wurde er von vielen auch der Tag der Kabbala
genannt.

Als Feier der heiligen Hochzeit fast von ebenso großer Bedeutung wie der Sabbath ist das Wochenfest, das am 50. Tag
nach dem Passahfest begangen wird. Mit diesem Tag wird der
Offenbarung Moses am Berge Sinai gedacht, bei der ihm die
zehn Gebote übergeben wurden. Laut Thora erfolgte dies 50
Tage nach dem Auszug aus Ägypten. Mit dem Wochenfest
wird der Bund zwischen Gott und Israel gefeiert, was einer
symbolischen Hochzeit zwischen der Gottheit und der Jungfrau Israel entspricht. Am Abend davor »kleiden« die Kabbalisten und Thorastudenten die Schechina in die Festgewänder
ein, die sie am nächsten Tag beim Treffen mit ihrem Gatten

tragen wird. Dieser heilige Schmuck, den auch Luria in seiner
Hymne erwähnte, besteht aus 24 Stücken (Jesaja 3). Dies sind
nach der Thora nichts anderes als die 24 Bücher des Alten
Testaments. Wer also Verse aus allen 24 Büchern rezitiert und
eigene Deutungen ihres geheimen Sinns hinzufügt, hilft ihr
beim Anziehen ihrer Brautgewänder und ihres »heiligen
Schmucks« und freut sich mit ihr die ganze Nacht hindurch.
In dieser Nacht wird er zum »Brautführer« bei ihrer Hochzeit.
Am Tag darauf, wenn ihr göttlicher Bräutigam sie fragt, wer
sie so herrlich geschmückt habe, deutet sie auf den Adept und
ruft ihn heran. Dieses Ritual, das auf das 16. Jahrhundert
zurückgeht, ist auch heute noch äußerst populär und wird
vornehmlich in den sephardischen Synagogen in Jerusalem
begangen.

Ein Tag vor Neumond – dem kleinen Versöhnungstag –
fasten die Kabbalisten den ganzen Tag und meditieren über
das Exil der Schechina und ihre mögliche Erlösung. Während
dieser Zeit werden die Tage des vergangenen Monats gereinigt, indem der Neumond (die Kräfte von Jesod) die Stärke
und das verblassende Licht der Schechina wieder erneuert. Im
jüdischen Gebetbuch finden sich viele Gebete für dieses Fest,
das mit besonderen Ritualen begangen wird. Ein altes Gebet
für diesen Tag beginnt mit den Worten: »Ich bin der Mond, du
bist die Sonne.« Möglicherweise inspiriert von diesen Worten
schrieb Neil Diamond vor ein paar Jahren ein Lied, das dieselbe Strophe in leichter Abwandlung benutzt: »Du bist die
Sonne, ich bin der Mond. Du bist die Worte, ich bin die Melodie, spiel mich ... «

Die heilige Hochzeit der Schechina mit ihrem Bräutigam ist
ein Ritual, in dem die Hoffnung auf Erlösung vorweggenom-
men und ihr Exil zumindest momentan aufgehoben wird. Es
ist eine Zeit, in der sie sich noch einmal, sei es auch nur kurz,
der Umarmung ihres Bräutigams erfreut.

Die sexuelle Vereinigung ist für den Kabbalisten eine göttliche Handlung, in der Mann und Frau die Rolle der Schechina und ihres Bräutigams auf einer materiellen Ebene über-
nehmen; deshalb sollte auch die Wahl des Partners mit größter

Sorgfalt getroffen werden, und deshalb ist jegliche Art von Promiskuität verboten. Das ist auch der Grund, weshalb eines der zehn Gebote den Ehebruch verbietet. Ein Mann sollte nur eine Frau haben und eine Frau nur einen Mann. Wenn ihre Beziehung nicht mehr zufriedenstellend ist, sollten sie sich trennen, doch nie, unter keinen Umständen, einander untreu werden. In der Kabbala ist das mehr als nur eine moralische Norm. Es ist die Befolgung eines göttlichen Gesetzes, das friedlich verwurzelt ist in der ewigen Liebe, die zwischen dem männlichen und weiblichen Aspekt der Gottheit fließt.

Nicht nur Untreue sondern auch jegliche Art von unorthodoxen Sexualpraktiken sind von der Kabbala verboten. Dazu zählt auch das Onanieren, das als von Natur aus dämonisch angesehen wird. Für den Kabbalisten ist der menschlichen Samen heilig. Wird er außerhalb des Gefäßes des weiblichen Körpers ergossen, so wird er nach kabbalistischer Auffassung zur Beute der kelippothischen Dämonen. Lilith, eine Dämonin, die den Kelippoth vorsteht, versucht gemeinsam mit ihren dämonischen Horden andauernd, Männer dazu anzustacheln, sich auf sexuelle Handlungen einzulassen, bei denen keine Frau beteiligt ist, damit sie sich aus den verlorengegangenen Samentropfen Körper machen können. Diese dämonischen Kinder werden *Schobabim* (die Ungeratenen) genannt. Die alten Kabbalisten praktizierten in diesem Zusammenhang für gewöhnlich ein Ritual, das *Tikkun Schobabim* genannt wurde. Bei diesem Ritus, der besonders in Schaltjahren durchgeführt wurde, wurde im Winter während bestimmter Wochen am Montag und Donnerstag gefastet, um für den durch nächtlichen Samenerguß und Onanie verlorengegangenen Samen Buße zu tun.

Sexualität sollte als perfektes Werkzeug göttlicher Kraft geschätzt und in seiner Reinheit bewahrt werden. Das kann dadurch erreicht werden, daß man nur mit einem Menschen Geschlechtsverkehr hat, mit dem einen ein starkes Band der Liebe verbindet. Sex wird vor allem am Sabbath als ein Akt der Verehrung Gottes empfohlen, und wenn das Ganze als ein Ritual mit tiefer spiritueller Bedeutung begangen wird, kann

die dabei empfundene Lust von überwältigender Kraft und
Schönheit sein. Für den Kabbalisten ist die orgasmische Extase
der engste Kontakt, den Mann und Frau mit Gott erreichen
können. Sie ist auch ein winziger Vorgeschmack auf die ewige
Extasis, die Gott, oder besser Er und Sie bei ihrer Vereinigung
empfinden. Wenn Sie sich eine niemals endende, ewige *Extasis*
vorstellen können, fangen Sie an, etwas vom Wesen Gottes zu
begreifen. Deshalb ist Sexualität heilig und muß heilig gehalten werden. Deshalb kann nur der Mensch sich nach Belieben
paaren. Denn so kann er allmählich die Bedeutung von Lust
und dem wahrem Wesen Gottes verstehen und was er erreichen kann, wenn er sich läutert und eins mit Gott wird.

Bisweilen verwenden Adepten der Kabbala in ihren Ritualen Sexualität, um ihre materiellen Ziele zu erreichen. Nach
dem Fasten, der Reinigung und den üblichen rituellen Vorbereitungen beginnen die Partner, die beide in der wahren
Kabbala sehr bewandert sein müssen, mit dem Geschlechtsverkehr und konzentrieren sich dabei in Gedanken stark auf
ihr gemeinsames Ziel. Im Moment des Orgasmus, der bei
beiden gleichzeitig sein sollte, lassen sie ihr Ziel los und rufen
dabei einen der heiligen Namen Gottes, üblicherweise Schaddai El Chai, da er mit der Sphäre Jesod verbunden ist. Die
dabei erzeugten Energien sind so stark, daß die Ziele der Kabbalisten unweigerlich in Erfüllung gehen. Dieses Ritual sollte
allerdings aufgrund seiner großen Kraft nicht für materielle
Zwecke eingesetzt werden, sondern besser für spirituelles
Wachstum.

Die sexuellen Riten der Kabbalisten spiegeln sich auch in
den Riten der Alchemie, des Sartori, des Tantrischen Yoga und
den Ritualen zur Erweckung der Kundalinikraft wieder. Tan-
trischer Yoga wird von vielen Kabbalisten bei ihren Riten verwendet, denn Yogaelemente sind, wie bereits erwähnt, seit
vielen Jahrhunderten Teil der Kabbala. Es ist vor allem die
große mystische Schönheit und Kraft, die die Kabbalisten für
den tantrischen Yoga oder das Tantra zugänglich macht. Im
tantrischen Ritual besteht die Absicht beider Partner in der
Vereinigung mit der Gottheit aus rein mystischen Gründen.

Zu Beginn des Ritus sind Mann und Frau in bunte Gewänder gekleidet, die vorzugsweise mit Schmuck und Blumen verziert sind. Sanfte Musik und wohlriechende Düfte von Räucherstäbchen erfüllen den Raum. Zuerst plaudern die Partner entspannt bei Süßigkeiten und süßem Wein zur sanften, zärtlichen Vorbereitung ihrer Vereinigung. Nach einem langen Vorspiel gehen sie schließlich zum Geschlechtsverkehr über, bei dem sie eine von verschiedenen Tantrapositionen einnehmen. Es gibt viele Variationen dieses Ritus, doch als ideal wird angesehen, wenn sich kein Partner beim Verkehr bewegt. Es wird auch von keinem versucht, einen körperlichen Orgasmus zu bekommen. Wenn einer von beiden spürt, daß er kurz vor dem Orgasmus steht, müssen sie vorübergehend unterbrechen und den Akt erst nach einer gewissen Zeit wieder aufnehmen. Yoga-Adepten empfehlen zur Verhinderung oder Verzögerung des männlichen Orgasmus, die Zunge nach hinten gegen den Gaumen zu drücken. Mit diesem Ritual wird beabsichtigt, die Lust langsam immer weiter zu steigern, bis ein Höhepunkt ohne körperliche Erleichterung erzielt wird. Nach einer gewissen Zeit wird die körperliche Lust transzendiert, und die Partner beginnen tatsächlich *Extasis* auf einer spirituellen Ebene zu erleben. Es ist in diesem Moment, in dem die Vereinigung mit der Gottheit erreicht wird.

Ebenso wie das Tantra und die Kabbala zielt auch die Alchemie auf eine sublime Vereinigung des menschlichen Geistes mit dem göttlichen ab. Hinter der düsteren Symbolik der obskuren Ausdrucksweise der Alchemisten und ihrem Gerede über die Umwandlung von Metallen mittels des Steins der Weisen verbirgt sich nichts anderes als eine Suche nach dem Göttlichen. Mit der *Materia Prima* war in Wirklichkeit der menschliche Körper gemeint, und das geheime Feuer oder das erste Agens war Sexualität. Alchemistisch ausgedrückt wird die Materia Prima in einen Mörser gegeben und mit einem Stößel zu feinem Pulver zerstoßen, mit dem geheimen Feuer gemischt und mit Tau befeuchtet. Der so erzielte »Kompost« wurde in ein festverschlossenes Gefäß oder Ei des Weisen getan, der wiederum in den Athanor, den Ofen des Weisen,

gegeben wurde. Der Athanor war so gebaut, daß das Ei lange
Zeit bei konstanter Temperatur gehalten werden konnte. Die
Alchemisten warnten jedoch davor, das äußere Feuer außer
Rand und Band geraten zur lassen, da es das Wirken des inneren Feuers stimuliere; sonst sei das ganze Werk umsonst, auch
wenn das Gefäß nicht breche. Das war ein versteckter Rat an
den Adepten, den Geschlechtsverkehr unter Kontrolle und den
Geist auf die spirituellen Ziele gerichtet zu halten, sonst würde
die Vereinigung mit Gott nicht zustandekommen, auch wenn
kein Orgasmus stattgefunden habe. Der Abschluß der alchemistischen Arbeit war ähnlich wie beim Ritus der heiligen
Hochzeit der Kabbalisten. So sprachen denn die frühen Alchemisten auch über den König, der im Feuer der Liebe mit seiner
gesegneten Königin vereint ist. Roter Schwefel wurde mit weißem Quecksilber gemischt und aus ihrer Verbindung ergab sich
die höchste Vollendung, der Stein der Weisen war geboren.

Die Alchemisten riefen auch jene zur Vorsicht, die die geheime Kunst für materielle Zwecke zu praktizieren suchten.
Im Mittelalter nahmen viele die Lehren der Alchemisten wörtlich und versuchten das physische Gegenstück des Steins der
Weisen zu finden, mit dem man, wie man glaubte, unedle
Metalle in Gold verwandeln könne. Nicht bewußt, daß mit
den unedlen Metallen die Materie und mit Gold der Geist
gemeint war, richteten sie sich komplizierte Laboratorien ein
und mischten bei ihrer fruchtlosen Suche viele unbekannte
Substanzen. Doch ihre Anstrengungen waren nicht völlig
umsonst, denn auf der Suche nach dem Stein der Weisen legten sie, ohne es zu wissen, die Grundlagen für die organische
Chemie.

Das Hauptziel der Kabbala, wie auch der anderen von mir
erwähnten Systeme, besteht in der Vereinigung mit Gott. Die
Ausgangsbasis dieser Verbindung sind Reinheit der Absicht
und vollkommene Liebestaten für Gott. Aufgrund von Gottes
vereinigender Essenz ist der Geschlechtsakt für den Kabbalisten die vollkommenste aller Formen der Verehrung. In der
sexuellen Liebe transzendiert der Mensch die »condition
humaine« und wird eins mit Gott.

Kapitel 16

Die Struktur der Psyche

Die Geisteskraft als Absolutum war Studiengegenstand vieler philosophischer Schulen und entzieht sich bis heute dem Verständnis der modernen Psychologie, die nur widerstrebend die Tatsache akzeptiert, daß sie gerade erst begonnen hat, die komplexen Eigenschaften dieses monströsen Riesen zu begreifen.

Obwohl das letzte Jahrzehnt viele neue Erkenntnisse gebracht hat, basieren die modernen psychologischen Konzepte weiterhin auf der Grundlage der Theorien von Alfred Adler, Sigmund Freud und Carl Gustav Jung. Allein Jung hatte von diesen drei großen Psychoanalytikern den Weitblick zu erkennen, daß der *Geist* oder die *Psyche*, wie er ihn nennt, der Ausdruck eines kosmischen Prozesses ist, der über den Bereich des Physischen hinausgeht. Wir wollen uns deshalb in diesem Kapitel mit der Jungschen Sichtweise des Geistes befassen.

Für Jung besteht die menschliche Psyche oder der menschliche Geist aus drei Ebenen, nämlich aus Bewußtsein, persönlichem Unbewußten und objektivem oder kollektivem Unbewußten. Der bewußte Aspekt der Psyche ist das Ego oder die Person, das alltägliche bekannte »Ich«, mit dem wir uns bereitwillig identifizieren, die aktive Seite unserer Persönlichkeit, die Entscheidungen trifft und sich der Dinge »gewahr« wird. Das Unbewußte hingegen ist die Quelle aller Grundsymbole und anderen psychischen Inhalte und Ideen, die täglich in unser Bewußtsein dringen. Dazu gehören sowohl verdrängte Erinnerungen, Gefühle, Instinkte und Wünsche als auch die Intuition und ein immenser Wissensschatz, der dem Bewußtsein größtenteils verschlossen bleibt. Manche der unbewußten Inhalte dringen von Zeit zu Zeit im bewußten Aspekt der Persönlichkeit vorwiegend in Form von Träumen an die Oberfläche. Den größten Teil der Psyche macht jedoch das kollektive Unbewußte aus, das Jung mit dem unter Wasser liegenden Teil eines Eisbergs verglich. Die Spitze des Eisbergs wäre damit das bewußte Ego und der weitaus größere Teil des Eisbergs, der unsichtbar unter der Wasseroberfläche schwimmt, das kollektive Unbewußte. Das kollektive Unbewußte kann deshalb als der größte und wichtigste Teil des menschlichen Geistes angesehen werden. Seine psychischen Inhalte liegen auf einer tieferen Ebene als die des Bewußtseins und des Unbewußten. Es wird deshalb »kollektiv« genannt, weil es generell in allen Menschen gegenwärtig ist. Es umfaßt also Inhalte, die jedem Menschen ungeachtet seiner Rasse, Glaubensrichtung oder Herkunft eigen sind. Diese psychischen Inhalte bestehen vom Urbeginn der Menschheit an, und manche gehen möglicherweise sogar über die menschliche Erfahrung hinaus.

Die drei Persönlichkeitsebenen, sowohl die bewußten als auch die unbewußten, werden von der *Libido,* der psychischen Energie, gesteuert. Diese Energie wird infolge der konstanten Spannung zwischen den *Gegensatzpaaren* im tiefen Unbewußten ins Bewußtsein freigesetzt. Die Psyche stellt einen nicht-physischen Raum innerhalb der Persönlichkeit dar, in dem »psychische Phänomene« stattfinden. Die Libido bewegt sich in diesem Raum auf vielfältige Weise auf und ab, vor und zurück, nach innen und nach außen. Dieser »Raum« ist die Gesamtheit der menschlichen Persönlichkeit, also eine Art innerer Kosmos. Es läßt sich nicht definieren, was die Libido oder psychische Energie wirklich ist. Das einzige, was wir sagen können, ist, daß sie *ist*, also existiert, und unter zwei Aspekten gesehen werden kann: zum einen als Energie, die sich auf der kosmischen Ebene des Lebens manifestiert, also als Energie in ihrer Gesamtheit, und zum anderen als Energie, die sich speziell in der menschlichen Psyche ausdrückt.

Das Prinzip der Gegensätze ist ein Hauptcharakteristikum der Psyche. Für Jung ist praktisch alles ein Energiephänomen. Doch ohne die Präexistenz einer Antithese könnte es keine Energie geben. Es muß immer hoch und tief, heiß und kalt, positiv und negativ geben, damit sich der Zustand des Ausgleichs – der Energie ist – einstellen kann. Das ganze Leben ist Energie, und diese Energie hängt von Kräften ab, die im Gegensatz zueinander stehen. Je größer die Spannung zwischen den beiden Gegensätzen, desto größer wird die Energie sein, die daraus entsteht. Diese Energie wird durch den inneren Konflikt im Menschen erzeugt und ist die treibende Kraft in der Psyche, die sich in Aktivität auflöst und durch neu auftretende Spannung zwischen den Gegensätzen erneuert wird.

Die freigesetzte Energie kann zu einer *Progression*, also einer Weiterentwicklung, oder aber zu einer *Regression* oder Rückentwicklung in der Psyche führen; das heißt also, sie kann von Natur aus positiv oder negativ sein. Die Progressionsphase der psychischen Energie oder Libido stellt sich immer dann ein, wenn innerhalb der Psyche alles glatt läuft und die Energie sich in kreativer Form gegenüber der äußeren Welt ausdrücken kann; dann empfindet der Mensch ein Gefühl der freudigen Erregung und des Wohlbefindens, und alles was er tut, gelingt ihm. In dieser Zeit bewegen sich die psychischen Energien gleichzeitig nach oben und nach außen, doch sobald ein Hindernis auftaucht, wird der Fluß der Libido umgekehrt, und das Gleichgewicht zwischen den Gegensätzen kann nicht aufrechterhalten werden. Das Wohlgefühl weicht einem Gefühl der Depression und Verwirrung. Alles scheint plötzlich düster und hoffnungslos. Anstelle von Harmonie und Freude gibt es nur noch Mißklang und innere Reibung. Die Gegensätze, die sich nun nicht länger in einer harmonischen Verbindung befinden, brechen auseinander und beginnen sich gegenseitig zu bekämpfen. Dieser Konflikt schafft neue Energie, doch diese Energie bewegt sich nun nicht mehr nach vorne, sondern eher nach unten in das tiefe Unbewußte. Das ist die Regressionsphase der Libido, die sie dazu veranlaßt, sich in sich selbst zu verausgaben. Die Energie fließt immer weiter hinunter bis in die unteren Bereiche der Psyche, von wo sie in den unterschiedlichsten negativen Erscheinungsformen wieder hervortritt.

Die Prozesse, die sich, ausgelöst von der Libido, im kollektiven Unbewußten abspielen, manifestieren sich über psychische

Formen, den sogenannten *Archetypen*. Das sind Formen und Urbilder kollektiver Natur, die überall auf der Erde als mythologische Motive auftauchen und gleichzeitig als unabhängige und individuelle Produkte unbewußten Ursprungs. Diese Muster der Symbolbildung kommen in der ganzen Menschheit immer wieder in den verschiedenen Mythologien der menschlichen Rasse vor. Die Archetypen gibt es von Anbeginn der Menschheit und deshalb basieren sie auch auf den fundamentalsten Strukturen der Psyche. Äußerst beachtenswert ist dabei, daß die Archetypen unabhängig vom Bewußtsein existieren, fast so als führten sie ein Eigenleben. Tatsächlich handelt es sich um Konzentrationen psychischer Energie, die Darstellungen von bestimmten menschlichen und übermenschlichen Persönlichkeits- und Charakterzügen sind und für sich allein existieren. Die griechischen und ägyptischen Götter sind gute Beispiele für Archetypen – und die Kräfte des Lebensbaums ebenfalls.

An sich sind die Archetypen nur Tendenzen, potentielle Möglichkeiten, die im Leben eines Individuums erst an Bedeutung gewinnen, wenn sie sich in spezifischer Form nach außen zeigen. Archetypen begegnen uns als Tatsachen, und wenn wir einem Archetyp Auge in Auge gegenüberstehen, können wir ein Ausströmen von psychischer Energie beobachten, die sich in materieller Form manifestiert.

Die Spannung, die in der Psyche aufgrund der Interaktion zwischen den Gegensätzen entsteht, entzieht sich dem Einfluß des Individuums; deshalb wird sie auch als autonom bezeichnet, das heißt, unabhängig vom Einfluß des Bewußtseins. Die freigesetzte Energie besitzt die Fähigkeit, verschiedene psychische Inhalte anzuziehen und in Konstellationen oder »Komplexen« zusammenzufassen. Diese nannte Jung *autonome Komplexe*. Sie sind so stark und individualistisch, daß sie wie kleine Persönlichkeiten innerhalb der Gesamtpersönlichkeit funktionieren. In Träumen tauchen diese psychischen Systeme in personifizierter Form auf, manchmal als Mann und manchmal als Frau. Die bekanntesten autonomen Komplexe sind die Persona, der Schatten, der Animus und die Anima. Die Persona stellt den bewußten Aspekt der Persönlichkeit dar, die Maske, die man der Welt nach außen zeigt und mit der man sich identifiziert. Da sie die bewußten Einstellungen eines Menschen verkörpert, muß sie gezwungenermaßen fest im Unbewußten verankert sein, dessen diametraler Gegensatz sie ist. Die negativen Eigenschaften, die vom Menschen verdrängt werden, seine gesellschaftsfeindlichen Triebe und Disziplinlosigkeit konzentrieren sich im Schatten, der ausnahmslos mit der schwachen Seite der Persönlichkeit identifiziert wird. Alle Fehler, die der Mensch je macht, ohne eine Erklärung dafür zu finden, alle negativen, impulsiven Handlungen, die im menschlichen Leben Chaos verursachen, sind auf das Wirken des Schattens in unserem Innern zurückzuführen.

Als ausgleichendes Element in der Psyche gibt es eine weibliche Seite in jedem Mann und eine männliche Seite in jeder Frau. Beim Mann wird die weibliche Seite in seinem Unbewußten als Anima personifiziert, bei der Frau die männliche Seite als Animus. In Träumen erscheint Männern die Anima in Gestalt einer Frau und Frauen der Animus in Gestalt eines Mannes. Hingegen wird der Schatten stets als ein Gestalt desselben Geschlechts wie der Träumende wahrgenommen.

Die Anima äußert sich im täglichen Leben in Form von unerklärlichen Anwandlungen von Kleinlichkeit und Boshaftigkeit, während der Animus in willkürlichen, aggressiven Meinungsäußerungen zum Ausdruck kommt. In beiden Fällen hat das etwas mit der Behauptung der unentwickelten Seite der Persönlichkeit zu tun. Aus diesem Grunde sind Anima und Animus auch nicht wirklich negative Aspekte der Persönlichkeit, sondern eher ein Versuch des Unbewußten, einen Ausgleich zu schaffen.

Träumt ein Mensch von dem Schatten, so sieht er ihn meist als bedrohende Gestalt, die ihm auf irgendeine Weise weh tun möchte. Die Gestalt hat immer dasselbe Geschlecht wie der Träumende. Anima und Animus sind selten bedrohlich. Sie scheinen meist eher zu versuchen, dem Träumer in irgendeiner Form zu helfen. Sie manifestieren sich immer als Personen des anderen Geschlechts. Träume vom Schatten, dem Animus oder

der Anima weisen darauf hin, daß die autonomen Komplexe in der Psyche eines Menschen aktiviert wurden, um in die bewußte Persönlichkeit integriert zu werden. Diesen Prozeß der Integration nannte Jung Individuation.

Der Individuationsprozeß kann nur über den Animus oder die Anima vollzogen werden, da sie die Personifizierung des Unbewußten im Mann und in der Frau verkörpern. In dieser Hinsicht stellen Animus und Anima als Symbole des Unbewußten und aller Archetypen die größte Konzentration von Libidoenergie in der Psyche dar.

Bevor der Individuationsprozeß abgeschlossen werden kann, muß die Persönlichkeit voll integriert sein, das heißt, die Kräfte des Schattens und der Anima, beziehungsweise des Animus, müssen erkannt und mit dem Bewußtsein des Individuums in Einklang gebracht werden. An diesem Punkt merkt dann der Mensch, daß seine Persona in Wirklichkeit nur einen ganz kleinen Teil seiner Psyche ausmacht und daß die meisten seiner Überzeugungen und Wesenszüge nur Masken sind, die er zur Schau trägt, um die Welt zu beeindrucken. Er wird also mit seiner inneren Wirklichkeit konfrontiert und erfährt bei diesem Prozeß eine Transformation. Im Grunde besteht das Ziel der Individuation darin, die Persönlichkeit von ihren falschen Hüllen der Persona und dem suggestiven Einfluß der Anima/des Animus zu befreien.

Wenn die Anima oder der Animus – als das Unbewußte – in das Bewußtsein integriert werden, werden ihre Energien umgewandelt und dienen danach als Brücke zwischen den bewußten und unbewußten Bereichen der Psyche. Die in der Psyche wirkenden Gegensätze werden hier also in eine geeinte Persönlichkeit integriert. Die neue Kraft ist das erwachende Selbst.

Das Selbst wurde als innerer Leitfaden definiert, der sich von der bewußten Persönlichkeit unterscheidet und am besten durch die Beobachtung der Träume erfaßt werden kann. Das integrierte Selbst erscheint uns in Träumen als eine übergeordnete Persönlichkeit gleichen Geschlechts. Es wird zum Regulationszentrum, das für die ständige Erweiterung und Reifung unserer Persönlichkeit sorgt. Im Laufe eines Menschenlebens kann es hie und da auftauchen oder sich aber nahezu vollkommen entfalten. Wie weit es sich entwickelt, hängt davon ab, wie gewillt das Ego ist, auf seine Botschaften zu hören. Wer dazu bereit ist, wird zu einem vollkommeneren Mensch werden. Aber man sollte sich immer darüber im klaren sein, daß es des Ego bedarf, um die Psyche zu erhellen. Das Selbst kann das Ego anspornen, doch nur das Ego kann das volle Potential seiner eigenen Psyche entfalten.

Zur Verwirklichung des Individuationsprozesses muß der Mensch bereit sein, sich bewußt der Macht des Unbewußten zu überlassen. Anstatt zu versuchen, eine Entscheidung zu treffen, wie er sich in einer bestimmten Situation verhalten soll, sollte sich der Mensch einfach aufs *Lauschen* verlegen, um zu hören, was ihm sein Selbst – die innere Gesamtheit der Psyche – in jeder einzelnen Situation empfiehlt.

Die subjektive Erfahrung der Individuation gibt einem das Gefühl, als greife eine übernatürliche Macht aktiv in das individuelle Leben des Einzelnen ein, und zwar auf positive und kreative Weise. Manchmal scheint es, als weise das Unbewußte einen Weg, der einem geheimen Plan folgt. Doch damit das eintritt, muß der Mensch begreifen, daß die größte menschliche Leistung in der Erfüllung seines Schicksals besteht und daß materielle Erwägungen bei der Entwicklung der Psyche stets eine zweitrangige Rolle spielen.

Träume schienen für Jung einer bestimmten Ordnung oder einem Muster zu folgen, und dieses Traummuster setzte er mit dem Individuationsprozeß gleich. In den Träumen werden jede Nacht andere Szenen und Bilder erzeugt. Wenn wir aber keine genauen Beobachter unserer Träume sind, entgeht uns womöglich ihr Muster, doch wenn wir unsere Träume über einen langen Zeitraum beobachten, wird uns auffallen, daß dieselben Symbole immer wieder auftauchen. Und wenn wir dann versuchen, die Traumbilder zu deuten, werden wir beobachten können, daß da eine versteckte regulierende Tendenz am Werke ist, die ein langsames, aber deutlich wahrnehmbares psychisches Wachstum erzeugt. Es ist dieses Wachstum, das Jung den Individuationsprozeß nannte.

Die Integration, die das Ergebnis des Individuationsprozesses ist, wird in der Kabbala durch die Arbeit mit dem Baum des Lebens erreicht, der ein Symbol für das integrierte Selbst darstellt. Adam Kadmon oder der kosmische Mensch ist zum einen der sich auf einer kosmischen Ebene manifestierende Gott, und zum anderen der vollendete Mensch in Malkuth oder der materiellen Welt.

Wie wir verschiedentlich gesehen haben, muß die Arbeit mit dem Baum des Lebens stets auf das Ausbalancieren von entgegengesetzten Sphären ausgerichtet sein. Es ist die Spannung zwischen diesen Gegensätzen, die die nötige psychische Energie freisetzt, um Veränderungen in der materiellen Welt zu bewirken. Diese Veränderungen, die zuerst in der Psyche des Einzelnen stattfinden, werden durch die Macht der Archetypen ausgelöst, die durch die Kräfte des Lebensbaums symbolisiert werden: die Gottesnamen und die verschiedenen Engel. Diese Kräfte existieren im kollektiven Unbewußten aller Menschen und sind weitaus älter als der bewußte Aspekt der Persönlichkeit. Sie sind so wirklich wie die Welt um uns herum oder vielleicht sogar noch wirklicher, denn sie stellen nicht nur Teile der Persona der Welt dar, sondern die Grundlage unserer wahren Seele.

Die Bilderwelt der Träume entfaltet sich in dem, was wir Astralwelt nennen. Die Astralwelt ist, wie wir bereits gesehen haben, die Welt des Geistes, und deshalb ist ihr Stoff die Libido oder psychische Energie. Das sind dieselben Bilder, die bei der Meditation und der Arbeit mit dem Lebensbaum benutzt werden; deshalb ist die praktische Arbeit in der Kabbala ein bewußter Versuch, mit den Archetypen und autonomen Komplexen des kollektiven Unbewußten in Kontakt zu kommen. Es ist also nichts anderes als ein Individuationsprozeß unter der Leitung des bewußten Teils der Persönlichkeit anstelle des Unbewußten, das hauptsächlich über Träume wirkt. Darum muß die Arbeit am Baum auch frei von eigennützigen Absichten sein, die die Verwirrung und Stagnation der Persona oder des bewußten Ego nur noch steigern würden. Materielle Interessen können im Zusammenhang mit dem Baum des

Lebens nur dann verfolgt werden, wenn sie für das spirituelle Wachstum des Einzelnen von Bedeutung sind, sonst werden dadurch die kelippothischen Kräfte des Baumes wachgerufen, die mit dem düsteren Einfluß des Schattens vergleichbar sind.

Der persönliche Gott des Menschen als Adam Kadmon ist deshalb das eigene Selbst, ein lebendiges Stück seiner eigenen Seele, das aus dem Unbewußten nach außen fließt, um sein Leben zu bereichern und ihm einen wahren Sinn zu geben. Ist das Selbst erst einmal bis in die bewußte Persönlichkeit vorgedrungen, kann das nun integrierte Bewußtsein die Vielfalt der Symbolik des Geistes benutzen, um Dinge nach seinem Willen geschehen zu lassen. An diesem Punkt wird er eins werden mit dem Selbst, das heißt mit seinem inneren Gott, und alle Fähigkeiten dieser unendlichen Kraft werden auch ihm offenstehen.

Der Geist funktioniert in einem Raum-Zeit-Kontinuum, das außerhalb der stofflichen Wirklichkeit existiert. Alle Ereignisse im Leben der Menschen finden in verschiedenen Abschnitten dieses Kontinuums statt. Sie existieren gleichzeitig nebeneinander, an verschiedenen Punkten des Raumes. Vergangenheit, Gegenwart und Zukunft verschmelzen also zu dem Kontinuum und dehnen sich bis ins Unendliche aus. Das Selbst, das immerwährt und der Hüter des Geistes ist, kann alle Ereignisse im Kontinuum in ihrem entsprechenden Abschnitt von Zeit und Raum wahrnehmen. Durch diesen unendlichen Weitblick kann das Selbst den Anfang und das Ende des Universums gleichzeitig wahrnehmen. Gelingt es, das Selbst voll in das äußere Bewußtsein zu integrieren, kann es dem Menschen durchgeben, was passieren wird und wann. Das ist die Fähigkeit, die wir als Hellsehen und Hellhören bezeichnen.

Scheinbare Zufälle sind Berührungspunkte zwischen dem Unbewußten einer Person und dem Unbewußten einer anderen Person. Wenn Sie von einem Menschen träumen, den sie schon lange nicht mehr gesehen haben und ihn dann am nächsten Tag treffen oder wenn sie an jemand denken und gleich darauf klingelt das Telefon, und der andere ist am Apparat, dann haben sie es mit einem »bedeutungsvollen« Zusammen-

treffen von Ereignissen zu tun; das bedeutet, daß Ihr Unbewußtes mit dem Unbewußten der anderen Person vor dem
eigentlichen Treffen oder Gespräch in Kontakt getreten ist.
Die Kraft des Kontakts war so stark, daß sie sich einen Weg in
ihren bewußten Geist gebahnt hat; deshalb haben Sie an diese
Person gedacht oder von ihr geträumt. Jung sprach im Zusammenhang mit solchen »bedeutungsvollen« Zusammentreffen
von Ereignissen von *Synchronizität*, das heißt von synchroni-
sierten Ereignissen, die vom Unbewußten in die Wege geleitet
wurden. Vorahnungen, Gefühle und Wünsche, die wahr werden, sind alles synchronisierte Ereignisse.

Da sich das Selbst frei im Raum-Zeit-Kontinuum bewegt,
kümmert es sich nicht um Vergangenheit, Gegenwart oder Zukunft; für das Selbst sind die Dinge einfach so, wie sie sind.
Und da ihm die meisten Energien der Psyche zur Verfügung
stehen, kann es die Dinge nach Belieben eintreten lassen oder
verändern. Das Beeinflussen von gegenwärtigen und zukünftigen Ereignissen ist für das Selbst nur eine Frage der Umwandlung von psychischer Energie in materielle Geschehnisse.

Der Drang nach Individuation und Integration der Psyche
ist allen Individuen eigen; er kommt nur auf die unterschied-
lichste Art und Weise zum Ausdruck. Religiöse Gefühle sind
eine dieser Ausdrucksformen. Kunst, Streben nach Harmonie
in der Familie und alle kreativen Instinkte gehören ebenfalls
zu diesem Drang. Bei den Menschen, die stark vom Schatten-
komplex beeinflußt sind, wird dieser Drang pervertiert und
drückt sich oft in gewaltsamer oder destruktiver Form aus.

Eine der am häufigsten vorkommenden Formen, sein Be-
dürfnis nach Individuation auszudrücken, ist die überwälti-
gende Liebe zu einer anderen Person. Wenn die Leidenschaft
über das natürliche Maß an Liebe hinausgeht, ist es tatsächlich so, daß das höchste Ziel in dem Geheimnis der Einswerdung mit der anderen Person liegt, und deshalb hat ein
Mensch, wenn er sich bis über beide Ohren verliebt, auch das
Gefühl, das Einzige, was im Leben zähle, sei es, sich mit dem
Objekt seiner Liebe zu vereinen. Häufig ist die geliebte Person
das körperliche Gegenstück zu der Anima oder dem Animus

der verliebten Person und spiegelt die besonderen inneren Qualitäten dieses speziellen Archetyps wieder. Wenn dem so ist, sagt man, die beiden Verliebten seien *verwandte Seelen*, das heißt, daß jeder von beiden die perfekte Ergänzung zur Seele des anderen darstellt. Die verwandten menschlichen Seelen sind das Gegenstück zur Schechina und ihrem göttlichen Gemahl, und wenn sie sich auf dieser Welt treffen, ist ihre Beziehung reich an Freude und spiritueller Erfüllung.

Die kabbalistische Arbeit, die die spirituelle Entwicklung zum Ziel hat, kann mit dem Jungschen Individuationsprozeß verglichen werden. Doch während die Individuation nicht direkt von der bewußten Persönlichkeit beeinflußt werden kann, liegt die kabbalistische Arbeit einzig und allein in den Händen jedes einzelnen Praktizierenden. Das Unbewußte dient zwar als Richtlinie, aber es ist das Bewußtsein, das den Kurs angibt. Das ist ein entscheidender Unterschied, durch den nochmals deutlich wird, wie wichtig eine kluge und umsichtige Vorgehensweise im Umgang mit der praktischen Kabbala ist.

Kapitel 17

Entsprechungen bei anderen Systemen

Die kreative Kraft, die ihrem Prinzip nach dual und elektro-
magnetisch ist, manifestiert sich in der Schöpfung in Myriaden
von Formen. Die Kabbala ist nicht das einzige System, das von
kosmischen Gegensatzpaaren – männlich und weiblich – ausgeht, die sich zum Zwecke der Manifestation vereinen. Diese
Vorstellung taucht in jedem religiösen und magischen System
auf, das je existiert hat. Aufgrund des noumenalen Charakters
des Geistes und seines unendlichen Wesens ist dieses Wissen
der gesamten Menschheit unabhängig von Rasse, Glaube oder
Herkunft gemein. Was Jung das kollektive Unbewußte nannte
und ein Grundbestandteil jeder menschlichen Psyche ist, basiert genau auf diesem Prinzip der Gegensätze, die zur Manifestation ihrer Essenz miteinander verschmelzen. Dieses intui-
tive Wissen ist auf den Menschen weder einfach durch den
historischen Prozeß übergegangen, der unsere moderne Gesellschaft hervorbrachte, noch durch die vererbten Gene, die uns
ins Leben gerufen haben, sondern durch die unzerstörbaren
Atome, die ursprünglich am Schöpfungsgeschehen des Universums beteiligt waren. Die ersten Wasserstoffatome, aus denen
sich die Ursubstanz zusammensetzte, trugen bereits das Schöp-
fungsgeheimnis und das Muster des Kosmos in sich, denn
auch das Wasserstoffatom war als Gegensatzpaar erschaffen
worden, als Proton und Elektron, positiv und negativ, männlich und weiblich, die zur Manifestation der Materie zusam-
menkamen. Die gesamte Schöpfung baut auf der einfachen
Struktur des Wasserstoffatoms auf, einschließlich unserer
selbst. Dieses Bewußtsein des Wasserstoffatoms, das in unsere
Seelen eingebettet ist, ermöglichte uns die Wahrnehmung und
das Verständnis der ewigen Gegensätzen, die auf immer vereint sind.

Dieses instinktive Verständnis der kreativen Kraft, die das Universum durchdringt, veranlaßte die Menschheit dazu, in der Natur und und den Kräften der Natur danach zu suchen. Die Naturvölker, die durch ihre bereitwillige Offenheit für das Wunderbare besser auf die inneren Kräfte eingestimmt sind, waren bald in der Lage, zwischen kosmischen Kräften und der Natur zu unterscheiden. Feuer und Wasser, Donner und Blitz, Meere und Flüsse, Wind und Wälder, Sonne und Mond und alle Geschöpfe wurden von ihnen als Ausdrucksformen der einen kreativen Kraft angesehen. Durch die Ansprüche materieller Interessen ihrer Unschuld beraubt, verloren die zivilisierteren Völker langsam den Kontakt zur Seele der Natur und zum kosmischen Pulsschlag, der sie mit Leben erfüllte.

Durch die Identifikation von Gott und Natur erhob der primitive Mensch die Naturkräfte zum Gott und huldigte ihnen, um dadurch etwas von den ihnen innewohnenden göttlichen Energien für sich abzuziehen. Die Urkräfte die in Feuer und Blitz, Ozeanen und Meeren, Wäldern, Gebirgen und in der Erde selbst offen zum Ausdruck kamen, waren deutliche Konzentrationen dieser gewaltigen Energie, die für den Menschen von großem Nutzen sein könnte, gäbe es eine Möglichkeit, sie ihm zugänglich zu machen. Dies brachte den primitiven Menschen auf den Gedanken, mit den Naturkräften *Kontakt* aufzunehmen. Dazu dachte er sich komplexe Rituale und Anrufungsformeln aus. So entstanden die ersten Religionen. Heute beten wir in Kirchen, Tempeln und Synagogen zu denselben Kräften, denen unsere primitiven Vorfahren in Höhlen, Hainen und auf Waldlichtungen huldigten; daß wir diesen Kräften andere Namen geben, spielt kaum eine Rolle, denn letztendlich ist es die eine kreative Kraft.

Bei dem Versuch mit den Naturkräften in Kontakt zu kommen, erkannte der primitive Mensch den engen Zusammenhang zwischen diesen und seinen eigenen Gefühlen und Handlungen. Die ungestüme Kraft des Feuers identifizierte er mit der glühenden Leidenschaft sowohl in der Liebe als auch im Krieg. Wasser verglich er aufgrund seiner lebensspendenen Qualitäten mit Fruchtbarkeit und Frauen. Auf diese Art und

Weise fand er einen Verbindungspunkt zwischen sich und den Kräften der Natur, zwischen dem Menschlichen und dem Göttlichen.

Alle Götter und Göttinnen der frühen Religionen zeichneten sich durch eine Doppelnatur aus. Sie wurden alle nicht nur als Naturkräfte, sondern auch als Beschützer angesehen, die jeweils für einen bestimmten Bereich menschlicher Anliegen zuständig waren. Die Babylonier, Ägypter, Griechen und Römer sahen alle ihre Götter in diesem doppelten Licht. Auch die Juden, die den Begriff des Monotheismus mit dem einen lebendigen Gott einführten, gingen davon aus, daß er sich in verschiedenen Aspekten manifestiert, die sich im Schema das Lebensbaums zusammenfassen lassen. Der wichtigste Unterschied zwischen den frühen Religionen und dem Judentum besteht darin, daß die Sephiroth des Lebensbaums im Gegensatz zu den Göttern der anderen Pantheone, die als unabhängig voneinander galten, als Manifestationen derselben Energie und desselben Gottes angesehen wurden. Doch der zentrale Gedanke, Kontakt mit diesen göttlichen Kräften auszunehmen, ist allen Religionen gemein, deshalb gibt es auch so viele direkte Entsprechungen zwischen den Sphären des Lebenbaums und den Göttern und Göttinnen anderer Religionssysteme (siehe Tafel 12).

Der Begriff *Avatara* wird allgemein zur Bezeichnung der verschiedenen Formen und Gestalten verwendet, über die sich dieselbe kosmische oder göttliche Kraft manifestiert. Auch die Ägypter waren mit diesem Konzept vertraut, auch wenn sie eine andere Bezeichnung dafür benutzten. Mehrere ihrer Gottheiten wurden durch verschiedene Prozesse verwandelt und änderten dabei ihren Namen und ihre Persönlichkeit. Auch die Hindu-Götter, insbesondere Vishnu und Shiva, machen viele Transformationen in verschiedene Avataras durch. Diese Besonderheit gilt auch für die Voodoo-Götter, vor allem für Legba und Aida Wedo.

Bei dem Phänomen des Avatara handelt es sich um eine Umwandlung derselben Energie in eine andere Manifestation zu einem bestimmten Zweck. Dieser Zweck hat immer etwas mit

Tafel 12:
Entsprechungen zwischen den Sephiroth, Planeten und den verschiedenen Pantheonen

Sephira	Planet	ägypt. Götter	griech. Götter	röm. Götter	altgerm. Götter	Hindu-Götter	Haitian. Voodoo-Götter	Afro-kuban. Santeria-Götter
1. Kether	Erste Wirbel	Osiris	Aither	Aether	Ymir	Brahma	Damballa	Olofi
2. Chochmah	Zodiak	Thot	Uranos	Coelus	Odin	Vishnu	Maraca	Obatala
3. Binah	Saturn	Mut	Rhea	Magna Mater	Frigg	Bhavani	Brigitte	Oddudua
4. Chesed	Jupiter	Ptah	Zeus	Jupiter	Baldr	Rama-tschandra	Adoum-Guidi	Orunla
5. Geburah	Mars	Seth	Ares	Mars	Loki	Shiwa	Ogou-Feraille	Oggun
6. Tiphereth	Sonne	Ra	Apollon	Helios	Thor	Indra/Surja	Ogou-Chango	Chango
7. Netzach	Venus	Hathor	Aphrodite	Venus	Freyja	Sita	Erzulie	Oschun
8. Hod	Merkur	Anubis	Hermes	Merkur	Freyr	Hanuman	Legba	Eleggua
9. Jesod	Mond	Isis	Artemis	Diana	Sif	Lakschmi	Aida Wedo	Yemaya
10. Malkuth	Erde	Nephthys	Demeter	Ceres	Nerthus	Ganescha	Zaca	Orischa-Oko

einer Neuausrichtung der Energie zur Erhaltung der Ordnung
der Dinge zu tun. Meist soll der Menschheit damit auch eine
Lehre erteilt werden. Wenn sich Shiva beispielsweise in dem
Avatara des Meisters des Tanzes, Nataraja, manifestiert,
macht er das, um den Menschen das Element des ständigen
Wandels, einer Haupteigenschaft der kosmischen Energie, zu
lehren. Wenn sich in der Voodoo-Religion Erzulie in den Avatara La Sirene verwandelt, symbolisiert sie die heilige Musik,
den *Klang*, der nötig ist, um Veränderungen in der kosmischen
Energie auszulösen. Sowohl Nataraja als auch La Sirene sind
verschiedene Manifestationen derselben Kraft und haben
beide etwas mit *Bewußtseinsveränderung* zu tun.

Eine Bewußtseinsveränderung ist eine Bewegung innerhalb
der psychischen Energien des Menschen und wird ausnahmslos von einer archetypischen Kraft ausgelöst. Das hilft dem
Individuum bei seinem Individuationsprozeß und bringt es der
Integration seiner Psyche näher. Das ist es also, was passiert,
wenn ein Archetyp seine Gestalt – sein Avatara – verändert
oder wenn der Schatten mit der Anima verschmilzt und die
Anima zum Selbst wird. Die Götter der verschiedenen Pantheone und die Sephiroth des Lebensbaums sind alles archetypische Kräfte, die im Unbewußten wirken, um die Integration der Psyche herbeizuführen.

Die Jungfrau Maria wurde mit den Mond-Avataras vieler
Religionen verglichen. Artemis, Diana, Isis, Dione, Melusine,
Cerridwen, Arianrhod und Astarte sind alles Mondgöttinnen,
die von den verschiedenen Kulturen verehrt werden. Maria,
die perfekte Frau und Mutter, wird im allgemeinen mit einem
Halbmond zu ihren Füßen dargestellt. Der Mond ist seit Anbeginn der Zeiten ein Symbol für die Frau, und deshalb wurde
er auch in nahezu allen Religionen mit der wichtigsten weiblichen Gottheit identifiziert. Im Baum des Lebens wird Jesod
mit der Sphäre des Mondes assoziiert, und Maria wird von
den christlichen Kabbalisten als die Personifizierung von Jesod
angesehen. Allerdings wird sie auch mit der Schechina in der
Sphäre Binah identifiziert, die auch dunkle Mutter oder
Marah der bitteren Wasser genannt wird. Das bezieht sich auf

Marias Leiden, ihre Trauer über den Tod ihres Sohnes. Jesus selbst wurde ebenfalls mit einer der Sphären des Lebensbaums gleichgesetzt, und zwar mit der Sephira Tiphereth, in der sein Name der Sohn und das magische Bild ein geopferter Gott ist.

Jüdische Elemente haben möglicherweise durch den Einfluß des Christentums Eingang in zwei in der Karibik verbreitete Religionen afrikanischen Ursprungs gefunden: Voodoo und Santería. Der kabbalistische Einfluß ist in beiden Religionen deutlich spürbar; daß sich in der Santeria-Religion kabbalistische Elemente finden, braucht im Grunde nicht zu überraschen, denn es handelt sich dabei um eine Mischung aus den Glaubenselementen der westafrikanischen Yorubas und des Katholizismus. Es ist bekannt, daß spanische Kabbalisten wie Moses de Leon und Moses Cordovero für die kabbalistische Erneuerung im 13. Jahrhundert verantwortlich waren. Manche der kabbalistischen Praktiken könnten leicht über die spanische Eroberung ihren Weg von Spanien in die Neue Welt gefunden haben. Die Spanier und ihre Nachfahren in der Neuen Welt stehen mit der Kabbala auf sehr vertrautem Fuße. Es gibt sogar ein spanisches Wort – *cavilar*, das tief meditieren bedeutet –, dessen Wurzeln klar auf das Wort *cabala* zurückgehen, der spanischen Entsprechung von Kabbala.

Die spanischen Eroberer brachten offensichtlich nicht nur ihren katholischen Glauben mit sich, sondern auch einen gut fundierten Schatz an kabbalistischem Wissen. Diese Elemente verschmolzen dann mit den magisch-religiösen Elementen der Yorubas, und das Ergebnis war die Santería-Religion.

In der Santería gibt es viele jüdische und kabbalistische Elemente: die Identifizierung der verschiedenen Gottheiten mit Engelskräften oder göttlichen Kräften – wie die Sephiroth; das Aufdembodenliegen zur Verehrung der Gottheit; das rituelle Schaukeln und der Sprechgesang zur Beschwörung der Gottheit; die Reinigungsrituale mit Hühnern (Jom Kippur), die dann der Gottheit geopfert werden; die Blutopfer zu Ehren der Gottheit, bei denen das Fleisch der Tiere später von der Gemeinde gegessen wird. All dies sind Praktiken, die sowohl in der Santería-Religion als auch im Judentum ganz allgemein, aber speziell auch in der Kabbala verbreitet sind. Alle Santería-Götter sind – wie die Sephiroth – Manifestationen des einen Gottes.

Ähnlich wie die Santería-Religion weist auch der Voodoo-Kult viele Spuren kabbalistischen und jüdischen Einflusses auf. Die *Veves* oder Ritualzeichnungen, die beim Voodoo zur Anrufung der Götter oder *Loas* benutzt werden, setzen sich aus verschiedenen Elementen wie Stäben, Zylindern, Schlangen, Sternen und Kreuzen zusammen. Die Stäbe stehen für den Schöpfer. In jeder Veve gibt es zwei Stäbe zur Symbolisierung der – männlichen und weiblichen – Doppelnatur des Schöpfers. Beide Stäbe werden jeweils von einer Schlange umschlungen, die Damballa Wedo und Aida Wedo verkörpern, das männliche und weibliche kosmische Element, die zusammen die kreative Kraft des Universums ausmachen. Der Zylinder in der Ritualzeichnung entspricht dem hebräischen Buchstaben Schin, während die beiden Schlangen den Buchstaben Zade und Lamed entsprechen. Die Götter Legba und Erzulie sind Damballa und Aida Wedo auf einer niedrigeren Ebene, verkörpern aber im Prinzip dieselben inneren Kräfte. Die Hochzeit von Legba und Erzulie symbolisiert das himmlische Feuer und wird durch die Achse der Veve dargestellt. Diese mystische Hochzeit wird von Voodoo-Anhängern als Entsprechung zur Hochzeit der Schechina mit ihrem göttlichen Gemahl gesehen.

Wenn der Houngan oder Voodoo-Priester eine Veve zeichnet, ruft er die Kraft des in der Ritualzeichnung dargestellten Loas auf sich herab. Die freiwerdende Energie wir die »Krise des Loa« genannt und kann mit dem geistigen Menschen verglichen werden, der sich zum körperlichen Menschen herabbegibt, um sich zu manifestieren. Damballa Wedo, der Adam Kadmon des Voodoo, wird außerdem auch Roi-Youda (König von Juda) genannt.

Die Entsprechungen zwischen den verschiedenen religiösen Systemen machen das subtile, aber starke Band sichtbar, das die Grundlagen des menschlichen Denkens miteinander verknüpft. Was die Kabbala symbolisiert und sich in allen anderen Religionen und magischen Systemen widerspiegelt, ist diese grundsätzliche Einheit. Die Kraft, die das kollektive Unbewußte ist und an der die ganze Menschheit teilhat, ist die Manifestation der dynamischen Kraft, die dem erschaffenen Universum zugrundeliegt: ein Gegensatzpaar, das sich in harmonischer Vereinigung befindet und die Einheit aller Dinge symbolisiert. Die Lehre der praktischen Kabbala besteht aus der Synthese aller Gegensätze, und das Ziel ist nicht Macht oder weltliche Interessen. Das Ziel ist die Verschmelzung mit dem Geist des Universums, die Integration der Psyche und die Verwirklichung der Einheit der menschlichen Rasse. Letzten Endes ist das Ziel die Liebe.

Teil IV

Die Kabbala der Weisheit

Über Chaos, dunkle Materie,
schwarze Löcher
und das Antlitz Gottes

Kapitel 18

Die Maschinerie des Universums

Am 23. April 1992 erschütterte ein Forscherteam des Lawrence Berkley Labors und der Universität von Kalifornien in Berkley unter der Leitung von Astrophysiker George Smoot die wissenschaftliche Welt mit Berichten über die Entdeckung von breiten »Falten« im Gewebe des Raums. Nach Auswertung der Daten des COBE-Satelliten (Cosmic Background Explorer) entdeckten sie leichte Temperaturschwankungen in der Mikrowellen-Hintergrundstrahlung, die noch vom ersten Schöpfungsmoment herrührt. Obwohl es sich dabei um Schwankungen von nicht mehr als einem Huntertausendstel Grad handelte, wiesen sie auf urzeitliche Veränderungen in der Topographie des Universums nach seinem explosionsartigen Entstehen vor etwa 300 000 Jahren hin. Diese Veränderungen reichten jedoch zur Entstehung der Schwerkraft aus, die nötig war, um riesige Mengen an Materie anzuziehen und daraus immer größer werdende Klumpen zu bilden, aus denen sich letztendlich unsere Galaxien und Sonnensysteme entwickelten.

Die Bedeutung dieser Entdeckung war so einschneidend, daß sie von den Kosmologen auf der ganzen Welt als die wichtigste Entdeckung des 20. Jahrhunderts bejubelt wurde. Der Hauptgrund für die ganze Begeisterung war die Tatsache, daß bis zu dieser Entdeckung die Urknalltheorie auf immer größere Skepsis gestoßen war und immer häufiger kritisiert wurde. Viele der bekanntesten Kosmologen der Welt, insbesondere diejenigen, die sich mit Quantenmechanik beschäftigten, hatten an der Theorie vom Urknall als dem Ursprung des Universums zu zweifeln angefangen. Wie wir bereits im ersten Teil unseres Buches gesehen haben, geht diese Theorie davon aus, daß das Universum durch eine gigantische Explosion zur »Nullzeit«, also ganz zu Anfang der Schöpfung, entstanden ist.

Doch die Ergebnisse des Berkley-Teams stützten diese Theorie in jeder Hinsicht, denn inzwischen ist man zu der Überzeugung gelangt, daß die kleinen Dichtewellen, die von dem COBE-Satelliten aufgezeichnet wurden, unmittelbar nach dem Urknall entstanden sein müssen.

Dr. Smoot kündigte seine Ergebnisse bei einem Treffen der Amerikanischen Gesellschaft für Physik in Washington mit folgenden Worten an: »Was wir gefunden haben, ist ein Beweis für die Entstehung des Universums und seine Evolution.« Er fügte hinzu, daß die Ergebnisse nicht nur die Urknalltheorie bekräftigten, sondern auch den Nachweis für die Gültigkeit zweier anderer Hypothesen lieferten, nämlich der Hypothese eines inflationären Szenarios des Universums und der Hypothese der Existenz von kalter, dunkler Materie, die möglicherweise aus unsichtbaren subatomaren Teilchen besteht, von denen angenommen wird, daß sie 90 Prozent der gesamten Materie des Universums ausmachen. Sich im Glanz der Entdeckung sonnend fügte Dr. Smoot hinzu: »Es ist eine mystische Erfahrung ... Es ist, als fände man den Antriebsmechanismus des Universums ... Und ist das nicht schließlich das, was Gott ist? Wenn Sie religiös sind, sieht es ganz nach Gott aus ...«

Noch vor ein paar Jahren wäre ein solche Äußerung von einem Wissenschaftler undenkbar gewesen. Die moderne Wissenschaft hat sich im Bemühen, auf ihrer Jagd nach wissenschaftlichen Wahrheiten nur streng empirische Methoden anzuwenden, seit eh und je von der Religion und der Mystik ferngehalten. Noch bis vor kurzem wäre ein Wissenschaftler mit mystischen oder übernatürlichen Tendenzen gebrandmarkt und seine wissenschaftliche Arbeit als suspekt verschrien worden, und sein Ruf hätte natürlich entsprechend darunter gelitten. Sogar Männer von Einsteins Format, die mit bestimmten mystischen Vorstellungen liebäugelten, waren schnell dabei, wenn es darum ging, irgendwelche religiösen oder mystischen Praktiken oder Überzeugungen abzustreiten. Einstein benutzte Gott mit Vorliebe als Symbol für die Gesetze des Universums. So ließ er etwa folgende Äußerungen verlauten: »Gott würfelt nicht mit dem Universums«, oder »Gott ist gerissen, aber nicht bösartig.« Einmal beschrieb er sein wissenschaftliches Gesamtziel mit der knappen Bemerkung: »Ich möchte Gottes Gedanken kennen. Der Rest ist nur eine Frage des Details.« Dennoch leugnete er hartnäckig, daß er im strengen Sinne des Wortes religiös sei und erklärte, diese aufreizenden Äußerungen seien einfache Gleichnisse, in denen das Wort »Gott« das Universum und seine Geheimnisse symbolisiere.

Robert Jastrow war der erste Astrophysiker, der sich vorsichtig zu seinem Glauben an die Existenz Gottes und eines göttlichen Planes hinter der Schöpfung bekannte. In seinem bereits 1978 veröffentlichten Buch *God and the Astronomers* hatte er folgendes zu sagen:

> Für den Wissenschaftler, der im Glauben an die Macht der Vernunft gelebt hat, endet die Geschichte wie ein schlimmer Traum. Er hat die Berge der Unwissenheit erklommen und ist gerade dabei den höchsten Gipfel zu erstürmen, und wie er sich so über den letzten Felsen nach oben zieht, wird er von einer Gruppe Theologen begrüßt, die dort schon seit Jahrhunderten sitzen.

Trotz seiner mutigen Äußerungen war aber sogar Jastrow in der Einleitung des Buches vorsichtig genug zu bemerken, daß er in religiösen Dingen Agnostiker sei, wenn er nicht ohne Hintergedanken sagte: »Wenn ein Astronom über Gott schreibt, gehen seine Kollegen davon aus, daß er entweder seine beste Zeit hinter sich hat oder am Überschnappen ist.«

Heute gilt dies jedoch nicht mehr. Viele Wissenschaftler sind trotzdem immer noch vorsichtig, sich öffentlich zu ihrem Glauben an eine erste Ursache oder einen Urgrund für die Erschaffung des Universums zu bekennen. Allerdings gehen immer mehr dazu über, nicht nur ihren Glauben an eine schöpferische Urkraft zu äußern, sondern auch auf die Notwendigkeit eines mystischeren Ansatzes im Zusammenhang mit diesem Thema hinzuweisen. Paul Davies, Professor der mathematischen Physik an der Universität Adelaide/Australien und einer der brilliantesten Köpfe der Astrophysik weltweit, drückte es in seinem Buch *The Mind of God* folgendermaßen aus:

> Ich kann einfach nicht glauben, daß wir unsere Existenz im Universum nur einer Laune des Schicksals verdanken, einem Zufall der Geschichte, einer beiläufigen Abweichung im großen kosmischen Drama. Dazu ist unsere Verwicklung zu innig. Wir sollen tatsächlich hier sein.

Und weiter vorne im selben Abschnitt sagt er:

> Letztendlich ist eine rationale Erklärung der Welt im Sinne eines abgeschlossenen, vollständigen Systems logischer Wahrheiten mit an Sicherheit grenzender Wahrscheinlichkeit unmöglich ... Wenn wir weiterkommen wollen, müssen wir uns einem anderen »Verständnisbegriff« als der rationalen Erklärung zuwenden. Möglicherweise ist der mystische Pfad ein Weg zu einem solchen Verständnis.

Was in aller Welt veranlaßt weltberühmte Wissenschaftler mit unantastbarem professionellen Ruf, sich mit staunendem Blick einer möglichen schöpferischen Kraft hinter dem Universum zuzuwenden? Die Tatsache, daß ihnen eine solche kreative Kraft aus jedem Winkel des Teleskops und jeder Quantengleichung, die jemals aufgestellt wurde, entgegenspringt. George Smoots Entdeckung der breiten Falten im Gewebe des Raums ist nur ein weiterer Beweis für eine »erste Ursache« allen Seins, denn sie bestätigt die Urknalltheorie, die ihrerseits wiederum eine mögliche Existenz Gottes rechtfertigt.

Zur Zeit des Urknalls gab es einen unendlich komprimierten Punkt, der »Singularität« genannt wird. Roger Penrose und Stephen Hawking wiesen nach, daß eine solche Singularität unvermeidlich war, solange die Gravitationskraft unter den extremen Bedingungen des gerade entstehenden Universums eine Anziehungskraft blieb. Dies stimmt mit der Einsteinschen Relativitätstheorie überein, nach der Raum, Zeit und Materie eng miteinander verbunden sind.

Die Wissenschaftler gehen heutzutage davon aus, daß zum Zeitpunkt der Singularität der Raum bis zu seinem völligen Verschwinden zusammengeschrumpft sein muß. Da Raum, Zeit und Materie aber unwiderruflich miteinander verknüpft sind, bedeutet dies, daß auch die Zeit und die Materie verschwunden sein müssen. Deshalb war die materielle Singularität gleichzeitig auch eine Raum-Zeit-Singularität. Da alle physikalischen Gesetze wiederum in bezug auf Raum und Zeit formuliert sind, müssen bei der Singularität auch alle physikalischen Gesetze außer Kraft gesetzt worden sein. Oder anders ausgedrückt, es gab zum Zeitpunkt des Urknalls keine Zeit, keinen Raum und keine Materie, und die Physik ist nicht in der Lage, uns zu erklären, was tatsächlich passiert ist. Zeit, Raum und Materie entstanden gleichzeitig mit dem Urknall. Doch die Wissenschaftler würden uns in diesem Zusammenhang sicher verbessern und uns raten, uns das Universums nicht als etwas »Entstehendes« vorzustellen, sondern eher als etwas »Seiendes«. In anderen Worten: das Universum IST einfach.

Was aber passierte vor dem Urknall? Nichts, da es die physikalischen Gesetze noch gar nicht gab. Es gab keine Zeit, also kann auch diesem momentanen Ereignis kein bestimmter Zeitpunkt zugeordnet werden. Und wenn Sie einen Physiker fragen, wo sich das Ganze denn abspielte, wird er einfach sagen ÜBERALL, denn es gab auch noch keinen Raum.

Die Vorstellung von einem ewigen Universum wurde ebenfalls widerlegt, und zwar durch den zweiten Hauptsatz der Thermodynamik, nach dem es nicht möglich ist, daß Hitze spontan von kalten zu warmen Körpern fließt, während ein spontaner Fluß von heiß nach kalt durchaus möglich ist. Diese Tendenz zur Konstanz, in der sich die Temperatur langsam ausgleicht und das Universum einen stabilen Zustand erreicht, stellt eine maximale molekulare Unordnung dar, die Entropie oder »Hitzetod« genannt wird. Aber die Tatsache, daß es das Universum immer noch gibt und es noch nicht »gestorben« ist, deutet daraufhin, daß es nicht bis in alle Ewigkeit hätte bestehen können.

Darüber hinaus besagt Olbers Paradox, daß in einem unendlichen Universum in Raum und Zeit das Licht von einer unendlichen Vielzahl von Sternen ständig auf die Erde scheinen müßte und demnach der gesamte Nachthimmel nicht dunkel, sondern hell wie die Sonnenoberfläche sein müßte. Hätten wir es jedoch mit einem Universum zu tun, das nicht unendlich ist, also einen Anfang hat, dann könnten wir nur das Licht der Sterne sehen, deren Licht Zeit hatte, seit dem Beginn des Universums zu uns zu gelangen. Dies legt den Schluß nahe, daß das Universum nicht unendlich ist. Effektiv widerlegt die Urknalltheorie die Vorstellung eines unendlichen Universums, denn wenn es einen Anfang gegeben hat, kann es nicht unendlich sein.

Der heilige Augustinus, dessen Schriften auf das 5. Jahrhundert zurückgehen, wußte, daß die Zeit Teil des physischen Universums war, siedelte jedoch Gott, den Schöpfer, außerhalb der Zeit an. Anders ausgedrückt stellte er sich eine schöpferische Kraft außerhalb des Universums vor, eine Vorstellung, die durchaus mit den Bedingungen des Universums im Moment des Urknalls, als es keine Zeit, keinen Raum und keine Materie gab, übereinstimmt. Wenn aber diese schöpferische Kraft sich »außerhalb« des Universums befand, war »sie« sicherlich durchaus in der Lage, Raum, Zeit und Materie durch eine Singularität zu »erschaffen«, also durch einen komprimierten Punkt, aus dem heraus der Urknall stattfand und das Universum entstand. Diese Singularität ist vergleichbar mit der kabbalistischen Vorstellung vom AIN SOPH OR, dem Urpunkt des Lichts, der zur Zeit der Schöpfung von Gott emittiert wurde.

Die Vorstellung von einem Gott, der das Universum außerhalb von sich selbst erschaffen hat, gleicht der eines Künstlers bei der Schaffung eines Kunstwerks. Er muß es außerhalb von sich selbst kreieren, denn wie könnte er irgendetwas schaffen, das ein Teil von ihm ist? Wie kann sich ein Maler oder Bildhauer in seinem Werk befinden? Er muß an ihm von außen arbeiten, sorgfältig ein Detail nach dem anderen hinzufügen und es auf jede nur mögliche Weise perfektionieren.

Von allen wissenschaftlichen Disziplinen ist die Physik

schließlich diejenige, die alle quälenden Fragen, die sich die Menschen seit eh und je über ihre Ursprünge und ihr letzendliches Schicksal stellen, beantworten wird. Aus diesem Grunde müssen die Physiker auch versuchen, ihre Theorien mit den kosmischen Gesetzen in Einklang zu bringen und unwiderlegbare Beweise für all ihre Prämissen zu finden. Erst dann können sie absolut sichergehen, daß sie sich auf festem Boden bewegen. Genau deshalb schrecken aber auch viele Physiker vor der Annahme eines Schöpfers, einer Urkraft, hinter der Entstehung des Universums zurück. Eine solche Idee liegt jenseits der Beweisbarkeit, wenigstens zum jetzigen Zeitpunkt. Und in der Physik geht es praktisch nur um Beweise; deshalb müssen Smoots neuesten Befunde bei vielen Physikern, die ihr Bestes gaben, um eine Antwort auf die Ausgangsfrage zu finden, ohne auf »metaphysische« Spekulationen zurückgreifen zu müssen, auch relativ große Verwirrung und Bestürzung ausgelöst haben. Doch solche Spekulationen lassen sich nicht einfach mir nichts dir nichts beiseite schieben, und die Vorstellung von einer schöpferischen Kraft gewinnt mit jeder neuen wissenschaftlichen Entdeckung an Substanz hinzu.

Das Hauptproblem bei der Urknalltheorie ist, daß es so scheint, als handele es sich beim Urknall um ein Ereignis ohne physische Ursache, und dies widerspricht dem Gesetz von Ursache und Wirkung. Allerdings gibt es eine mögliche Erklärung, und diese findet sich in der Quantenmechanik. Im Mittelpunkt dieses Physikzweiges steht die Heisenbergsche Unschärferelation, nach der es zu unvorhersehbare Schwankungen der Werte meßbarer Quantitäten wie Energie und Impuls kommt. Dies hat jedoch zur Folge, daß die mikroskopische Welt der atomaren und subatomaren Teilchen ungewiß ist. Oder anders ausgedrückt: Quantenereignisse lassen sich nicht mit absoluter Sicherheit durch das Ursache-Wirkungsprinzip bestimmen. Zwar mag die Wahrscheinlichkeit eines Ereignisses bekannt sein, doch was tatsächlich geschieht ist weder bekannt, noch kann es herausgefunden werden. Da Ursache und Wirkung im Hinblick auf Quantenprozesse vernachläßigbare Faktoren sind, läßt dies von seiten der Physiker auch Spekulationen zu, daß es gar keinen Ursprung des Universums gibt. Das ist genau das, was der berühmte Quantenphysiker Stephen Hawking und sein Kollege James Hartle vertreten haben. Laut Hawking hat ein Universum, das in sich geschlossen ist, wie es zu sein scheint, und keine Grenzen oder Kanten hat, auch keinen Anfang und kein Ende, ergo auch keinen Ursprung. Damit befindet er sich in Übereinstimmung mit den Einsteinschen Theorien, nach denen das Universum endlich, aber unbegrenzt ist. Doch obwohl Hawking in seiner Theorie davon ausgeht, das Universum habe keinen Ursprung, weist er andererseits darauf hin, daß es schon immer existiert habe. Aber wie ist es entstanden? Der Quantenphysik zufolge könnte es sich ganz einfach selbst geschaffen haben.

Die Konzepte der Quantenmechanik gehen nicht davon aus, daß das Universum irrational ist. Obwohl es keine Gewißheit hinsichtlich zukünftiger Quantenprozesse gibt, können die relativen Wahrscheinlichkeiten weiterhin bestimmt werden. Das bedeutet wiederum, daß die Natur auf der makroskopischen Stufe, also in der sichtbaren Welt, in der Quanteneffekte nicht wahrnehmbar sind, weiterhin dem Kausalitätsgesetz und dem Grundsatz des Determinismus zu gehorchen scheint. Andererseits könnte man tatsächlich behaupten, der Indeterminismus im atomaren und subatomaren Bereich lasse einen weiten Spielraum für Kreativität und Wandel sowie für weitere Evolution offen. Dieser Gedanke wurde hauptsächlich von einer Reihe von Theologen geäußert, die der Überzeugung sind, daß der Indeterminismus der Quantenphysik Gott die Freiheit lasse, seinen Schöpfungsprozeß fortzuführen, ohne mit den Gesetzen der Physik in Konflikt zu geraten.

Die Vorstellung von einer »rationalen« Welt basiert auf dem Ordnungsprinzip. Ein Ereignis folgt auf das andere in Übereinstimmung mit den unveränderlichen physikalischen Gesetzen. Der Tag-und-Nacht-Zyklus, ja sogar der Lauf der Sterne, wird von diesen Gesetzen bestimmt. Diese wechselseitige Beziehung zwischen den Ereignissen wird Kausalität genannt. Und eng verbunden mit der Kausalität ist der Begriff Determinismus. Determinismus bedeutet ganz einfach, daß jedes Ereignis vollständig durch ein früheres vorherbestimmt ist. Das genaue Gegenteil von Determinismus ist Indeterminismus oder Zufall. Beispiele dafür sind das Würfeln oder das Werfen einer Münze. Hier befinden wir uns im Bereich der Quantenmechanik.

Wir haben es also mit einem Universum zu tun, das ungeheuer komplex ist und auf der makrokosmischen Ebene vom Ursache-Wirkungsgesetz bestimmt wird, während in seinem Kern der Indeterminismus vorherrscht, der die atomaren und subatomaren Teilchen auf der mikrokosmischen Ebene bestimmt. Das Universum ist ein zusammenhängendes Ganzes, in dem das Herabfallen eines Apfels von der Position des Mondes beeinflußt wird. Doch nicht alle Systeme funktionieren so vorhersehbar. Es gibt auch andere Prozesse, die sogenannten chaotischen Prozesse, die keinerlei Regelmäßigkeit aufweisen. Ihr Verhalten scheint völlig willkürlich zu sein.

Es gibt weit mehr chaotische Systeme im Universum, als die Wissenschaft ursprünglich annahm. Dazu gehören zum Beispiel flimmernde Herzen, tropfende Wasserhahnen, turbulente Flüssigkeiten und ein angestoßenes Pendel. Chaotische Systeme reagieren äußerst empfindlich auf Störungen von außen. Es ist gerade diese Eigenschaft, die sie so unvorhersehbar macht. Hinter dem Begriff Chaos verbirgt sich die Vorstellung, daß kleinste Interferenzen oder Fehler zu winzigen Veränderungen im chaotischen System führen, die dann rasch eskalieren, bis das System aus der Synchronizität geworfen wird und außer Kontrolle gerät. Das typischste Beispiel dafür ist das Pendel, das ganz normal schwingt, bis es jemand leicht berührt. Dann fängt das Pendel an chaotisch auszuschlagen, zuerst unregelmäßig in eine und dann völlig willkürlich in die andere Richtung.

Bei Berechnungen mit vorhersagendem Charakter, wie etwa Computervoraussagen, spielt das Chaos noch eine weitaus größere Rolle. Jede voraussagende Berechnung muß zwangsläufig mit Eingabefehlern behaftet sein, da wir physikalische Mengen nicht mit unbegrenzter Genauigkeit berechnen können. Da der kleinste Fehler eine chaotische Reaktion zur Folge

haben kann, kann dies das Endergebnis der Voraussage beeinflussen. Und obwohl die meisten Systeme deterministisch und
in ihrem Endergebnis genau sind, muß das Chaos immer mit
in Betracht gezogen werden. Genau hierin liegen die Gesetze
des Zufalls und des Indeterminismus sowie der Unkontrollier-
barkeit in der Natur verborgen.

Nicht-chaotische System sind aufgrund ihrer Eigenschaft
der Linearität und der Lokalität sowohl vorhersagbar als auch
mathematisch wahr. Ein lineares System »gehorcht« den Gesetzen der Addition und der Multiplikation im Zusammenhang mit Schaubildern von Geraden, beispielsweise in bezug
auf die Gesetze des Elektromagnetismus. Lineare System sind
weder chaotisch noch empfindlich gegenüber kleinen Störungen von außen.

Die Eigenschaft der Lokalität hat etwas mit der Tatsache zu
tun, daß in den meisten Fällen das Verhalten eines physikalischen Systems in seiner Gesamtheit von Kräften in seiner unmittelbaren Nachbarschaft bestimmt wird. Aber es gibt auch
Situationen, in denen nicht-lokale Effekte mit hereinspielen
können. In der Quantenmechanik können zwei subatomare
Teilchen lokal interagieren und sich dann weit auseinanderbewegen. Aber auch wenn sie an zwei völlig entgegengesetzten
Punkten im Universum landen, müssen sie immer noch als
Ganzes betrachtet werden, und ihr Verhalten wird sich weiterhin gegenseitig beeinflussen, trotz der unermeßlichen Entfernung zwischen ihnen. Dieser Punkt ist für das Verständnis der
im Universum wirksamen Kräfte und der Gründe, warum sie
so wirken, wie sie es tun, von höchster Bedeutung.

Wollen wir unser Verständnis vom Universum vertiefen, so
müssen wir außerdem die Begriffe Kontingenz und Notwendigkeit mit einbeziehen. Etwas wird als kontingent bezeichnet,
wenn seine Existenz oder die Tatsache, daß es so ist, wie es ist,
von etwas anderem abhängt, von etwas außerhalb von ihm
selbst. Im Gegensatz dazu ist etwas, das notwendig ist, nicht
von etwas anderem für seine Existenz abhängig. Es schließt
den Grund für seine Existenz in sich ein und ist völlig unabhängig von anderen Dingen.

Auf der Grundlage dieser Erklärungen wird leicht ersichtlich, daß alles im Universum von etwas anderem abhängig ist. Aber was ist mit dem Universum selbst? Ist es notwendig oder kontingent? Es ist kontingent, wenn es anders beschaffen sein könnte, als es tatsächlich ist.

Viele Physiker sind der Meinung, daß es irgendwann einmal möglich sein wird, nachzuweisen, daß alle physikalischen Gesetze zusammenhängen. Die vier wichtigsten physikalischen Gesetze befassen sich mit der starken Kraft, der schwachen Kraft, der Gravitation oder Schwerkraft und der elektromagnetischen Kraft. Es wurde bereits entdeckt, daß die schwache radioaktive Kraft und die elektromagnetische Kraft nur zwei Aspekte derselben elektroschwachen Kraft sind. Die Physiker suchen nun nach einer »Superkraft« oder Urkraft, einem vollkommen vereinheitlichenden übergeordneten Prinzip, das »notwendig« sein könnte. Diese mögliche Konvergenz würde zu einer Theorie aller Dinge führen, und tatsächlich glauben viele Wissenschaftler, daß eine solche Entdeckung kurz bevorsteht. Die Superstring-Theorie ist der Versuch einer Vereinheitlichung aller physikalischen Grundkräfte und Teilchen zu einem allumfassenden Ganzen.

Während sich die Physiker mit ihren Versuchen herumschlagen, eine vereinheitlichende Theorie zu finden, die sich als »notwendig« herausstellen könnte, bleibt die Tatsache bestehen, daß die Welt unbestreitbar »kontingent« ist, das heißt also, daß alle ihre Komponenten voneinander abhängig sind. Und trotz aller Zufälligkeit des Chaos und des Indeterminismus der Quantenphysik ist die Welt auch logisch, rational und stabil. Außerdem müßte sie nicht zwangsläufig so sein, wie sie ist. Sie könnte sich auch anders entwickelt haben. Warum ist sie aber so, wie sie ist und nicht anders?

Die Tatsache, daß die Welt sowohl rational als auch verständlich ist, könnte als das Prinzip eines hinreichenden Grundes angesehen werden. Damit wird aber gesagt, daß alles auf der Welt aus einem ganz bestimmten Grunde so ist, wie es ist. Was ist dann also der Grund dafür, daß die Welt so ist, wie sie ist? Wenn sie, so wie es scheint, kontingent ist, kann sie keine

Erklärung für ihre Existenz beinhalten. Nur notwendige Dinge können das. Doch das Prinzip des hinreichenden Grundes bedarf einer Erklärung für die Existenz der Welt. Es muß eine geben. Also muß die Erklärung außerhalb des Universums liegen.

Die ganze Art und Weise, wie das Universum organisiert ist, hat bei vielen Astronomen den Gedanken aufkommen lassen, daß ein Plan dahinterstecken müsse. James Joyce sagte zum Beispiel, das Universum scheine von einem reinen Mathematiker entworfen zu sein, und es fange an, mehr und mehr eher einem großen Gedanken als einer großen Maschine zu gleichen. Und Albert North Whitehead, der zusammen mit Bertrand Russell *Principia Mathematica* verfaßte, war der Ansicht, Gott sei für die Ordnung der Welt verantwortlich, allerdings nicht durch direktes Eingreifen, sondern durch Bereitstellung der potentiellen Möglichkeiten, die dann vom physischen Universum in die Wirklichkeit umgesetzt wurden.

Wenn aber Gott nicht von irgend etwas anderem abhängig ist, könnte man ihn als notwendig bezeichnen. Und wie kann ein notwendiges Wesen ein kontingentes Universum erschaffen? Bevor wir den Versuch unternehmen wollen, eine Antwort auf diese Frage zu finden, müssen wir erst noch eine weitaus wichtigere Frage klären. Wer oder was ist Gott? Könnte die Antwort in der dunklen Materie liegen, die den Kosmos durchdringt?

Alle Sterne und Galaxien im Universum machen insgesamt nur zehn Prozent der Masse des Universums aus. Die meisten Physiker gehen deshalb davon aus, der Rest müsse aus einer Art unsichtbaren oder dunklen Materie bestehen, deren Wesen erst noch näher zu bestimmen sei. Ein Teil davon könnte auch von sehr lichtschwachen Sternen, den sogenannten braunen Zwergen, gebildet werden, ein anderer möglicherweise auf die schwarzen Löcher zurückgehen. Doch der Großteil scheint nach Ansicht der Physiker aus einer Form »exotischer« subatomarer Teilchen zu bestehen, wie etwa der Neutrinos, Axionen oder die »Wimps« (Weekly Interacting Massiv Particles). Diese letzteren werden aufgrund ihrer kalten Eigenschaften als

die wahrscheinlichsten Kandidaten angesehen. Wissenschaftler gehen inzwischen von der Theorie aus, daß »Wimps« überall sind und daß Milliarden von subatomaren Teilchen täglich
durch den menschlichen Körper hindurchgehen. Diese kalte
dunkle Materie kann durch Temperaturveränderungen in der
normalen Materie und vermutlich auch im menschlichen Körper nachgewiesen werden. Natürlich handelt es sich dabei um
reine Spekulationen, und weder der »Wimp« noch die schwer
faßbare kalte dunkle Materie sind bisher von der Wissenschaft
nachgewiesen worden, doch die Suche danach läuft auf vollen
Touren, und die Wissenschaftler sind sich sicher, daß die dunkle Materie existiert und es nur eine Frage der Zeit ist, sie letzten Endes zu lokalisieren. Des weiteren wird von den Wissenschaftlern angenommen, daß die dunkle Materie, wenn man
sie endlich findet, möglicherweise völlig anders beschaffen sein
wird als alles bisher Bekannte.

In der Kabbala heißt es, am Anfang, vor der Schöpfung,
habe es nur AIN gegeben, das NICHTS, eine unbekannte und
undefinierbare Kraft, die überall war. Aus dem AIN ist dann
das AIN SOPH, die potentielle Materie, und das AIN SOPH OR,
die tatsächliche Schöpfung, entstanden. Diese Vorstellung
stimmt in vieler Hinsicht mit dem Grundprinzip der Vorstellung von der dunklen Materie überein.

Eng verbunden mit dem Konzept der dunklen Materie ist
die Existenz der schwarzen Löcher. Ein schwarzes Loch ist
eine Region im Raum oder in der Raum-Zeit, aus der nichts,
noch nicht einmal Licht, entkommen kann, weil die Gravitation zu stark ist. Es wird angenommen, daß sich schwarze
Löcher immer dann bilden, wenn ein Stern als Supernova
explodiert und auf Grund der Schwerkraft, die in seinem innersten Kern wirksam ist, in sich zusammenstürzt. Alles in
dem schwarzen Loch wird durch die Intensität der darin wirksamen Schwerkraft auseinandergerissen. Moleküle, Atome
und sogar subatomare Teilchen werden völlig aufgelöst. Nach
Stephen Hawking und Roger Penrose sind solche Raum-Zeit-
Singularitäten, wie jene zur Zeit des Urknalls, bei den in einem
schwarzen Loch vorherrschenden Bedingungen unvermeidlich.

Doch während in dem schwarzen Loch alle Materie sowie die
Raum-Zeit zerstört wird, ist beim Urknall Materie und Raum-
Zeit entstanden. Kann es also sein, daß im schwarzen Loch
die Zeitachse umgekehrt ist? Kann aus einer Singularität oder
einem einzigen Punkt, der durch den Zusammenbruch eines
Sterns entstanden ist, allmählich ein Universum wie das unsere
hervorgehen? Gibt es noch andere Universen am Ende jedes
schwarzen Loches in unserem Kosmos? Befindet sich unser
Universum am Ende eines schwarzen Loches, das einem anderen Universum außerhalb unseres eigenen angehört?

Aus allem, was wir bisher in diesem Kapitel gesehen haben,
zeichnet sich ein deutlicher Zusammenhang zwischen der
»Singularität« im Moment des Urknalls und dem kabbalistischen Konzept des AIN SOPH OR ab – dem Urpunkt des Lichts,
der vom Schöpfer zum Zwecke der Schöpfung emittiert
wurde. Aus diesem Licht bildete sich die Welt der Archetypen –
Adam Kadmon – oder der Leib Gottes, der mit der differenzierten Energie verglichen werden könnte, die im allerersten
Moment der Schöpfung vorherrschte. Doch wie wir bereits zu
Beginn diese Buches gesehen haben, war die Energie noch zu
stark für die Erschaffung der Materie, und vier zusätzliche
Welten mußten deshalb erst noch emaniert werden, von denen
jede dichter als die andere war, bis schließlich die Welt der
Materie entstehen konnte. Diese vier archetypischen kabbalistischen Welten können mit den verschiedenen Zuständen
der subatomaren Teilchen verglichen werden, die in den Bereich der Quantenphysik fallen.

Die schwer faßbare dunkle Materie ist ein Teil dieser Welten. Das bedeutet jedoch, daß es noch eine unendliche Menge
von sub-subatomaren Teilchen ad infinitum gibt, die von der
Physik erst noch entdeckt werden müssen, die alle zu den vier
kabbalistischen Welten dazugehören. Jenseits dieser sub-subatomaren Teilchen liegt das AIN SOPH OR, der eine Urpunkt
des Lichts, aus dem alles hervorging. Wenn die Wissenschaft
diesen Urpunkt entdeckt, wird sie auch wissen, wer oder was
Gott ist.

Die verblüffendste Schlußfolgerung aus kabbalistischer

Sicht ist, daß nicht nur die materielle Welt, sondern auch die spirituelle Welt anhand der physikalischen Gesetze erklärt werden kann. Da alles, was ist, aus AIN SOPH OR entstanden ist, das den Kern des physischen Universums bildet, folgt daraus, daß auch der Geist der Menschen physischer Natur ist. Er ist nicht sichtbar, da er aus subatomaren Teilchen besteht, gehört aber der Welt der Handlung an, die laut Kabbala die materielle Welt ist. Es könnte sehr wohl sein, daß die kalte, dunkle Materie, hinter der die Wissenschaft so herjagt, die Welt des Geistes, die Welt des überirdischen Verstandes ist. Der Hinduismus lehrt, daß es in der Luft, die wir atmen, eine unsichtbare Substanz gibt, die sie Prana nennen und die die Lebensessenz darstellt. Prana kann mit dem Geist verglichen werden, mit dem reinen Verstand, und in der Kabbala mit der Welt der Formung – Jezirah –, die mit dem Element Luft assoziiert wird.

Ein bekannter Astronom sagte kürzlich, er glaube, Gott sei die Summe aller Gesetze des Universums. Ganz anders sehen dies die Kabbala und die Urknalltheorie, denn im Punkt der Singularität, die beim Urknall existierte, gab es keine Zeit, keinen Raum und keine Materie. Alle physikalischen Gesetze waren beim Urknall außer Kraft gesetzt. Sie existierten ganz einfach nicht. Das bedeutet jedoch, daß die schöpferische Kraft, die das Universum hervorbrachte, zur Zeit der Entstehung außerhalb des Universums gewesen sein muß, deshalb muß die Kraft (oder der Schöpfer) sich auch außerhalb der physikalischen Gesetze befunden haben und kann damit keinesfalls die Summe dieser Gesetze sein. Der Schöpfer (mit seinem weiblichen und männlichen Aspekt) muß größer als seine Schöpfung sein. Das sagt uns das Prinzip des hinreichenden Grundes.

Die Prinzipien, die im Zusammenhang mit schwarzen Löchern gelten, lassen sich ebenfalls auf die Kabbala übertragen. Das schwarze Loch stellt man sich in der Physik als eine Art Trichter vor, dessen Eingang oder Ereignishorizont kreisförmig ist. Am Ende des Trichters befindet sich eine Singularität oder ein Urpunkt, in dem alle Materie, die aus dem

schwarzen Loch stammt, kondensiert wird. Bei Umkehrung
der Zeitachse verhält sich die Singularität wie der Urknall und
endet in der allmählichen Entstehung eines Universums. In der
Kabbala wird beschrieben, wie sich vor der Emanation des
AIN SOPH OR das AIN SOPH oder verströmende Gefäß aus dem
AIN oder unendlichen Licht zurückzog und einen perfekten
Kreis bildete, den der Urpunkt des Lichts durchquerte, um das
Universum entstehen zu lassen. Das bedeutet jedoch, daß es
ein Universum außerhalb unseres eigenen gibt, das ganz
anders ist, denn es ist ein Universum aus reinem Licht. Und es
bedeutet auch, daß die schwarzen Löcher in unserem Univer-
sum andere Universen hervorbringen könnten.

Weiter vorne in diesem Kapitel haben wir uns mit kon-
tingenten und notwendigen Dingen auseinandergesetzt, und
wir haben gesehen, daß notwendige Dinge für sich genommen
eine Einheit bilden, während kontingente Dinge voneinander
abhängig sind. Einer der Namen Gottes in der Kabbala ist
Ehjeh Ascher Ehjeh, was bedeutet: »Ich werde sein, der ich
sein werde« oder wie es an anderer Stelle heißt: »Ich bin der
›Ich-bin-da‹«, das, wie wir bereits im ersten Teil des Buchs
gesehen haben, besser mit Existenz ist Existenz übersetzt wird.
Existenz ist das Absolute der Ursache. Sie existiert für sich genommen und weil sie existiert. Dieser Gottesname sagt uns
also, daß der Schöpfer zwangsläufig notwendig sein muß. Wie
konnte er ein kontingentes Universum schaffen? Indem er es
außerhalb von sich selbst schuf und es so mit Eigenschaften
versah, von denen er wußte, daß sie für die Fortdauer und
Evolution eines solchen Universums nötig wären.

All das bedeutet, daß das Universum, weit davon entfernt
eine Maschinerie zu sein, ein evolutionärer Prozeß ist, in dem
die Materie oder die Teilchen, aus denen es sich zusammensetzt, radikale Veränderungen auf subatomarer Ebene durch-
machen. Diese Art von Veränderungen werden aus kabbalistischer Sicht als die allmähliche Rückkehr aller Materie zu ihrer
Lichtquelle erklärt, die der Schöpfer ist.

Kapitel 19

Geist über Materie

Eines der verblüffendsten Rätsel der Wissenschaft ist das Geheimnis des Geistes. Viele Versuche wurden unternommen, um dieses Geheimnis zu lüften; doch bis jetzt sind wir immer noch nicht in der Lage, seine Funktionen und nicht einmal seine Existenz aus physikalischer Sicht zu erklären. Und obwohl davon ausgegangen wird, daß der Geist für unsere Denkprozesse zuständig ist, gibt es keinen eindeutigen Beweis dafür, daß dem wirklich so ist. Die meisten Neurophysiologen würden sicher darauf bestehen, auf die unwiderrufliche Verbindung zwischen Gehirn und Geist hinzuweisen, aber sie können andererseits weder erklären, wie diese mythische Verbindung vonstatten geht, noch wo genau der Geist mit dem Gehirn in Kontakt tritt.

Nach dem Begriff Geist befragt, werden die meisten Wissenschaftler anfangen, über physiologische Vorgänge im Körper und im Gehirn zu reden und auf die Sensoren, Neuronen und Dendriten hinweisen, die unseren stofflichen Körper und seine Funktionen steuern. Doch allein die Frage nach dem Ort des Bewußtseins oder gar des Geistes wird auch heute noch Anlaß zu einer Vielzahl von Vermutungen geben. Manche Wissenschaftler glauben, es sei in der netzartigen Struktur des Gehirns angesiedelt, andere schreiben es dem Ammonshorn im Gehirn zu und wieder andere der Hirnrinde selbst, aber keiner kann es mit Sicherheit sagen.

Angesichts dieser Kontroverse verweisen manche Wissenschaftler auf die Möglichkeit, daß es vielleicht weder direkt im Gehirn »angesiedelt« ist noch damit in Verbindung steht. Sie ziehen es vor, sich den Geist als eine Reihe von Prozessen vorzustellen, deren Ursprung allerdings noch unklar ist.

Einer der hervorragendsten Neurochirurgen, der sich den Reihen dieser revolutionär denkenden Wissenschaftler an-

schloß, die sich von der materialistischen Vorstellung eines
Geistes, der Teil des Gehirnes ist, lösten, war Wilder Penfield.
In seinem Buch *The Mystery of Mind*, das er kurz vor seinem
Tode im Jahre 1975 schrieb, sagte er, es gäbe keinen klaren
Beweis dafür, daß das Gehirn für sich alleine genommen die
Arbeit des Geistes vollbringen könnte. Außerdem warnte er
die Wissenschaftler davor, voreilige Schlüsse in bezug auf das
Studium des Menschen zu ziehen, solange das Wesen der Ener-
gie nicht bekannt sei, die für die Geistestätigkeit verantwort-
lich ist. Zum gegenwärtigen Zeitpunkt räumen die meisten
Realisten, die eine Verbindung zwischen Geist und Gehirn
sehen, die Möglichkeit ein, daß sie die für den Geist zustän-
dige Energie vielleicht nie wirklich kennen werden. Alles, worauf sie hoffen können, sind annähernde Vermutungen.

Der australische Physiologe Sir John Eccles sagte einmal, die
materialistische Vorstellung von einer Gehirntätigkeit, die Bewußtsein erzeugt, sei offensichtlich absurd. Des weiteren vertritt er die Ansicht, jede Theorie des Bewußtseins müsse sich
nicht nur mit der Auswirkung des Gehirns auf den Geist, sondern auch mit dem Einfluß des Geistes auf das Gehirn beschäftigen. In seinem umstrittenen Buch *Das Ich und sein Gehirn*,
das er gemeinsam mit dem Philosophen Sir Karl Popper her-
ausbrachte, stellt Eccles die Behauptung auf, daß es zusätzlich
zu den Gehirnzuständen, die von physikalischen Gesetzen bestimmt werden, auch mentale oder geistige Zustände gäbe,
die außerhalb der Grenzen der materiellen Welt liegen und
dennoch mit ihr interagieren.

Aber interessanterweise ist es die Physik, die »härteste«
Wissenschaft von allen, die am bereitwilligsten die Vorstellung
von einem Geist außerhalb des Gehirns übernommen hat und
gar von einem universellen Geist redet. Der berühmte Physiker
Sir Arthur Eddington sagte einmal, die Idee von einem universellen Geist oder Logos sei beim derzeitigen Stand der wissenschaftlichen Theorie eine durchaus mögliche Schlußfolgerung,
zumindest befände sie sich im Einklang mit ihr. Und Erwin
Schrödinger, zweifellos einer der größten Physiker unseres
Jahrhunderts, glaubte sogar an ein kollektives Unbewußtes

und einen Gruppengeist, der der ganzen Menschheit gemein ist, und den er das »eine Bewußtsein«[42] nannte. Als Schöpfer der Wellenmechanik gehört Schrödinger zu den maßgeblichen Begründern der modernen Physik.

Bereits 1958 – als noch kaum ein Wissenschaftler es wagte, seine mystischen Überzeugungen offen zu äußern – schrieb Schrödinger sinngemäß: »Einige von uns sollten es wagen, sich auf eine Synthese der Fakten und Theorien einzulassen, auch wenn es sich bei manchem davon um unvollständiges Wissen oder Wissen aus zweiter Hand handelt, und wir damit Gefahr laufen, uns lächerlich zu machen.« Dieser Satz stand in der Einleitung zur englischen Version seines Buchs *Geist und Materie*, das zu einem der meistgerühmtesten Bücher auf seinem Gebiet wurde. Seinen mutigen Angriff auf den Materialismus schloß Schrödinger mit folgenden Worten:

> Wir sind so sehr gewohnt, die Persönlichkeit eines Menschen ... eben doch in das Innere seines Lebens hineinzudenken, daß es uns erstaunt, zu erfahren, und wir es nur zweifelnd und zögernd glauben, daß sie sich dort in Wirklichkeit nicht vorfindet.[43]

Schrödinger machte kein Hehl daraus, daß er die Inspiration für seine Gedanken im Studium der Veden und Upanishaden gefunden hatte und sagte weiterhin:

> Offenbar gibt es nur *einen* andern Ausweg; die Vereinigung aller Bewußtseine in eines. Die Vielheit ist bloßer Schein; in Wahrheit gibt es nur *ein* Bewußtsein.[44]

---

[42] An dieser Stelle ist darauf hinzuweisen, daß Schrödinger in seinem Buch *Geist und Materie* die Bezeichnungen Geist und Bewußtsein als Entsprechungen für den englischen Begriff »mind« synonym verwendet (siehe etwa S. 64). (Anmerkung der Übersetzerin)

[43] Schrödinger, Erwin: Geist und Materie. Zürich: Diogenes Verlag 1989, S. 67.

[44] Schrödinger, Erwin: Geist und Materie. Zürich: Diogenes Verlag 1989, S. 79.

Mit dieser Idee ging Schrödinger über die individuelle Persönlichkeit hinaus und stellte also die Theorie auf, daß das Bewußtsein oder der Geist nicht etwas ist, das der einzelnen Person zugeordnet ist, sondern eher etwas Transpersonales, Universales und Kollektives. Oder anders ausgedrückt: Es ist nicht örtlich beschränkt, sondern allen gemein.

Schrödinger stellte jedoch nicht nur die These des einen Bewußtseins auf, sondern vertrat darüber hinaus auch noch die Überzeugung, daß der Geist nicht vernichtet werden könne, da er, wie er es nannte, »sein eigenes, besonderes Zeitmaß«[45] habe. In anderen Worten: der Geist ist jederzeit jetzt. Für ihn gibt es weder früher noch später. Und da er von der Zeit nicht beeinflußt werden kann, folgt daraus, daß der Geist ewig ist und nicht zerstört werden kann.

In jüngerer Zeit wurde von immer mehr Wissenschaftlern die holistische Sichtweise in bezug auf das Bewußtsein übernommen. Eine der aufregendsten Hypothesen, die aufgestellt wurden, stammt von dem Neurologen Karl Pribram, Direktor des Zentrums für Gehirnforschung und Informationswissenschaften der Universität Radford, Virginia, und dem Physiker David Bohm, Professor Emeritus der Theoretischen Physik am Birkbeck College der Universität London.

Zu Anfang seiner Karriere war Pribram ein überzeugter Materialist, doch allmählich fing er an, sich darüber klar zu werden, daß der Geist mehr sein mußte als eine einfache Gehirntätigkeit. Gleichzeitig fing er an sich für die Holographie zu interessieren, einem photographischen Verfahren zum Erzeugen räumlicher Bilder mittels Laserstrahlen. Diese Bilder, die sogenannten Hologramme, werden durch Aufteilung des Laserlichts in zwei Strahlen erzeugt. Ein Strahl wird auf das Objekt gerichtet, das photographiert werden soll, und der andere auf einen Spiegel. Beide Strahlen reflektieren dann das Licht auf die Photoplatte oder den Film. Wenn das Hologramm von einem Laserstrahl beleuchtet wird, erscheint das

---

[45] Schrödinger, Erwin: Geist und Materie. Zürich: Diogenes Verlag 1989, S. 90.

Bild des Objekts in dreidimensionaler Form. Das Prinzip des Hologramms inspirierte Pribram zu der Idee, daß das Gehirn möglicherweise Informationen auf dieselbe Art und Weise speichern könnte, also indem es nicht nur eine dreidimensionale Version der Welt mittels elektrochemischer Impulse erstellt, sondern die Information auch über das ganze System verteilt. Diese Idee zog gleich die nächste nach sich, nämlich daß das Universum ebenfalls wie ein Hologramm funktionieren könnte.

Ungefähr zur selben Zeit als Pribram mit der Idee eines holographischen Gehirns herumspielte, hatte David Bohm bereits ein ziemlich überzeugendes Modell eines Universums entworfen, das auf dem Prinzip des Hologramms basiert. Laut Bohm ist die tiefe Wirklichkeit des Universums verhüllt, also unsichtbar für die Betrachtung mit wissenschaftlichen Methoden. Ebenso wie Schrödinger entdeckte Bohm in der hinduistischen Vorstellung der Gottheit Brahma das, was er einen unfaßbaren, unsichtbaren Fluß unlösbarer Verflechtung nannte. Er vermischte diese mystischen Vorstellungen mit mathematischen Modellen und Analogien und kam zu dem Schluß, daß eine stabile Welt normalen Bewußtseins eine Illusion ist. Seiner Meinung nach ist das Universum eine kaleidoskopische und dynamische Einheit, ein Seinszustand, den er »Holomovement« oder »Holoverse« nannte. In einem Interview mit dem *Omni-Magazin* im Jahre 1987 erklärte Bohm:

> Tief unten ist das Bewußtsein der Menschheit eins. Das ist eine faktische Gewißheit, denn selbst im Vakuum ist die Materie eins; und wenn wir das nicht sehen, dann deshalb, weil wir uns dem verschließen. Wenn wir diese absolute Grenze zwischen den Bewußtseinen nicht ziehen würden, könnten sie sich möglicherweise zu einem Bewußtsein vereinen.

Pribram hörte durch Zufall davon, daß Bohm parallel zu ihm ganz ähnliche Studien anstellte und ergriff sofort die Gelegenheit beim Schopf, um seine Idee des holographischen Geistes mit Bohms Vorstellung von einem holographischen Universum zu verschmelzen. Dadurch war er in der Lage, eine Theorie über das Bewußtsein mit tiefgreifenden metaphysischen Implikationen zu formulieren, in der Wissenschaft und Mystik zusammenlaufen. Seiner Definition nach ist also Bewußtsein eine Extension einer größeren verborgenen Wirklichkeit. Und die geistigen Eigenschaften sind in Wahrheit die alles beherrschenden Organisationsprinzipien des Universums, zu dem auch das Gehirn gehört.

Weiter vorne in diesem Buch haben wir bereits gesehen, daß die Kabbala zwei Klassen manifestierter Wirklichkeit unterscheidet. Das ist zum einen die noumenale oder spirituelle Ebene und zum anderen die phänomenale Ebene der objektiven, stofflichen Welt. Die spirituelle Ebene wird mit dem reinen Gedanken verglichen – dem Schamaim oder Himmel – und ist die Quelle für alle möglichen Formen phänomenaler Energien, aus denen sich die materielle Welt zusammensetzt.

Die ersten drei Sephiroth des Lebensbaums werden auch Neschamah oder die Welt der Seele genannt, in der die Erfahrung der Einheit mit Gott verwirklicht wird. Diese Triade kann als das Selbst oder der menschliche Geist angesehen werden, der Gott im Menschen.

Die nächsten sechs Sephiroth in absteigender Ordnung werden in den oberen und unteren Ruach unterschieden und können mit dem Unbewußten, dem Geist, gleichgesetzt werden.

Die letzte Sephira teilt sich auf in Nefesch und Guf. Nefesch ist alles, was mit Empfindungen, Instinkten und Wünschen zu tun hat, während Guf zum einen der physische Körper und zum anderen die gesamte materielle Welt ist.

Nach kabbalistischer Ansicht funktioniert das Gehirn als Teil des Körpers, Guf, über Nefesch, die Seele, die für Bewußtsein und vitale Lebenskraft steht. Das Gehirn funktioniert aber auch als Empfänger, über den der Geist die Einsichten mitteilt, die er vom Selbst, dem göttlichen Funken im Menschen, erhält. Aus dieser Sichtweise geht klar hervor, daß der Geist außerhalb des Körpers sein muß, wie Nefesch, das ihn wie ein Gewand einhüllt. Außerdem befindet sie sich in Übereinstimmung mit Schrödingers Theorie des einen Bewußtseins und Bohms Modell eines holographischen Universums mit seinem unfaßbaren, unsichtbaren Fluß unlösbarer Verflechtung.

Dies führt uns zu der Vorstellung, daß der Mensch viele »Körper« besitzt. Der physische oder stoffliche Körper ist von der Seele oder dem Ätherkörper umgeben, der wiederum vom Geist oder Astralkörper und dieser vom Selbst oder spirituellen Körper. Das Selbst ist die wahre Natur des Menschen und die Summe seines Wesens. Wenn ein Mensch stirbt, lösen sich all seine anderen »Körper« nach und nach auf, nur das Selbst bleibt bestehen. Dieses Selbst ist ein Funken, eine Lichtstrahl aus der einen schöpferischen Kraft, mit der es unweigerlich wieder in einer wunderbaren Synthese des Geistes verschmelzen muß. Wenn Schrödinger und Bohm von Geist oder Bewußtsein sprachen, meinten sie damit das Selbst, den Geist, der mit der Gottheit eins ist.

Die Frage, was beim physischen Tod tatsächlich passiert, ist ein Thema, das die Menschen schon immer brennend interessiert hat. Es wurde von allen möglichen Blickwinkeln her beleuchtet, vom philosophischen, religiösen, mystischen und wissenschaftlichen. Doch von allen Argumenten zu diesem höchst kontroversen Thema weisen die wissenschaftlichen und die mystischen die engsten Verbindungen auf.

In Wirklichkeit sind Wissenschaft und Mystik nicht zwei getrennte Dinge. Sie stellen nur zwei Aspekte des menschlichen Geistes dar: der eine Teil, der intuitiv glaubt (Chesed – Synthese) und der andere spekulative Teil (Geburah – Analyse), der seinen Glauben mit Beweisen untermauern will. All die Entdeckungen in den verschiedenen wissenschaftlichen Disziplinen und der gesamte technologische Fortschritt im Laufe der Geschichte unserer Zivilisation sind das direkte Ergebnis der Suche des Menschen nach seiner Identität und der ersten Ursache seiner Existenz. Wissenschaft ist das Mittel des Menschen, seine Zweifel zum Schweigen zu bringen und seine Überzeugungen zu bestätigen. Aber um Erfolg zu haben, muß Wissenschaft pragmatisch, makellos und widerspruchsfrei sein. Sie muß heilig sein, denn sie ist das Mittel für einen heiligen Zweck.

Wie wir gesehen haben, haben viele Wissenschaftler, insbesondere Physiker und Kosmologen, begonnen, sich dieser Verbindung zur Mystik immer stärker bewußt zu werden und versuchen die Wissenschaft und Metaphysik auf den grundlegendsten Ebenen miteinander zu verknüpfen. Sie machen dies, weil sie intuitiv wissen, daß sie die Antwort auf ihre quälendsten Fragen in bezug auf die materielle Welt in der Welt des Geistes finden werden. Und das ist auch der Grund, warum die Mystik von sich aus danach streben sollte, ihre höchste sprituelle Weisheit mit der Wissenschaft harmonisch zu verbinden.

Aus der Sicht der Kabbala ist der Tod nichts anderes als eine Transformation, eine Enthüllung des Geistes, des Selbst, das sich seiner materiellen Gewänder entledigt. Der physische Körper »stirbt« und wird wieder zu Staub, wie der Staub, aus dem er ursprünglich gemacht wurde. Doch der Geist, das persönliche Bewußtsein des Einzelnen überlebt, denn es ist ewig.

Die Wissenschaft sagt uns, daß Materie weder erzeugt noch vernichtet werden kann. Wenn aber der Geist als eine Manifestation des AIN SOPH OR ein Teil der Schöpfung ist, folgt daraus, daß er auch aus Materie zusammengesetzt sein muß, wenn auch möglicherweise auf subatomarer oder sub-subatomarer Ebene. Und wenn Materie nicht vernichtet werden kann, kann der Geist als eine Form der Materie folglich auch nicht zerstört werden.

Wenn wir die Überlebensfrage der Persönlichkeit vom Gesichtspunkt der natürlichen Auslese her betrachten, müssen wir uns fragen, warum die Natur beim Menschen die Evolution des Bewußtseins gewählt hat. Die überragende Mehrheit der Tiere auf Erden kommt ganz erfolgreich ohne den Vorteil komplizierter mentaler Prozesse aus. Sicher muß es einen – wenn auch verborgenen – Grund für diese Entscheidung geben. Zugegeben, die Geistestätigkeit hat es dem Menschen erlaubt, sich alle Lebensformen auf unserem Planeten untertan zu machen und auf dem wissenschaftlichen und technologischen Sektor riesige Sprünge nach vorne zu machen, was ihm offensichtlich zum Vorteil gereicht hat. Aber weshalb sollten sich andere, weniger praktische geistige Eigenschaften, wie Inspiration, Mitgefühl und Phantasie entwickelt haben? Oder was noch wichtiger ist: wenn die natürliche Auslese es für nötig erachtet hat, beim Menschen ein Bewußtsein auszubilden, das sich im Evolutionsprozeß als äußerst vorteilhaft erwiesen hat, weshalb sollte dann versucht werden, es durch den Tod zu zerstören? Schließlich ist die Natur sonst auch immer darauf bedacht, wertvolle Züge und äußerst anpassungsfähige Gattungen zu erhalten. Gibt es irgend etwas Wertvolleres in der Natur als den menschlichen Geist? Weshalb ihn durch den Tod zerstören? Weshalb sollte sich die Natur die Mühe machen, in zuerst über Millionenen von Jahren sorgfältiger Evolution zu entwickeln, nur um ihn dann beim Zerfall des Körpers mit aufzugeben? Das ergibt keinen Sinn, besonders wenn wir uns die akribische Sparsamkeit der Natur im Hinblick auf die Energieerhaltung vor Augen halten. Wenn der Geist unbegrenzte Energie ist, unbegrenzt im Sinne einer separaten Einheit vom Körper, dann spricht alles dafür, daß er weiterhin bestehen bleibt, wenn der Körper selbst vergeht.

Die Vorstellung von einem entkörperten Geist stellt uns sofort vor die widersinnige Frage, wie er denn irgendeine Art von Sinneswahrnehmung haben kann, wenn er nicht mehr mit einem Gehirn und dessen kompliziertem Sensorenapparat verbunden ist. Wie kann er sehen, hören oder fühlen, wenn ihm keinen physischen Sinne mehr zur Verfügung stehen. Wenn wir hingegen davon ausgehen, daß der Geist unabhängig vom Gehirn existiert, dann ist die Frage gelöst. Denn dann können wir bewußte Zustände dem körperlosen Geist zuschreiben. Wenn Geist und Gehirn konzeptuell verschieden sind, dann ist es kein Problem anzunehmen, daß es kognitive Funktionen wie Denken, Vorstellen, Glauben und Fühlen auch ohne Vorhandensein eines Gehirns geben kann. Man kann sich immer noch fragen, wie ein seiner körperlichen Hülle beraubter Geist ohne Sinnesorgane und Nervensystem Dinge wahrnehmen kann. Die Antwort findet sich möglicherweise im Traumzustand. Wenn wir träumen, scheinen wir mit geschlossenen

Augen zu sehen und zu hören, obwohl um uns herum Stille herrscht. Der Sioux-Medizinmann Lahmer Hirsch sagte einmal: »Was du mit geschlossenen Augen siehst, ist das, was zählt.« Er spielte auf die Landschaft des Geistes an, auf die Welt, die wir in Träumen wahrnehmen, für die es in der Welt der Sinne keine Parallelen gibt. Diese Traumwelt mit ihrer eigenen Vorstellungswirklichkeit könnte man als die Welt des Geistes ansehen, die Welt, die von den Mystikern Astralwelt genannt wird.

Man könnte aber weiter darüber nachgrübeln, daß doch aber der Träumer immer noch sehr lebendig sei und die Träume möglicherweise auf die Gehirntätigkeit zurückzuführen seien. Dagegen spricht, daß die von unseren Sinnesorganen ausgehenden Stimuli während des Schlafs unterbrochen sind oder zumindest nicht dieselben Auswirkungen auf das Gehirn haben wie im Wachzustand.

Stellen wir uns also die Traumwelt als die Welt des Geistes vor, heißt das dann, daß der von seiner körperlichen Hülle befreite Geist die stoffliche Welt nach dem Tod des Körpers nicht mehr wahrnehmen kann? Um bei dieser Frage weiterzukommen, können wir uns der vielen Berichte von Menschen bedienen, die zeitweise im Wachzustand ihren Körper verlassen haben. Während dieses scheinbar spontanen Ereignisses kann eine Person ihren eigenen Körper und alles drum herum ohne körperliche Sinne sehen. Diese Menschen berichten während ihrer außerkörperlichen Erfahrung über eine starkes Bewußtseinsempfinden. Die meiste Zeit scheinen sie über ihrem Körper zu schweben und können dabei dieselben Gefühle empfinden wie in ihrem natürlichen, verkörperlichten Zustand. Häufig werden diese Erfahrungen von Menschen berichtet, die eine schwere Krankheit oder einen Unfall hatten, aber manchmal scheint es auch ohne besonderen Anlaß dazu zu kommen, wenn sich die Person ganz gesund und wohl fühlt. Es ist fast so, als sei der Teil, der den Körper verläßt, die wirkliche Persönlichkeit, der wahre Geist, während der Körper einfach eine Hülle darstellt, die für kurze Zeit von seinem Bewohner verlassen wird. Vor vielen Jahren, als ich noch in Wien lebte,

hatte ich einmal ein ähnliches Erlebnis. Ich fühlte mich relativ
gut und ganz zufrieden mit mir und der Welt, und es gab
eigentlich keinen Grund für das, was dann passierte. Ich war
zu Bett gegangen und hatte es mir mit ein paar Büchern, die
ich fertiglesen wollte, schön gemütlich gemacht. Plötzlich
schien ich über meinem Bett unter der Zimmerdecke zu
schweben. Ich war von diesem außerordentlichen Erlebnis
überhaupt nicht beunruhigt, aber ich erinnere mich, daß ich
dachte, ich sei gestorben. Meine Gedanken waren vollkommen klar, und ich konnte alles sehen und hören, als ob ich
mich noch in meinem Körper befände. Während ich so über
dem Bett schwebte, spürte ich eine unwiderstehliche Kraft, die
mich in eine der Zimmerecken ziehen wollte und hörte ein lautes, rasselndes Rauschen in meinem Ohr. Die Kraft zog mich
nach draußen weg in ein dunkles Vakuum, in dem ich mir meiner Umgebung nicht mehr bewußt war. Ich weiß nicht, wie
lange ich mich in diesem Zustand befand, doch plötzlich war
ich wieder zurück im Zimmer. Ich schaute sehnsüchtig auf
meinen Körper herunter, der unbeweglich auf dem Bett lag,
und von einem Moment auf den anderen war ich wieder in
meinem Körper drinnen, als hätte ich ihn nie verlassen. Ich erinnere mich, daß er sich seltsam kalt und still anfühlte, wie ein
Haus, das man mehrere Monate lang leerstehen lassen hat. Ich
werde dieses Gefühl des »Wiedereintretens« in meinen Körper,
des Wiederbewohnens, als sei er ein Haus, nie mehr vergessen.
Ich habe diese Erfahrung nur ein einziges Mal gemacht, aber
sie hat ausgereicht, um mich davon zu überzeugen, daß ich in
Wirklichkeit etwas anderes bin als mein physischer Körper.

Wenn also der Geist eine eigene Existenz führt, wie es solche außerkörperlichen Erlebnisse anzudeuten scheinen, dann
nimmt er vermutlich nicht nur die physische Welt wahr, sondern bewohnt auch eine eigene Wirklichkeit in einer Welt der
Bilder, die der Welt der Träume ähnelt.

Die Vorstellung von einem entkörperten Geist, der den physischen Tod überlebt, gibt Anlaß zu der verlockenden Spekula-
tion, daß er durch Reinkarnation in einem anderen Körper in
die physische Welt zurückkehren könnte. Diese Idee stellt eine

der Grundlagen der meisten östlichen Religionen dar, ist aber auch in der westlichen Welt eine weit verbreitete Ansicht.

Wiedergeburt, Seelenwanderung, Wiederverkörperung, Metempsychose sind alles Variationen desselben Themas. Häufig wird als Argument gegen die Reinkarnation angeführt, daß die meisten Menschen sich nicht an irgenwelche früheren Leben erinnern können. Und auch denen, die sich durch hypnotische Regression an vergangene Leben erinnern können, wird oftmals vorgeworfen, sie hätten einfach nur eine allzu lebhafte Phantasie.

Aber das Erinnerungsvermögen ist eine eindeutige Eigenschaft des menschlichen Gehirns, nicht des Geistes. Wenn ein Kind geboren wird, ist sein Gedächtnis wie eine saubere Tafel, auf die das Dasein mit bunten Buchstaben die Erfahrungen eines Lebens schreiben wird. Aber die Vorstellung, die gesamte Geschichte der Menschheit könnte in den menschlichen Genen durch Vererbung gespeichert sein, ist keinesfalls an den Haaren herbeigezogen. Jede menschliche Erfahrung muß zwangsläufig in den Tiefen des menschlichen Gehirns verschlüsselt werden, und dieses Wissen kommt dann manchmal in Form von präkognitiven Gedankenblitzen und atavistischem Verhalten zum Vorschein. Ohne unsere Glaubwürdigkeit aufs Spiel zu setzen, können wir sagen, daß wir durch den wunderbaren Evolutionsprozeß Myriaden von Existenzen gelebt haben. Der Geist erinnert sich einfach an dieses Wissen und assimiliert es mit jeder folgenden Existenz, denn es ist die Erfahrung an sich, die das Selbst in der materiellen Welt sucht. Es sammelt sie im Geist und verschmilzt sie mit der ewigen schöpferischen Kraft des Universums.

Materielle Erfahrung ist das, was mit dem Begriff Karma im tibetischen Buddhismus gemeint ist, der die Lehre vertritt, daß eine Seele viele Leben leben muß, um sich von den vielen angehäuften negativen Handlungen, dem Karma, zu reinigen.

Die Kabbala lehrt hingegen, daß das emittierte Licht, als das Universum durch Emanation aus dem AIN SOPH OR von der Gottheit erschaffen wurde, so stark war, daß die Gefäße, die es aufnehmen sollten, bei dem Aufprall des Lichts zerbrachen. Die Scherben der Gefäße oder Schalen fielen auf die Welt der Materie herab, wo sie ihres verlorenen Lichtes beraubt in Finsternis gehüllt wurden. Das ist nach kabbalistischer Ansicht der Grund für das negative Tun der Menschheit und das »Böse« in der Welt. Die Aufgabe der Menschheit ist es deshalb, das verlorene Licht wiederzufinden und es zu seiner ursprünglichen Quelle zurückzuführen. Kabbalistisch gesehen würde die Reinkarnation es dem Menschen über den Geist erlauben, seine individuelle spirituelle Essenz zu läutern und seine Mission auf Erden zu erfüllen. Im Laufe mehrerer aufeinanderfolgender Existenzen würde der Mensch lernen, sich der letzten Überreste der Schalen zu entledigen und sich von früheren negativen Handlungen zu befreien. Diese Vorstellung stimmt im Prinzip mit der buddhistischen Lehre vom Karma überein.

Das Leiden in der Welt wird von der Kabbala durch die erzwungene Trennung der Schechina, des weiblichen Aspekts der Gottheit, von ihrem Geliebten erklärt. Solange das Licht auf der Welt in alle Richtungen zerstreut ist, wird es das »Böse« in der Welt geben, und die spirituelle Synthese wird nicht zur Vollendung gebracht werden können. Deshalb brauchen wir den Geist. Denn der Geist ist das perfekte Gefäß zur Sammlung des Lichts. Aber um dunkle Materie in Licht verwandeln zu können, muß der Geist selbst sich zuerst über viele Leben und viele Erfahrungen hinweg läutern. Erst dann kann sich die Schechina auf alle Ewigkeit mit dem AIN verbinden. Man könnte sich fragen, welche Rolle der einzelne Mensch in dieser ewigen Glückseligkeit spielt. Die Kabbala antwortet darauf mit der Erklärung, die Vorstellung vom Individuum sei ein Illusion. Wir sind alle eins mit dem Universum und zusammen sind wir die Schechina.

Kapitel 20

Das Antlitz Gottes

Wie bereits weiter vorne beschrieben, laufen die spiralförmigen Bahnen, auf denen sich die Teilchen bewegen, die in einem schwarzen Loch enden, alle in einem einzigen, unendlich verdichteten Punkt, der Singularität, zusammen. Diese Teilchen können aufgrund der starken Schwerkraft dem schwarzen Loch nicht mehr entkommen und damit auch nicht mehr in dieses Universum zurückkehren. Das heißt jedoch, daß sie sich möglicherweise über »Wurmlöcher«, falls es so etwas gibt, mit anderen Universen verbinden.

Die Hypothese der Existenz anderer Universen ist Gegenstand angeregter Kontroversen unter Kosmologen. Schließlich wäre es doch möglich, wenn es Millionen von schwarzen Löchern in unserem Universum gibt, wie angenommen wird, und sich auf dem Grunde jedes schwarzen Lochs eine Singularität befindet, daß diese kosmische Ereignisse wie unseren eigenen Urknall auslösen und so andere Universen entstehen lassen könnten. Diese Universen könnten dann wiederum selbst Millionen von schwarzen Löchern besitzen, die in Singularitäten und anderen Urknallen enden und so weiter ad infinitum. Aber wo fing alles einmal an? Welches war das erste Universum, das erschaffen wurde? Und wie?

Wenn wir den Schöpfungsprozeß aus kabbalistischer Sicht nachvollziehen, der bis jetzt im Prinzip mit den kosmologischen Erkenntnissen übereinstimmt, dann war dieses Universum das vierte, das erschaffen wurde. Wir wissen das, weil das Licht, als es der Schöpfer[46] in Form des Ain Soph emanierte,

---

[46] Hier und im folgenden ist aus Gründen der Klarheit immer nur von dem Schöpfer in der männlichen Form die Rede. Es wird jedoch ausdrücklich darauf hingewiesen, daß damit immer beide

in zwei Extensionen aufgeteilt werden mußte, von denen die eine den Willen zu geben darstellte und die andere den Willen zu empfangen. Da Gott in sich selbst vollkommen ist (und auch der weibliche und männliche Aspekt in ihm vollkommen im Einklang ist), hat er nichts zu empfangen, sondern kann nur geben. Die Schöpfung muß hingegen in der Lage sein, das Geschenk des Schöpfers zu empfangen, und deshalb muß es zu einer Transformation in Gottes Licht gekommen sein. Damit dies geschehen konnte, mußte sich das Licht mehrmals ausdehnen, und jedes Mal gab sein Wille zu geben gegenüber seinem Wille zum empfangen nach.

Die beiden Ausdehnungen verdoppelten ihre Intensität und ließen vier Abstufungen von Gottes Willen entstehen. Die vierte Stufe oder Ebene des Willens ist das AIN SOPH OR, der Mittelpunkt der Unendlichkeit und das letzte und vollkommene, aufnehmende Gefäß. Diese vier Stufen sind die vier kabbalistischen Welten, die Welt der Emanation (Aziluth), die Welt der Schöpfung (Beriah), die Welt der Formung (Jezirah) in die Welt der Handlung (Assiah).

Diese kabbalistische Sichtweise erklärt, warum Gott ein notwendiges Wesen ist, während das erschaffene Universum kontingent ist. Darüber hinaus erklärt sie, wie Gott als notwendiges Wesen eine kontingente Welt erschaffen konnte. Er tat dies durch die Transformation seines Willens zu geben in den Willen zu empfangen im Rahmen eines subtilen Prozesses, bei dem sein Licht allmählich immer stärker verdichtet wurde, bis es schließlich in einen einzigen Punkt überging, aus dem das Universum hervorging. Das Geschöpf muß folglich von dem Wunsch erfüllt sein, die reichen Gaben von seinem Schöpfer zu empfangen, aber damit entfernt es sich noch weiter von ihm, da es in Gott keinen Willen zu empfangen gibt. Um der Gottheit näher zu kommen, muß der Mensch deshalb versuchen, den Wunsch zu empfangen zu sublimieren und zu

---

Aspekte der Gottheit, der männliche und weibliche, gemeint sind (im engl. Original ist deshalb immer von he/she oder his/her die Rede) (Anmerkung der Übersetzerin).

lernen, von sich aus zu geben, sich das wichtigste Charakteristikum Gottes zu eigen zu machen. Es ist der unbegrenzte Wunsch zu empfangen ohne zu geben, der die Menschheit von Gott trennt und die Wurzel alles Bösen in der Welt ist.

Deshalb ist laut Kabbala die Welt der Materie, in der wir leben, das vierte Universum, das von Gott emittiert wurde. Das heißt also, daß es noch drei Universen gibt, die das unsere in sich einschließen und jenseits davon ist das unendliche Licht, Gott, AIN.

Daraus können wir also weiterhin schließen, daß unser Universum nicht unendlich ist, sondern begrenzt und rund. Das wissen wir, weil das Licht des AIN SOPH – der unendlichen Welt – in der Form eines Kreises begrenzt wurde, um zum Ausdruck zu bringen, daß es keinen Anfang und kein Ende hat. Der Kreis ist aus kabbalistischer Sicht die perfekte geometrische Form, da er in all seinen Punkten gleich ist. Das ist auch der Grund, warum man sich die verschiedenen Sephiroth oder Sphären des Lebenbaums kreisförmig vorstellt.

Außerhalb unseres endlichen und runden Universums befindet sich der Schöpfer, das reine und unendliche Licht, das jenseits menschlicher Erkenntnis liegt und doch selbst allwissend ist. Aber unsere Welt ist laut Kabbala nur eine von vielen, möglicherweise sogar so vielen, daß man sie als unzählbar erachten kann. Die Kabbala lehrt uns weiterhin, daß der Schöpfer unerkennbar ist, daß er jenseits unserer menschlichen Fähigkeit liegt, seine Essenz zu erkennen und zu begreifen; deshalb kann auch das, was außerhalb unseres Universums liegt, niemals erfaßt werden. Dieser Gedanke befindet sich ebenfalls in Übereinstimmung mit den Erkenntnissen der modernen Kosmologie, laut derer alle physikalischen Gesetze in der Singularität, die den Urknall verursacht hat, außer Kraft gesetzt, also wirkungslos werden. Diese Singularität wird, wie bereits erwähnt, in der kabbalistischen Terminologie das AIN SOPH OR genannt.

Wenn wir uns vorstellen, es seien viele Universen aus diesem einen hervorgegangen, dürfen wir dabei auch die Welt der subatomaren Teilchen nicht außer acht lassen und die Tatsache, daß es eine Art Hierarchie der Organisationsebenen zu geben scheint, in der die höheren Ebenen die niedrigeren beeinflussen können. In anderen Worten: der Körper setzt sich aus Molekülen zusammen, die wiederum aus Atomen bestehen, die ihrerseits aus Elektronen und Photonen gebildet werden und so weiter bis auf die subatomare und sub-subatomare Ebene, ad infinitum. Aus kabbalistischer Sicht wird dies durch das aus dem Urpunkt des AIN SOPH OR nach unten wandernde Licht erklärt.

Das heißt also, daß es viele Universen sowohl im Makrokosmos des Sichtbaren als auch im Mikrokosmos des Unsichtbaren gibt. Da das Licht selbst ewig und unendlich ist, muß auch sein Fluß nach unten zwangsläufig unendlich und ewig sein.

Gibt es dann Leben in diesen anderen Universen? Gibt es in unserem Universum außer unserem eigenen noch andere Lebensformen? Die Kabbala geht stillschweigend davon aus, daß dem so ist. Die Tatsache, daß Gott uns als denkende und fühlende Wesen auf diesem Planeten erschaffen hat, schließt nicht aus, daß es andere Lebewesen in anderen Welten gibt. In der Kabbala ist häufig die Rede von der Liebe, die der Schöpfer für seine Geschöpfe empfindet, aber es wird nicht näher darauf eingegangen, ob wir die einzigen Geschöpfe sind, die er erschaffen hat. Viele Wissenschaftler machen sich heute zunehmend das antrophische Prinzip zu eigen, das besagt, daß das Universum nicht von sich aus mit all seiner Pracht existieren könnte, wenn es keine Geschöpfe wie uns gäbe, die sich seiner Existenz bewußt wären. Oder anders ausgedrückt: Das Universum existiert um unseretwillen.

In der kabbalistischen Vorstellung von den vier Welten gibt es eine Existenz vor der Existenz, die Adam Kadmon heißt. Sie ist das reine Licht Gottes, das unbegrenzt und uneingeschränkt ist, und wird aus diesem Grunde der Körper Gottes genannt. Das ist eine symbolische Bezeichnung, da Gott im Prinzip gestaltlos ist. Sie versinnbildlicht einfach den Willen Gottes zu geben, und daraus emanierten die vier kabbalistischen Welten.

Wie bereits erklärt, ist Aziluth die Welt der Archetypen, Beriah die Welt der Erzengel, Jezirah die Welt der Engel, und Assiah schließlich unser Universum. Nach kabbalistischer Auffassung ist jedes Universum oder jede Welt von empfindungsfähigen Wesen bevölkert, allerdings auf verschiedenen spirituellen Ebenen. Es folgt daraus, daß andere Universen, die aus unserem eigenen emaniert sind, ebenfalls bevölkert sein müssen. Das ist eine äußerst ernüchternde und demütigende Vorstellung, denn das heißt nicht nur, daß wir nicht einzigartig sind, sondern auch, daß es andere Lebensformen auf einer weit höheren Stufe spiritueller Entwicklung gibt als der unseren.

Die Vorstellung von den Archetypen hängt eng mit der Welt der Ideen, mit dem innersten Kern der Gedanken und dem Bereich des Geistes zusammen, aber in Wirklichkeit liegen die Archetypen außerhalb des Geistes. Sie sind die Formen, auf denen unser Geist wächst und sich entwickelt. Sie können zwar wahrgenommen, aber nie voll erfaßt werden, denn sie gehören einer Welt weit außerhalb der unsrigen an. Die Erzengel und Engel gehören hingegen der Sphäre der Gefühle und Emotionen an und sind leichter für uns zugänglich, auch wenn sie sich immer noch auf einer höheren spirituellen Ebene befinden. Da sie Gott näherstehen, werden wir von der Kabbala dazu ermutigt, ihre Hilfe auf der Suche nach der Vereinigung mit dem Schöpfer in Anspruch zu nehmen. Doch auch die Erzengel und Engel sind nicht vollkommen eins mit Gott. Sie sind immer noch durch den Schöpfungsprozeß von dem unendlichen Licht getrennt. Sie sind Gott näher als wir, aber sehnen sich dennoch nach einer vollkommeneren Vereinigung. Solange ihr Wunsch noch auf Empfangen ausgerichtet ist, werden sie weiter vom Schöpfer getrennt bleiben. Und seltsamerweise sind es wir Menschen mit all unseren Fehlern, die den Prozeß der Synthese vollenden müssen, bei dem alle emanierten Welten, auch die höheren, wieder mit dem unendlichen Licht vereint werden. Das ist auch der Grund, warum alle Geschöpfe der höheren Welten den Menschen bei ihrer spirituellen Suche helfen müssen.

Wir leben in einer außergewöhnlichen Zeit und genießen das besondere Privileg, Zeugen dieser wunderbaren Verschmelzung von Geist und Materie, Körper und Geist, Wissenschaft und Mystik werden zu dürfen. Jung war davon überzeugt, daß es keine Zufälle gibt, nur synchronisierte Ereignisse, und es ist keineswegs ein Zufall, daß Gott die heutige Zeit dazu ausersehen hat, um seine Wirklichkeit für alle und jeden ganz klar zu offenbaren. Denn wir nähern uns der Jahrtausendwende, einem Zeitpunkt, an dem auch laut Kabbala Gott endlich der Welt sein Antlitz offenbaren wird.

Ein Kabbalist würde sich auf dieses denkwürdige Ereignis sicher mit einem besonderen Ritual vorbereiten, einer täglichen Zeremonie, mit der er die Vereinigung, die das Ziel der Existenz sein sollte, herbeizuführen sucht. Man könnte zum Beispiel einen Kreis aus zwölf weißen Quartzkristallen bilden und sich in einfachen weißen Kleidern mit einer einzigen weißen Kerze in der Hand in den Kreis setzen. Das Licht der Kerze würde dabei das Licht symbolisieren, dem er entgegenstrebt, und der Kreis aus Quartzkristallen den jährlichen Umlauf der Erde um die Sonne. Er würde um nichts bitten. Stattdessen würde er sich ganz dem Licht hingeben und dem Willen, sein innerstes Wesen der Quelle zu schenken, die ihn hervorbrachte, und mit ihr eins zu werden.

Vor etwa 100 Jahren schrieb Walt Whitmann ein Gedicht mit dem Titel »Durchfahrt nach Indien«[47]. Die Worte, die er darin zu Papier brachte, wie nur er es konnte, drücken die verzweifelte Sehnsucht der Menschheit nach der Verwirklichung dieser letzten Vereinigung aus:

O Höchster du,
Namenlos, Leben und Atem,
Licht des Lichts, der du Welträume ausstreust
und in der Mitte bist
Und mächtigere Mitte noch von Wahrheit, Güte und Liebe,

---

[47] Whitman, Walt: Grashalme. Zürich: Diogenes 1985, S. 365–66.

Du Quelle von Reinheit und Geist – du
unerschöpfliche Quelle der Liebeskraft,–
O meine schauende Seele – o ungestillter Durst –
wartet nicht dort,
wartet nich unser irgendwo dort vielleicht
der vollkommene Kamerad?
Du Herzschlag, der Sterne, Sonnen, Systeme bewegt,
Die sicher, in Ordnung und Einklang, kreisen,
Durch die gestaltlosen Weiten des Raums,
Wie könnte ich denken, sprechen, wie einen
einzigen Atemzug atmen,
Wenn ich nicht aus mir selber Welten entsenden könnte,
Herrlicher noch als jene?

Bibliographie

Achad, Frater: *Q. B. L.* New York: 1969.

Agrippa von Nettesheim, Heinrich C.: *De Occulta Philosophia.* St. Goar: Reichl 1967.

Anderson, P. R.: *Science in Defense of Liberal Religion.* London: 1933.

Apokryphen zum Alten und Neuen Testament. Schindler, Alfred (Hrsg.) Zürich: Manesse 1993.

Aristoteles: *Die Lehrschriften. Bd. V: Metaphysik.* Paderborn: Schöningh 1972.

Aristoteles: *Metaphysik.* Wolf, Ursula (Hrsg.) Reinbek: Rowohlt 1994.

Aude, Sapere: *The Chaldean Oracles of Zoroaster.* New York.

Asimov, Isaac: *The Universe.* New York: 1966.

Asimov, Isaac: *Grenzfälle der Naturwissenschaften. Neue Entdeckungen über den Menschen, seinen Planeten und das Universum.* München: Droemer Knaur 1992.

Asimov, Isaac: *Die Wunder des Kosmos und der Erde.* München: Droemer Knaur 1994.

Augustinus, Aurelius: *Confessiones.* Corp. Christ. 27. 1981.

Augustinus, Aurelius: *Bekenntnisse.* München: Deutscher Taschenbuchverlag 1985.

Augustinus, Aurelius. *Bekenntnisse.* Lat.-Dt. Frankfurt: Insel 1987.

Baeck, Leo: *Zum Sepher Jezira.* Monatsschrift für Geschichte und Wissenschaft des Judentums, Bd. 70. 1926, S. 371–376.

Baeck, Leo: *Die zehn Sephiroth im Sepher Jezira.* Monatsschrift für Geschichte und Wissenschaft des Judentums, Bd. 78. 1934, S. 448–455.

Bardon, Franz: *Der Schlüssel zur wahren Quabbalah. Die kosmische Sprache in Theorie und Praxis.* Rüggeberg 1987.

Bardon, Franz: *Die Praxis der magischen Evokation.* Freiburg: Hermann Bauer 1992.

Barsilai, Juda ben: *Kommentar zum Buch Jezira.* Berlin: Halberstamm 1885.

Benedikt, Heinrich, E.: *Die Kabbala als jüdisch-christlicher Einweihungsweg. Band 2: Der Lebensbaum.* Freiburg: Hermann Bauer 1990.

Belchem, R. F. K.: *A Guide to Nuclear Energy.* New York: 1958.

Best, S. B.: *Genesis Revised.* London: 1964.

Bibel, Die: Nach der Übersetzung Martin Luthers. Stuttgart: Deutsche Bibelgesellschaft 1992.

Bibel, Die: Einheitsübersetzung. Freiburg: Herder 1993.

Brill, A. A. (Hrsg.): *The Basic Writings of Sigmund Freud.* New York: 1938.

Boehme, Jakob: *Sämtliche Schriften.* V. Peuckert, Will E. (Hrsg.). Stuttgart-Bad Cannstatt: Fromann-Holzboog 1955–60.

Bohm, David: *Die verborgene Ordnung des Seins.* Factor, Donald (Hrsg.). Grafing: Aquamarin 1988.

Campbell, Joseph: *Lebendiger Mythos.* München: Goldmann 1991.

Campbell, Joseph: *Mythen der Menschheit.* München: Kösel 1993.

Capra, Fritjof: *Das Tao der Physik.* München: Scherz 1984.

Charles, R. H. (Übers.): *The Book of Enoch.* London: 1980.

Child, J. M.: *The Early Mathematical Manuscripts of Leibniz.* London: 1920.

Churchland, P. M.: *Matter and Consciousness.* Cambridge (Mass.): 1988.

Crowley, Aleister: *Das Buch Toth.* Neuhausen: Urania 1983.

Crowley, Aleister: *Liber 777 und andere kabbalistische Weisheiten.* Bergen: Peyn und Schulze 1985.

Crowley, Aleister: *Magick 1.* Bergen: Peyn und Schulze 1988.

Crowley, Aleister: *Magick 2.* Bergen: Peyn und Schulze 1987.

Cuny, H.: *Albert Einstein.* New York: 1965.

Darwin, Charles: *Die Entstehung der Arten durch natürliche Zuchtwahl.* Leibzig: Reclam.

Davidson, G.: *A Dictionary of Angels.* New York: 1967.

Davies, P. C. W.: *God and the New Physics.* New York: 1983.

Davies, P. C. W.: *The Mind of God.*

Davies P. C. W. und Brown J. R.: *Der Geist im Atom.* Frankfurt: Insel 1993.

D'Olivet, Fabre: *La Langue Hébraïque Restituée.* Paris.

D'Olivet, Fabre: *The Hebraic Tongue Restored.* Redfield N. (Übers.) New York.

Dossey, L. M.: *Recovering the Soul.* New York: 1989.

Dossey, Larry: *Wahre Gesundheit finden.* München: Knaur 1991.

Durant, Will: *Die großen Denker.* Bergisch-Gladbach: Lübbe 1980.

Dürr, Hans. P. (Hrsg.): *Physik und Transzendenz.* Die großen Physiker unseres Jahrhunderts über ihre Begegenung mit dem Wunderbaren. München: Droemer Knaur 1990.

Eccles, John C.: *Die Psyche des Menschen. Das Gehirn-Geist-Problem in neurologischer Sicht.* München: Piper 1990.

Eccles, John C.: *Die Psyche des Menschen.* Die Gifford Lectures an der Universität von Edinburgh 1977–78. München: Reinhardt 1982.

Eddington, A.: »*Defense of Mysticism*« in *Quantum Questions.* Boston: 1984.

Einstein, Albert: *Aus meinen späten Jahren.* Stuttgart: Deutsche Verlagsanstalt 1979.

Einstein, Albert: *Mein Weltbild.* Berlin: Ullstein 1988.

Einstein, Albert: *Reden, Aufsätze, Briefe.* Berlin: Ullstein 1990.

Einstein, Albert: *Worte in Zeit und Raum.* Daecke, Sigurd M. (Hrsg.) Freiburg: Herder 1991.

Fielding, Charles: *Die praktische Kabbala.* Freiburg: Hermann Bauer 1994.

Fodor, J. A.: *The Language of Thought.* London: 1976.

Fortune, Dion: *Die mystische Kabbala.* Freiburg: Hermann Bauer 1993.

Franck, Adolphe: *Die Kabbala oder die Religionsphilosophie der Hebräer.* Jellinek, Adolph (Übers.) Anton Weber 1990.

Freud, Sigmund: *Gesammelte Werke*. Mitscherlich, Alexander, Richards, Angela und Strachey, James (Hrsg.) Frankfurt: Fischer 1989.

Gaer, J.: *How the Great Religions Began*. New York: 1954.

Gamov, George: *The Creation of the Universe*. New York.

Gamov, George: *Mr. Tomkins seltsame Reisen durch Kosmos und Mikrokosmos*. Wiesbaden: Vieweg 1980.

Gaster, Theodor H.: *The Dead Sea Scriptures*. New York: 1964.

Ginsberg, C. D.: *The Kabbalah*. London: 1863.

Gleick, James: *Chaos – Die Ordnung des Universums. Vorstoß in Grenzbereiche der modernen Physik*. München: Droemer Knaur 1990.

Goldschmidt, Lazarus: *Das Buch der Schöpfung*. Frankfurt: 1894.

Green, A. und Holtz, B. W.: *Your Word is Fire*. New York: 1977.

Hahn, C. S. und Benes, B. L.: *Breath of God*. New York.

Hall, C. S.: *A Primer of Freudian Psychology*. New York: 1954.

Hannay, A.: *Human Consciousness*. London: 1990.

Hawking, Stephen W.: *Eine kurze Geschichte der Zeit. Die Suche nach der Urkraft des Universums*. Reinbek: Rowohlt 1991.

Heidegger, Martin: *Sein und Zeit*. Tübingen: Niemeyer 1993.

Heidegger, Martin: *Gesamtausgabe. Bd. 2: Sein und Zeit*. Frankfurt: Klostermann 1977.

Herrera, Abraham: *Beth Elohim*. Amsterdam: 1655.

Hoyle, F.: *Astronomy and Cosmology. A Modern Course*. 1975.

Huxley, Aldeous: *Die ewige Philosophie. Texte aus drei Jahrtausenden*. München: Piper 1987.

Jastrow, R.: *God and the Astronomers*. New York: 1977.

Jeans, J.: *The Mysterious Universe*. New York: 1948.

Jellinek, Adolph: *Auswahl kabbalistischer Mystik*. Leipzig: 1853.

Jellinek, Adolph: *Beiträge zur Geschichte der Kabbala*. Erstes Heft. Leipzig: C. L. Fritzsche 1852.

Jellinek, Adolph: *Philosophie und Kabbala*. 1. Heft. Leipzig: 1854.

Jung, Carl Gustav: *Die Beziehungen zwischen dem Ich und dem Unbewußten*. München: Deutscher Taschenbuch Verlag 1991

Jung, Carl Gustav: *Gesammelte Werke. Bd. 8. Die Dynamik des Unbewußten*. Solothurn: Walter-Verlag 1991.

Jung, Carl Gustav: *Gesammelte Werke. Bd. 9/I: Die Archetypen und das kollektive Unbewußte*. Solothurn: Walter-Verlag 1992.

Jung, Carl Gustav: *Gesammelte Werke. Bd. 14/I,II: Mysterium Coniunctionis. Untersuchung über die Trennung und Zusammensetzung der seelischen Gegensätze in der Alchemie*. Solothurn: Walter-Verlag 1990.

Jung, Carl Gustav: *Synchronizität, Akausalität und Okkultismus*. München: Deutscher Taschenbuchverlag 1990.

Kant, Immanuel: *Prolegomena zu einer jeden künftigen Metaphysik*. Leipzig: Reclam.

Kant, Immanuel: *Prolegomena zu einer jeden künftigen Metaphysik, die als Wissenschaft wird auftreten können*. Erlangen: Harald Fischer 1988.

Knight, G.: *A Practical Guide to Kabbalistic Symbolism*. London: 1965.

Krakovsky, L. I. Rabbi: *Kabbalah, The Light of Redemption*. Israel: 1970.

Leakey, Richard, und Lewin, Roger: *Der Ursprung des Menschen. Auf der Suche nach den Spuren des Humanen*. Frankfurt: S. Fischer 1993.

Leakey, Richard und Lewin Roger: *Wie der Mensch zum Menschen wurde. Neue Erkenntnisse über den Ursprung und die Zukunft des Menschen*. Hamburg: Hoffmann und Campe 1978.

Leibniz, Gottfried W.: *Mathematische Schriften*. Gerhardt, C. I. (Hrsg.). Hildesheim: Olms 1978.

Leibniz, Gottfried W.: *Sämtliche Schriften und Briefe*. Reihe 7, Bd. 1: Mathematische Schriften 1672–76. Berlin: Akademie 1990.

Leibniz, Gottfried W.: *Monadologie.* Leipzig: Reclam.

Leibniz, Gottfried W.: *Leibniz sogenannte Monadologie und Principes des la nature et de la grace fondés en raison.* Strack, Clara (Hrsg.) Berlin: De Gruyter 1967.

Leslie, J.: *Universes.* London: 1989.

Lévi, Eliphas: *Der Schlüssel zu den großen Mysterien.* München: 1928.

Lévi, Eliphas: *Geschichte der Magie.* Basel: Sphinx 1990.

Lévi, Eliphas: *Transzendentale Magie.* Dogma und Ritual. Basel: Sphinx 1992.

Lohse, Eduard (Hrsg.). *Die Texte aus Qumran.* Hebr.-Dt. München: Kösel 1986.

Lully, R.: *The Tree of Love.* London: 1926.

Lund, D. H.: *Death and Consciousness.* North Carolina: 1985.

Luria, Isaak, Rabbi: *Ten Luminous Emanations.* (Rabbi L. I. Krakovsky (Übers.). Jerusalem: 1969.

Luzzatto, M. C. Rabbi: *General Principles of the Kabbalah.* New York: 1970.

Lycan, W. G.: *Consciousness.* Cambridge (Mass.)

Maimonides, Moses: *Führer der Unschlüssigen.* (2 Bände) Hamburg: Felix Meinert 1972.

Maimonides, Moses: *Mischneh Torah.* New York: 1974.

Mathers, Samuel Liddle MacGregor (Hrsg.). *Das Grimoire Armadel.* Berlin: Schikowski 1985.

Mathers, Samuel Liddle MacGregor: *The Kabbalah Unveiled.* New York: 1971.

Mathers, Samuel Liddle MacGregor: *Der Schlüssel Solomon.* Berlin: Schikowski 1985.

Miller, Georg A.; Galanter, Eugene; Pribram, Karl H.: *Strategien des Handelns. Pläne und Strukturen des Verhaltens.* Stuttgart: Klett-Cotta 1991.

Müller, Ernst (Hrsg.): *Der Sohar. Das heilige Buch der Kabbala.* München: Diederichs 1993.

Myer, I.: *Qabbalah.* New York: 1970.

Odeberg, Hugo: *Enoch or the Hebrew Book of Enoch.* Cambridge: 1928.

Ouspensky, Peter D.: Tertium Organum. *Der Dritte Kanon*

des Denkens. Ein Schlüssel zu den Rätseln der Welt. Bern und München: O. W. Barth 1988.

Papus (= Gérard Encausse): *Die Kabbala.* Wiesbaden: Fourier 1993.

Petuchowski, Jakob J.: *Daß wir Dir in Wahrheit dienen. Ein jüdischer Gottesdienst für den Sabbatmorgen.* Freiburg: Herder 1989.

Petuchowski, Jakob J.: *Es lehrten unsere Meister.* Rabbinische Geschichten aus den Quellen neu erzählt und herausgegeben. Freiburg: Herder 1992.

Petuchowski, Jakob J.: *Mein Judesein. Wege und Erfahrungen eines deutschen Rabbiners.* Freiburg: Herder 1992.

Petuchowski, Jakob J.: *Understanding Jewish Prayer.* New York: 1972.

Penfield, Wilder: *The Mystery of Mind.* New Jersey: 1975.

Penrose, Roger: *The Emperor's New Mind.* New York: 1989.

Penrose, Roger: *Computerdenken. Die Debatte um künstliche Intelligenz, Bewußtsein und die Gesetze der Physik.* Heidelberg: Spektrum der Wissenschaft 1991.

Pentateuch. *Die 5 Bücher Moses.* Goldschmidt 1993.

Pfeiffer, C. F.: *The Dead Sea Scrolls and the Bible.* New York: 1972.

Planck, Max: *Vom Wesen der Willensfreiheit und andere Vorträge.* Frankfurt: Fischer Taschenbuch 1991.

Planck, Max: *Vorlesungen über Thermodynamik.* Berlin: De Gruyter 1964.

Planck, Max: *Vorträge und Erinnerungen.* Darmstadt: Wissenschaftliche Buchgesellschaft 1983.

Platon: *Gesamtausgabe der Dialoge. Meisterdialoge. Phaidon, Symposion, Phaidros.* Zürich, Artemis 1986.

Platon: *Phaidon. Griech.-Dt.* Zehnpfennig, Barbara (Hrsg.). Hamburg: Felix Meinert 1991.

Platon: *Phaidon oder von der Unsterblichkeit der Seele.* Leipzig: Reclam.

Platon: *Sämtliche Dialoge. Bd. IV.* Timaios. Hamburg: Felix Meinert 1988.

Platon: *Sämtliche Werke. Spätdialoge II.* Timaios. Zürich: Artemis 1974.

Platt, R. H.: *The Forgotten Books of Eden.* New York: 1980.

Popper, Karl R. und Eccles John C.: *Das Ich und sein Gehirn.* München: Piper 1991.

Progoff, I.: *Jung, Synchronicity and Human Destiny.* New York: 1973.

Pythagoras: *Die Goldenen Verse des Pythagoras.* Verlag Heilbronn 1992.

Qumran. Grözinger, K. E., Ilg, N., Lichtenberger, H., Nebe G. W., Pabst, H. (Hrsg.). Darmstadt: Wissenschaftliche Buchgesellschaft 1981.

Regardie, Israel: *Die Elemente der Magie. Eine Einführung in die Magie, Kabbala und Meditation.* Reinbek: Rowohlt 1991.

Regardie, Israel: *Das magische System des Golden Dawn.* (3 Bände) Freiburg: Hermann Bauer 1987.

Riehle, Wolfgang (Bearb.): *Die Wolke des Nichtwissens.* (Sammlung christlicher Meister). Johannes-Verlag 1991.

Rost, Leonhard: *Einleitung in die alttestamentlichen Apokryphen und Pseudoepigraphen einschließlich der großen Qumran-Handschriften.* Wiesbaden: Quelle & Meyer 1985.

Russell, Bertrand: *Das ABC der Relativitätslehre.* Frankfurt: Fischer Taschenbuch 1992.

Russell, Bertrand: *Denker des Abendlandes. Eine Geschichte der Philosophie.* München: Deutscher Taschenbuchverlag 1992.

Russell, Bertrand: *Philosophie. Die Entwicklung meines Denkens.* Frankfurt: Fischer Taschenbuch 1992.

Russell, Bertrand: *The Analysis of Mind.* London: 1921.

Sagan, Carl: *Unser Kosmos. Eine Reise durch das Weltall.* München: Droemer Knaur 1991.

Scholem, Gershom: *Buch Jezira. Encyclopaedia Judaica, Band 9.* Berlin: 1932, Sp. 104–111.

Scholem, Gershom: *Die Geheimnisse der Schöpfung. Ein Kapitel aus dem Sohar.* Frankfurt: Insel 1971.

Scholem, Gershom: *Die jüdische Mystik in ihren Hauptströ-mungen.* Frankfurt: Suhrkamp 1993.

Scholem, Gershom: *Zur Kabbala und ihrer Symbolik.* Frank-furt: Suhrkamp 1992.

Scholem, Gershom (Hrsg.) *The Zohar (The Book of Splen-dour).* New York: 1949.

Schrödinger, Erwin: *Geist und Materie.* Zürich: Diogenes 1989.

Schrödinger, Erwin: *Was ist Leben? Die lebende Zelle mit den Augen des Physikers betrachtet.* München: Piper 1993.

Sein oder Nichtsein, Ein Shakespeare-Brevier. Salzburg: Verlag Das Bergland-Buch 1979.

Shabaz, Britten: *Genesis revisited.* London: 1970.

Sheldrake, Rubert: *A New Science of Life.* Los Angeles: 1981.

Sheldrake, Rupert: *Das Gedächtnis der Natur. Das Geheimnis der Entstehung der Formen in der Natur.* München: Scherz 1992.

Sheldrake, Rupert: *Das schöpferische Universum. Die Theorie des morphogenetischen Feldes.* Berlin: Ullstein 1993.

Sheldrake, Rupert, McKenna, Terence und Abraham, Ralph: *Denken am Rande des Undenkbaren. Über Ordnung und Chaos, Physik und Metaphysik, Ego und Weltseele.* Mün-chen: Scherz 1993.

Shipman, H.L.: *Black Holes, Quasars, and the Universe.* Boston: 1976.

Stalnaker, Leo: *Mystic Symbolism in Bible Numerals.*

Straughn, R.A.: *Meditation Techniques of the Kabalists, Vedantins and Taoists.* New York: 1976.

Suares, C.: *The Cipher of Genesis.* Berkeley: 1970.

Suares, C.: *Sepher Yetzirah.* London: 1968.

Trachtenberg, J.: *Jewish Magic and Mysticism.* New York: 1961.

Vital, Chajim: *Sefer ha-Gilgulim* (vollständige Ausgabe). Prze-mysl: 1875.

Voltaire: *Aus dem Philosophischen Wörterbuch.* Stierle, Karl-heinz (Hrsg.). Frankfurt: Insel 1985.

Waite, A.E.: *The Holy Kabbala.* New York: 1960.

Watson, L.: *Supernature.* New York: 1967.

Weiner, H.: *9 1/2 Mystics. The Kabbala Today.* New York: 1969.

Westcott, Wynn (Hrsg.): *The Sepher Yetzirah (The Book of Formation).* London.

Westcott, Wynn: *Aesch Mezareph (The Purifying Fire).* New York.

Whitman, Walt: *Grashalme.* Zürich: Diogenes 1985.

Worms, Abraham von: *Die Kabbala. Translation eine kleinen Ebreyschen Pergamentbüchleins in teutscher Sprache.* Huter 1991.

Index